班主任的课堂：
管理与教学双赢策略

张　静◎著

吉林文史出版社

图书在版编目（CIP）数据

班主任的课堂：管理与教学双赢策略／张静著．

长春：吉林文史出版社，2024.9. -- ISBN 978-7-5752-

0664-8

Ⅰ.G451.6

中国国家版本馆 CIP 数据核字第 2024P8J389 号

BANZHUREN DE KETANG：GUANLI YU JIAOXUE SHUANGYING CELüE

书　　名	班主任的课堂：管理与教学双赢策略	
作　　者	张　静	
责任编辑	孙佳琪	
出版发行	吉林文史出版社	
地　　址	长春市福祉大路 5788 号	
网　　址	www.jlws.com.cn	
印　　刷	北京四海锦诚印刷技术有限公司	
开　　本	710mm×1000mm　1/16	
印　　张	18	
字　　数	284 千字	
版　　次	2025 年 3 月第 1 版	
印　　次	2025 年 3 月第 1 次印刷	
定　　价	58.00 元	
书　　号	ISBN 978-7-5752-0664-8	

前　言

　　班主任的角色在教育系统中至关重要，他们不仅负责管理班级，还承担着教学任务。如何在管理和教学中找到平衡，实现双赢，是每位班主任都需要思考的问题。本书以张静老师为例，探讨班主任的数学课堂管理与教学双赢的策略。

　　张静老师是一位有着丰富经验和教育才能的班主任，她以"用爱教学生，用心做教育"为人生信念，将这个理念贯彻到她的班级管理中。在她的班级里，每个学生都能感受到她的热情和关怀，她始终坚守着教育初心，用心对待每一位学生。张静老师的管理策略基于她的真诚和热情，她通过与学生建立良好的关系，倾听他们的声音，了解他们的需求，以此来营造一个积极、和谐的班级环境。同时，她注重规则的制定和执行，通过明确的规则，培养学生的自律性和责任感。这种以情感为基础和以规则为导向的管理方式，使她的班级在纪律和秩序方面表现突出。在课堂教学中，张静老师注重培养学生的主动性和创造性。她善于运用各种教学方法和技巧，如问题导向学习、小组合作等，来激发学生的学习兴趣和好奇心。她注重与学生的互动，鼓励他们提出问题、发表观点，从而培养他们的批判性思维和沟通能力。她的数学教学不仅限于知识传授，更注重数学思维和方法的培养，使学生的学习变得更加有意义。张静老师始终保持谦虚和进取的心态，不断反思自己的教学和管理方式，寻求改进和创新。她认为，作为班主任，要时刻关注学生的需求和变化，不断调整自己的教学方式和管理策略，以满足学生的需求，促进他们的成长。

　　张静老师的经历告诉我们，班主任的角色不仅仅是管理班级和教学知识，更要关注学生的心灵成长和个性发展。通过爱和用心，我们可以建立起师生之间的信任和亲密关系，从而为学生的学习和成长创造一个良好的环境。在《班主任的课堂：管理与教学双赢策略》一书中，张静老师将分享更多关于班主任管理和教学的经验和策略，希望能为更多的班主任提供有益的参考和启示。我们坚信，只要我们用心去爱我们的学生，用智慧去管理我们的班级，我们就能实现管理和教学的双赢，为学生的成长和发展做出更大的贡献。

目　录

图　目　录

表 目 录

第一章　班主任在数学课堂中的角色

第一节　班主任与数学教学

一、班主任在数学教学中的定位

随着教育理念的不断演进和教学模式的变革，班主任在小学数学教学中的定位也在逐步演变。从传统的班级管理者转变为教学者和指导者，班主任的角色不再局限于维护班级秩序，而是更加注重学生的全面发展和学习指导。这种转变不仅深化了班主任在小学数学教学中的责任和使命，也为学生的数学学习提供了更多的支持和指导。

（一）班主任的角色演变

班主任的角色在数学教学中逐渐从纯粹的管理者转变为教学者和指导者，传统意义上的班主任主要负责班级的日常管理工作，包括学生的纪律、考勤、家长沟通等。然而随着教育理念的不断更新和教学模式的变革，班主任的角色也在不断演变。现代教育注重学生的全面发展，班主任逐渐承担起更多的教育指导和心理关怀的责任。在数学教学中，班主任不仅要关注学生的学习情况，还要引导学生树立正确的学习态度和方法，激发学生的数学学习兴趣和能力的提升。举例来说，传统上班主任可能只是在考试前提醒学生要认真复习、注意纪律。但现代的班主任在数学教学中可能会更加关注学生的学习情况，了解学生的学习困难并提供帮助，甚至通过组织数学学习小组、邀请数学专家进行辅导等方式，积极促进学生的数学学习。这种角色的转变使得班主任在数学教学中扮演着更为重要的角色，不仅仅是负责班级运转的管理者，更是引领学生学习的导航者。

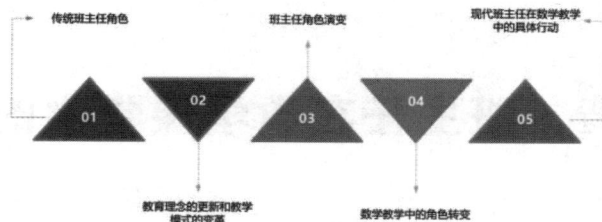

图 1-1-1　小学班主任的角色演变流程图

（二）传统与现代教育理念对班主任角色的影响

传统教育理念下，班主任更多承担着管理者的角色，注重学生的纪律和考试成绩。在这种观念下，班主任可能更侧重于维护班级秩序，对学生进行纪律教育，而数学教学则可能被视为班主任的责任。然而随着现代教育理念的兴起，班主任的角色发生了显著转变。现代教育更加注重学生的个性发展、全面素养的培养和创新能力的培养，班主任不再局限于班级的日常管理，而是更多地承担起学生的学习指导和心理关怀的责任。在数学教学中，这意味着班主任不仅要关注学生的数学学习情况，还要引导学生树立正确的学习态度，激发学生的数学学习兴趣，促进学生的数学能力和思维方式的全面发展。

（三）班主任在数学教学中的责任和使命

在数学教学中班主任的责任和使命不仅仅是传授数学知识，更是关注学生的全面发展和个性成长。班主任通过关心学生、了解学生、指导学生的方式，促进学生对数学学科的理解和学习，引导学生形成正确的学习态度和方法，培养他们的数学兴趣和学习动力。班主任还应该关注学生的心理健康和学习压力，提供必要的心理支持，帮助他们克服困难、健康成长。举例来说，班主任可以定期与学生谈心，了解学生的学习情况和困难，及时给予帮助和指导。在数学教学中，班主任可以组织数学学习小组，鼓励学生相互学习、讨论，提高学习效率；也可以邀请数学专家或志愿者进行辅导，帮助学生解决难题，激发学生的学习兴趣和自信心。

（四）班主任与数学教师的合作与协调

班主任与数学教师之间的协作是确保学生数学学习成功的关键，班主任通过全面了解学生的整体情况和学习需求，为数学教师提供宝贵的信息和反馈。这种信息交流有助于数学教师更好地调整教学策略，满足学生的学习需求。班主任也可以根据自己对学生的了解，提供个性化的学习建议和支持，帮助学生克服数学学习中的困难和挑战。举例来说，当班主任发现一些学生在数学学习中存在困难时，可以与数学教师合作，共同制订有针对性的辅导计划或提供额外的学习资源。这样的协作不仅能促进学生的数学学习，也能加强班级和学科教师之间的团队合作精神，共同为学生的全面发展努力。

在小学数学教学中班主任的角色已经不再是简单的班级管理者，而是更多地承担起教育指导和心理关怀的责任。班主任不仅关注学生的学习情况，还致力于引导学生形成正确的学习态度和方法，促进其数学学习兴趣和能力的提升。班主任与数学教师之间的紧密合作与协调也成为确保学生数学学习成功的关键。通过信息交流和资源共享，班主任共同为学生的数学学习提供更加全面和个性化和支持，为学生的全面发展努力。

二、班主任如何平衡管理与教学

班主任在管理与教学中扮演着关键角色，需要在平衡管理与教学之间找到合适的调和点。下面将探讨班主任如何协调班级管理与课堂教学，处理学生学习情况的反馈与管理，引导学生培养良好的学习习惯，以及调动学生的学习积极性，促进课堂氛围的活跃。

（一）班级管理与课堂教学的协调与统一

班主任在平衡管理与教学时，需要确保班级管理与课堂教学的协调与统一。这意味着班主任需要与教学老师密切合作，确保课堂教学的顺利进行，同时保持班级秩序的稳定。一种常见的做法是在每学期初制定班级管理规章制度，明确规定学生在课堂上的行为规范和纪律要求，以确保良好的课堂秩序。班主任也可以与教学老师共同商讨课堂教学计划，根据学生的实际情况调整教学内容和教学方法，使之更符合学生的学习需求。举例来说，班主任可以定期与各科教师进行会议，讨论学生的学习情况和课堂管理的具体措施。在会议上，班主任可以向教学老师反馈学生的学习状况和行为表现，共同制订有针对性的教学和管理方案。班主任也可以在班级例会或家长会上与学生和家长分享课堂上的学习情况和管理要求，加强学生和家长对课堂教学和班级管理的理解和支持。

表 1-1-1   班级管理与课堂教学的协调与统一行动方案及措施

行动方案	具体措施
制定班级管理规章制度	在每学期初与教师共同制定班级管理规章制度。规定学生在课堂上的行为规范和纪律要求，如准时到课，尊重老师和同学，注意听讲等。班级管理规章制度要清晰明了，便于学生理解和遵守
商讨课堂教学计划	定期与各科教师举行会议，共同商讨课堂教学计划。根据学生的实际情况，调整教学内容和教学方法，使之更符合学生的学习需求。确保教学计划的执行与监督，及时调整计划以适应学生的学习进度
定期举行会议与分享	定期举行班级会议，与学生分享课堂上的学习情况和管理要求。定期举行家长会议，与家长分享学生的学习情况和管理措施，加强家校合作。在会议上，向学生和家长解释课堂教学和班级管理的意义，并征求他们的意见和建议

（二）如何处理学生学习情况的反馈与管理

处理学生学习情况的反馈与管理是班主任管理与教学的重要环节。班主任需要及时了解学生的学习情况，包括学习成绩、学习态度、学习困难等，并采取相应的管理措施。一种有效的做法是建立健全的学生档案系统，记录学生的学习情况和表现，包括考试成绩、作业完成情况、课堂表现等。通过定期的学生个别谈话和班级集体讨论，班主任可以了解学生的学习困难和问题，并及时给予帮助和指导。例如当班主任发现某些学生在数学学习中存在困难时，可以与学生进行一对一的谈话，了解其学习情况和问题所在，并提供有针对性的学习建议和支持。班主任还可以与数学教师合作，共同制订辅导计划，为学生提供更加个性化的辅导和指导。

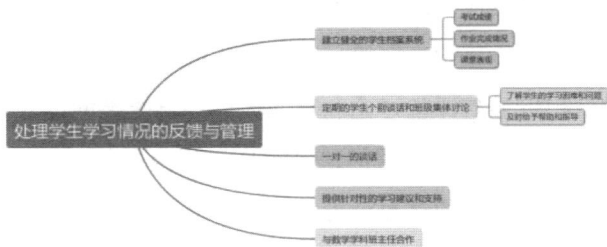

图 1-1-2　处理学生学习情况的反馈与管理思维导图

（三）班主任如何引导学生培养良好的学习习惯

班主任在引导学生培养良好的学习习惯方面扮演着至关重要的角色，通过与学生的密切互动和指导，班主任能够促进学生形成良好的学习习惯，为其未来的学习和成长奠定坚实的基础。班主任可以通过日常班级管理强调学习纪律和自律意识，这包括要求学生按时完成作业、认真听讲、积极参与课堂讨论等。通过这种方式，学生将逐渐养成按部就班、自律自强的学习态度，提高学习效率和自我管理能力。组织学习小组或学习分享活动也是培养学生良好学习习惯的有效途径之一，在小组学习中，学生有机会相互交流学习心得和方法，共同解决学习中的难题，从而提高学习效果和合作能力。这种协作学习的方式有助于学生培养团队意识和集体荣誉感，激发学生的学习动力。利用班级例会或主题班会的机会向学生宣传和普及良好的学习方法和习惯也是非常重要的，班主任可以邀请学习优秀的同学分享他们的学习经验和方法，向其他学生传授学习技巧和窍门。通过这种方式，学生不仅可以学习到实用的学习技巧，还能够受到身边同学的榜样影响，进而树立正确的学习态度和方法。

（四）如何调动学生学习积极性，促进课堂氛围的活跃

调动学生学习积极性，促进课堂氛围的活跃是班主任管理与教学的重要任务之一。班主任可以通过多种方式激发学生的学习兴趣，提高课堂参与度和学习效率。这包括设计生动有趣的课堂教学内容，采用多样化的教学方法和教学手段，鼓励学生发表观点和提出问题，以及及时给予学生肯定和鼓励，增强其学习的自

信心和积极性。例如班主任可以与任课教师共同设计富有趣味性和挑战性的数学课堂活动，如数学游戏、数学竞赛等，吸引学生的注意力，增加其参与度。班主任还可以鼓励学生积极参与课堂讨论和提问，倡导学生之间的互动和合作，营造积极向上的学习氛围。通过这些举措，班主任可以有效调动学生的学习积极性，提高课堂的教学效果和学生的学习动力。

班主任在管理与教学中需要不断努力，确保班级管理与课堂教学的协调与统一。处理学生学习情况的反馈与管理，引导学生养成良好的学习习惯，以及调动学生学习积极性，促进课堂氛围的活跃是实现这一目标的重要举措。通过与任课教师的合作，建立有效的反馈机制，培养学生的自主学习能力和积极性，班主任可以有效平衡管理与教学，为学生的全面发展提供良好的支持和指导。

三、班主任数学课堂的独特性

在小学数学课堂中，班主任扮演着关键的角色，他们致力于通过创新的教学方法和个性化的指导，为学生提供丰富而富有启发性的学习体验。通过个性化教学、实例教学、教育技术的应用及与家长的紧密合作，班主任打造出独特的数学课堂，旨在激发学生的学习兴趣，提高学生的学习效果，培养学生的数学思维和问题解决能力。下面将探讨班主任在数学课堂中的独特性，并深入分析以学生为中心的教学策略和合作模式。

（一）班主任如何通过个性化教学满足不同学生的学习需求

班主任通过个性化教学满足不同学生的学习需求是小学数学课堂的重要任务之一，个性化教学意味着针对每个学生的学习特点和能力水平进行有针对性的教学设计和指导。例如在解决数学问题时，有些学生更擅长逻辑推理，而有些学生则更擅长图形思维，班主任可以根据学生的不同特点，采用不同的教学方法和策略。对于逻辑思维能力强的学生，可以通过提供更多的证明题目来开发学生的逻辑思维能力；对于图形思维能力较强的学生，可以引导他们通过绘制图形来理解和解决问题。班主任还可以结合学生的学习兴趣和实际情况，设计个性化的数学学习任务和项目，激发他们的学习动力和兴趣。通过个性化教学，班主任可以更好地满足不同学生的学习需求，提高他们的学习效果，培养他们的学习兴趣。

（二）班主任如何利用实例教学提升数学学习的实效性

实例教学在数学学习中发挥着重要作用，尤其是在小学阶段。通过将数学概念与生活实践结合起来，班主任可以让抽象的概念变得具体而有趣。例如当教授平面几何时，班主任可以选取类似房屋平面布局或园艺设计等实例，让学生通过观察和分析这些日常场景，探讨几何概念和原理。比如通过分析一个房屋的平面图，学生可以理解到平行线、垂直线及各种角度的概念，并将它们与实际情境相联系，加深理解。这种实践性的学习不仅能够提高学生的学习兴趣，还能够增强他们对数学的实际运用能力。通过实例教学，学生能够更快地掌握数学知识，并将其应用到实际生活中，从而提高数学学习的实效性和实用性。

（三）如何结合教育技术手段创造富有创意的数学教学活动

在小学数学教学中，结合教育技术手段创造富有创意的教学活动可以激发学生的学习兴趣并提高他们的学习效果。教育技术手段如数学软件、交互式白板等为教学提供了丰富的可能性。例如班主任可以利用数学软件设计趣味性游戏，让学生在游戏中探索数学知识，增加他们的参与度和互动性。又如通过交互式白板，班主任可以设计一些有趣的数学问题和挑战，让学生分组合作，共同解决问题，培养他们的团队合作精神和解决问题的能力。利用多媒体资源和网络平台，班主任还可以组织学生观看数学相关的视频、参与在线数学竞赛等活动，拓展他们的数学视野，激发他们的学习热情。通过结合教育技术手段，班主任可以创造出更具创意和趣味性的数学教学活动，使学生在轻松愉快的氛围中学习数学，提高他们的学习积极性和学习效果。

（四）班主任如何培养学生的数学思维和问题解决能力

班主任在培养学生的数学思维和问题解决能力方面扮演着关键的角色。通过一系列精心设计的活动和任务，班主任可以激发学生的兴趣，引导他们主动探索数学世界。班主任可以设计开放性的数学问题，这些问题能够激发学生的好奇心和求知欲，鼓励他们尝试不同的方法和思路。例如可以给学生提供一个实际场景，让他们设计一个数学模型来解决相关问题，从而培养他们的数学思维和应用能力。班主任可以组织有挑战性的数学任务，让学生在面对困难时学会坚持和寻找解决问题的方法。这些任务可以是一些需要较长时间深入思考的问题，或是一些需要跨学科知识的综合性挑战。通过完成这些任务，学生不仅可以提高自己的问题解决能力，还可以增强自信心和团队合作精神。班主任还可以通过数学探究活动来培养学生的探索精神，例如组织学生进行实地观察和实验，让他们通过亲身经历来发现数学的美妙之处。这种方式不仅可以增强学生对数学的理解，还可以培养他们的观察力和实验精神。

表 1-1-2　班主任培养学生的数学思维和问题解决能力观点总结

观点	总结
设计开放性数学问题	设计开放性的数学问题可以激发学生的好奇心和求知欲，鼓励他们尝试不同的方法和思路，从而培养他们的数学思维和应用能力
组织挑战性数学任务	组织有挑战性的数学任务可以让学生在面对困难时学会坚持和寻找解决问题的方法，提高他们的问题解决能力，并培养他们的自信心和团队合作精神
进行数学探究活动	通过数学探究活动，如实地观察和实验，学生可以通过亲身经历来发现数学的美妙之处，增强对数学的理解，培养观察力和实验精神

（五）班主任与家长的沟通与合作

班主任与家长的紧密沟通与合作是确保学生学习和成长的关键环节。定期的沟通可以帮助班主任了解学生在学习上的表现和困难，从而及时调整教学方案和支持措施。例如当班主任观察到学生在数学学习中遇到困难时，他们可以与家长交流这些问题，并共同制订解决方案。这可能包括增加额外的辅导时间，寻求外部帮助，或者提供额外的学习资源。通过与家长密切合作，班主任可以更好地了解学生的个性化需求，为他们提供更有针对性的支持。班主任还可以邀请家长参加学校举办的家长会或数学教育讲座，这些活动为家长提供了更多了解学校教学方法和课程内容的机会，也让他们更深入地了解学生在学校的表现和需要。通过这样的参与，家长可以更好地支持和鼓励学生的学习，与班主任形成紧密的合作关系。

班主任在小学数学课堂中采取多种独特的教学方法，以满足不同学生的学习需求。通过个性化教学，他们根据学生的特点和能力水平进行有针对性的教学设计，提高学生的学习效果，培养他们的学习兴趣。班主任还利用实例教学提升数学学习的实效性，将抽象的概念与生活实践结合起来，让学生在实际场景中理解数学知识。教育技术手段的应用为小学数学教学增添创意和趣味，激发学生的学习热情和参与度。班主任与家长的紧密沟通与合作也起到至关重要的作用，双方共同关注学生的学习情况和需求，为他们提供更好的支持和指导。通过这些努力，班主任能够为学生创造富有启发性和有意义的数学学习环境，促进他们的全面发展和成长。

第二节　建立积极的数学课堂环境

一、创建有利于学习的课堂氛围

创设积极的学习氛围是每个班主任都在追求的目标，尤其在小学数学课堂中，建立良好的师生互动、培养团队合作精神、激发学生学习兴趣都是至关重要的。下面将探讨如何通过促进师生互动、培养团队合作、创设启发性的学习环境及运用教育技术等方式，为小学数学课堂注入活力与趣味，提升学生的学习效果和课堂参与度。

（一）促进师生互动的方式和技巧

为建立积极的数学课堂氛围，促进师生互动至关重要。班主任可以采取多种方式和技巧，如提问、讨论、小组活动等，来激发学生的参与兴趣。通过提问，班主任可以引导学生思考，并及时纠正他们的错误，帮助他们建立正确的数学观念。讨论是另一种促进互动的有效方式，班主任可以组织学生就一个问题展开讨论，让他们分享不同的看法和解决方法，从而培养他们的思辨能力和表达能力。小组活动也是促进师生互动的好方法，班主任可以组织学生分成小组，共同解决问题，培养他们的团队合作精神和互助精神。例如班主任在数学课堂上提出一个有趣的数学难题，然后让学生分成小组讨论并给出解决方案。每个小组都要派出一名代表来分享他们的思路和解决方法。这样不仅能够促进学生之间的交流和互动，还能够培养他们的解决问题的能力和团队合作精神。

（二）培养学生团队合作和互助精神

在小学数学课堂中，培养学生团队合作和互助精神是至关重要的。班主任可以设计一些小组活动，让学生一起合作解决问题。通过这些活动，学生不仅可以相互协助，还可以共同探讨数学问题，促进彼此之间的交流和合作。班主任还可以设立一些小组竞赛，激发学生的竞争意识，同时也能够锻炼他们的团队合作精神。通过这些活动，学生能够体验到团队合作的重要性，培养他们在学习中互相支持和帮助的精神。例如在小学数学课上，班主任安排学生分成小组，每个小组共同完成一道较难的数学题目。在限定的时间内，学生需要共同讨论问题，相互协助，并找到正确的解决方法。班主任可以根据每个小组的表现进行评价，并给予奖励以鼓励学生养成团队合作精神。

表 1-2-1　培养学生团队合作和互助精神实施方案

行动方案	具体措施
设计小组活动	安排学生分组，每组 3～5 人。设计一些小组数学问题，要求学生共同解决。活动中鼓励学生相互协助，共同讨论问题，找到解决方案
设立小组竞赛	组织小组竞赛，设置一些数学竞赛题目。要求学生在小组内协作解决问题，并在限定时间内完成。竞赛结束后，评选出表现优秀的小组，并给予奖励
培养团队合作精神	在活动中强调团队合作的重要性，鼓励学生互相支持和帮助。提供指导和引导，帮助学生学会有效的团队合作方法。对表现突出的团队进行表扬和奖励，激励学生积极参与团队合作

（三）创设具有挑战性和启发性的数学学习环境

为激发学生的学习兴趣和提高他们的学习积极性，班主任可以创设具有挑战性和启发性的数学学习环境。可以通过设置一些富有创意的数学问题或者开展一些有趣的数学活动来达到这一目的。这些问题或活动可以超出课程内容，涉及一些数学上的拓展或应用，让学生在解决问题的过程中感受到数学的魅力和乐趣。班主任还可以邀请一些数学专家或者学生中的数学高手来分享他们的数学经验和心得，激励学生探索数学的更深层次，培养他们的数学思维能力。例如在小学数学课上，班主任给学生出了一个关于数学趣味题的挑战：如何用最少的步骤将一个乱序的魔方还原成完整的状态？学生可以在小组内合作，分享彼此的解决方案，并通过不断尝试和探索，找到最优解。这样的挑战不仅能够激发学生的求知欲，还能够锻炼他们的逻辑思维和解决问题的能力。

（四）运用教育技术增添课堂活力和趣味性

在小学数学课堂上运用适当的教育技术可以有效增添课堂活力和趣味性，提高学生的学习积极性和参与度。班主任可以结合课程内容，利用数字化工具和应用程序设计一些互动性强、生动形象的教学资源，例如数学游戏、虚拟实验等，让学生在参与中学习、在体验中感悟。通过这些教育技术的应用，可以更好地激发学生的学习兴趣，提高他们对数学的理解和掌握能力。例如在学习平面几何的课堂上，班主任可以利用数学绘图软件，设计一个有趣的几何图形拼图游戏。学生可以通过拖动几何图形的方式，完成不同难度级别的拼图任务，从而巩固几何图形的特性和性质。这样的活动不仅能够增加课堂的趣味性，还能够锻炼学生的空间想象能力和逻辑推理能力。

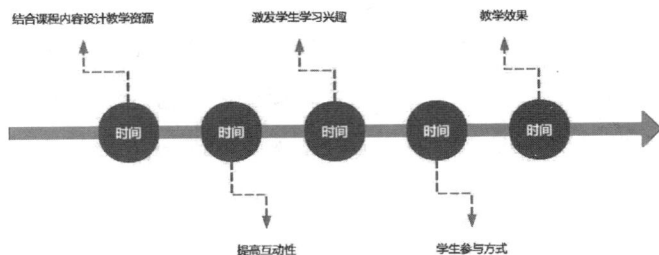

图 1-2-1　运用教育技术增添课堂活力和趣味性流程图

（五）处理课堂中的紧急情况和突发事件

在课堂教学过程中，可能会遇到一些紧急情况和突发事件，如学生突发疾病、突然间断电等情况。班主任在这种情况下需要保持冷静，采取有效应对措施，确保学生的安全和课堂秩序。班主任需要迅速评估情况，根据实际情况决定是否需要立即报警或寻求医疗救助。班主任需要及时通知学校相关部门和学生家长，做好信息沟通工作。班主任还需要根据具体情况灵活调整课堂教学计划，保障学生的学习和安全。例如在一堂小学数学课上，突然停电，导致教室一片漆黑。班主任立即安排学生保持安静，同时迅速联系学校电力部门了解情况。在确认停电原因后，班主任带领学生有序撤离教室，前往操场集合。在操场上，班主任利用手电筒和手机等光源，继续给学生讲解数学知识，确保课堂教学秩序不受影响，保障学生的安全。

在小学数学课堂中促进师生互动、培养团队合作精神、创设有挑战性的学习环境及处理紧急情况都是至关重要的。通过采用多种方式和技巧，如提问、讨论、小组活动等，班主任可以激发学生的参与度和学习兴趣。创设具有挑战性和启发性的学习环境，结合教育技术的应用，可以增添课堂的活力和趣味，提高学生的学习积极性。在处理紧急情况时，班主任需要保持冷静，采取有效应对措施，确保学生的安全和课堂秩序。通过以上措施可以为小学数学课堂营造出良好的学习氛围，促进学生全面发展。

二、设定明确的课堂规则和期望

设定明确的课堂规则和期望对创造积极的学习环境至关重要，其中共同制定规则与期望、明确传达、鼓励自我监督和处理违规行为的策略，以及及时调整和更新规则，都是构建和谐课堂氛围的关键步骤。下面将深入探讨这些方面的重要性及实践方法。

（一）共同制定课堂规则与期望的重要性

共同制定课堂规则与期望对建立积极的学习环境至关重要。通过与学生一起参与规则的制定过程，可以增强他们对规则的理解和接受能力，提高规则执行的效果。学生在参与规则制定的过程中能够感受到被尊重和被重视，从而更愿意遵守规则。共同制定规则也能够促进师生之间的沟通与合作，建立起更加良好的师生关系。例如在小学数学课堂上，班主任可以与学生一起讨论并制定关于课堂秩序、作业完成、互相尊重等方面的规则和期望。通过这样的合作，学生会更加理解并接受这些规则，从而更加自觉地遵守规则，营造出良好的学习氛围。

（二）明确并有效地传达课堂规则和期望

明确而有效地传达课堂规则和期望对建立积极的学习环境至关重要。班主任在传达规则时应选择适合的方式，例如口头说明、书面通知或课堂展示，并确保规则简明清晰。在课堂开始时，班主任应当明确地说明规则，以确保学生理解规则的重要性和执行方式。通过课堂活动和案例演示规则的应用，可以帮助学生更好地理解规则的内涵和意义。举例来说，在小学数学课堂上，班主任可以通过生动的故事或实例向学生展示互相尊重和合作的重要性，并明确说明课堂规则，如不打扰他人、积极参与讨论等。通过这样的方式，学生能够更加深入地理解并接受规则，从而更好地遵守规则，营造出积极和谐的学习氛围。

（三）鼓励学生自我监督和遵守规则

鼓励学生自我监督和遵守规则是促进他们自律和责任心发展的重要途径，班主任在这方面扮演着关键角色，可以采取一系列措施来激励学生积极参与规则的执行和监督。表扬和奖励是非常有效的激励方式，当班主任发现学生积极遵守规则时，可以及时给予肯定和表扬，这既可以增强学生的自信心，也可以树立良好的榜样。设立一些小奖励机制也是可行的，比如给予一些小礼品或者特殊权限，这能够激发学生的积极性，让他们更加愿意自我监督和遵守规则。班主任可以鼓励学生在发现他人违规时积极提醒和帮助，引导学生成为班级的"规则守护者"，不仅可以加强规则的执行，还能培养学生的责任心和团队意识。这种做法也能够促进学生之间的相互尊重和合作，营造出更加和谐的学习氛围。建立良好的信任关系也是非常重要的。当学生感受到班主任的信任和支持时，会更加愿意自觉地遵守规则，因为他们意识到遵守规则不仅是为他人，也是为自己和整个班级的利益。因此，班主任应当尊重学生，给予他们足够的自主权和责任，让他们成为自己学习和行为的主体。

（四）处理违反规则行为的策略和方法

对于违反规则行为，班主任需要采取适当的策略和方法进行处理，既要惩罚违规行为，又要引导学生改正错误。班主任可以与学生进行私下沟通，了解违规行为背后的原因，并给予适当的警告和提醒。如果学生仍然持续违反规则，班主任可以采取适当的惩罚措施，如警告、扣分或者适当的处罚。班主任还应该与学生和家长及时沟通，共同寻找解决问题的方法，帮助学生改正错误。如果有学生在数学课堂上频繁打扰他人，班主任可以先与其私下沟通，了解其行为背后的原因，并给予警告。如果情况仍然没有改善，班主任可以采取适当的惩罚措施，如扣分或者让其在课后写下反思报告，同时与家长进行沟通，共同解决问题。

表 1-2-2　处理违反规则行为的策略和方法观点总结

观点	总结
私下沟通了解原因	与学生私下沟通，了解违规行为的原因，有助于更好地解决问题，避免简单地对其进行惩罚
给予适当警告和提醒	在私下沟通的基础上，给予适当的警告和提醒，让学生意识到自己的错误，并有机会改正
采取适当惩罚措施	如果学生持续违规，班主任可以采取适当的惩罚措施，如警告、扣分或者适当的处罚，以维护课堂秩序
与学生和家长沟通	与学生和家长及时沟通，共同寻找解决问题的方法，帮助学生改正错误，并促进家校合作

（五）及时调整和更新课堂规则以适应变化的需求

不断调整和更新课堂规则以适应变化的需求是维持教学秩序和促进学生发展的重要措施。首先，定期评估和讨论现有规则至关重要。班主任可以与学生开展课堂讨论或通过匿名反馈收集学生的意见和建议。这种开放性的沟通方式可以帮助班主任了解学生对规则的态度和看法，从而更好地调整和更新规则。其次，根据实际情况调整规则是必要的。随着学生的成长和课堂环境的变化，原有的规则可能会变得不再适用或者不够完善。班主任应及时观察和分析课堂情况，发现问题并及时做出相应的调整。这种灵活性和敏锐性可以使规则更贴近实际，更具操作性。最后，借助学生的反馈也是非常有效的。学生是课堂的直接参与者，他们的意见和建议对规则的改进至关重要。班主任可以定期收集学生的反馈意见，倾听他们的声音，并根据需要进行调整。这不仅可以增强学生的参与感和责任感，还可以提高规则的可接受性和执行力度。

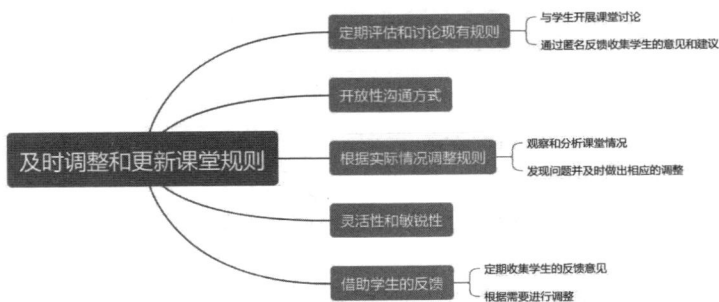

图 1-2-2　及时调整和更新课堂规则思维导图

在小学课堂管理中共同制定规则与期望有助于学生理解和接受规则，促进师生之间的沟通与合作。明确传达规则和期望可以确保学生明白其重要性和执行方式，从而建立积极的学习氛围。鼓励学生自我监督和遵守规则有助于培养他们的自律和责任心。处理违规行为需要班主任审慎，既要惩罚，又要引导学生改正错误。及时调整和更新规则以适应变化的需求是保持规则有效性和适用性的关键，需要班主任与学生密切合作，不断优化课堂管理策略。

三、激励学生积极参与的策略

激励学生积极参与学习是教育工作者的重要任务之一。在教学过程中采取合适的策略可以激发学生的兴趣和动力，使他们更加积极地投入到学习中。下面将探讨五种激励学生积极参与的策略，包括设计具有挑战性及吸引力的数学问题和任务，制定奖励制度并提供多样化的表扬方式，鼓励学生提出问题和分享解决方案，以及利用学生的兴趣和特长。通过这些策略的有效运用，可以营造积极的学习氛围，激发学生的学习热情，提高他们的学习效果。

（一） 设计具有挑战性及吸引力的数学问题和任务

为激发学生对数学学习的兴趣和参与度，班主任可以设计富有挑战性及吸引力的数学问题和任务。这些问题可以跳出传统教材的框架，为教学注入趣味性和创意。班主任可以设计一个数学谜题，让学生在解决问题的过程中感受到探索的乐趣，比如让他们解密一个数学密码或者拼凑一个数学拼图。班主任还可以引入与学生生活息息相关的实际情境，如通过制作预算来规划一次旅行的花费，或者设计一个游戏，让学生在游戏中运用数学知识来解决问题。这样设计的问题和任务既有挑战性又有趣味性，能够激发学生的好奇心和求知欲，使他们更加积极地投入到数学学习中。

（二） 制定奖励制度以鼓励学生的积极参与和表现

制定奖励制度是激励学生积极参与和表现的有效途径。班主任可以通过多种方式来设计奖励机制，以满足不同学生的需求和激励方式。比如班主任可以采用及时的个人表扬，鼓励学生在课堂上积极回答问题、提出见解或参与讨论。这种形式的奖励可以提高学生的自信心，增强他们在课堂上展示自己的意愿。班主任也可以设立一些实物奖励，如小礼品或者奖状，作为学生表现突出的奖励。这些实物奖励可以作为对学生的激励，激发他们更加努力地参与到学习中去。班主任还可以引入积分制度，将学生的积极参与行为转化为积分，然后根据积分的累积情况给予相应的奖励，如优先选择座位、额外的课外活动机会等。通过这种方式，学生会意识到自己的努力和付出得到认可，从而更加积极地参与到学习和课堂活动中去。班主任可以定期举办一些特殊的活动或比赛，鼓励学生展示他们的才华和能力，并给予优胜者适当的奖励和表彰，激励其他学生向他们看齐，努力提高自己的水平。通过制定奖励制度，班主任可以有效地激励学生积极参与和表现，从而营造出一个积极向上的学习氛围。

（三） 提供多样化的表扬方式

提供多样化的表扬方式是激励学生积极参与的关键。除了物质奖励外，班主任可以通过各种方式表扬学生，使其感受到被认可和尊重。口头表扬是最直接有效的方式之一。在小学课堂上的班主任可以及时赞扬学生的好表现，如回答问题准确、积极参与讨论等，以增强学生的自信心和学习动力。发放证书或奖状也是一种常见的表扬方式。班主任可以设计精美的证书，表彰学生在学习或其他方面的优秀表现，并在班级或学校范围内进行颁发，让学生感到自豪和受到鼓舞。利用班级公告板或校园广播等平台展示学生的优秀表现也是一种有效的表扬方式。公开展示，不仅可以让优秀学生得到同学和班主任的认可，还能够激发其他学生积极性，形成良好的学习氛围。总的来说，提供多样化的表扬方式可以更好地激励学生的积极参与，增强其学习动力和自信心，从而促进课堂的积极互动和学习效果的提升。

表 1-2-3　提供多样化的表扬方式行动方案及措施

行动方案	具体措施
口头表扬	及时赞扬学生的好表现，如回答问题准确、积极参与讨论等。在课堂上公开表扬学生，增强其自信心和学习动力
发放证书或奖状	设计精美的证书，表彰学生在学习或其他方面的优秀表现。在班级或学校范围内进行颁发，让学生感到自豪和受到鼓舞
利用班级公告板或校园广播	在班级公告板或校园广播上展示学生的优秀表现。公开展示学生的优秀表现，增强其被认可感，并激发其他学生的积极性

（四）鼓励学生提出问题和分享解决方案

鼓励学生提出问题并分享解决方案是培养其积极参与的关键。为此班主任应营造一种开放的学习氛围，让学生感到可以自由地表达自己的想法和困惑。一种有效的方法是设立一个"问题墙"，学生可以在上面写下他们在学习过程中遇到的问题或疑惑。这种做法不仅能够鼓励学生敞开心扉，还能够帮助他们学会将困难变成学习的机会。班主任可以定期挑选一些问题，与学生一起讨论并找出解决方法，从而激发学生的学习热情和解决问题的能力。班主任还可以鼓励学生分享他们的解决方案和学习经验。通过分享，学生不仅可以展示自己的成果，还能够互相启发和学习，形成良好的学习氛围。总的来说，鼓励学生提出问题和分享解决方案经验是培养其积极参与的重要策略，有助于促进学生的学习和成长。

（五）利用学生的兴趣和特长

利用小学生的兴趣和特长是激励他们积极参与的重要手段。班主任可以通过了解学生的兴趣爱好，设计相关的数学问题或任务，从而激发他们的学习兴趣。例如：对于对音乐感兴趣的学生，可以设计与音符、节拍有关的数学问题；对于喜欢艺术的学生，可以设计与几何图形、色彩有关的数学任务；对于热爱体育的学生，可以设计与运动、比赛计算有关的数学题目。这样做不仅能够满足学生的兴趣需求，还能够将数学知识与实际生活及兴趣爱好联系起来，使学习过程更加有趣和具有挑战性。同时班主任还可以鼓励学生将自己的特长应用到数学学习中去。例如：对于擅长音乐的学生，可以让他们用音乐节奏来解决数学计算问题；对于擅长艺术的学生，可以让他们利用画图、几何构图来展示数学概念；对于擅长体育的学生，可以让他们通过运动数据、比赛成绩来进行数学分析和计算。这种个性化的学习方式既能够充分发挥学生的特长，又能够增强他们的参与度和学习动力。

在小学教育实践中，班主任需要不断探索各种方法来激励学生的积极参与。上面介绍了五种有效的策略，包括设计有趣的数学问题和任务，制定奖励制度，提供多样化的表扬方式，鼓励学生提出问题和分享解决方案，以及利用学生的兴趣和特长。这些策略既可以激发学生的好奇心和求知欲，又可以增强他们的自信心和学习动力，从而促进他们更加积极地参与到学习中来。通过不断尝试和改进这些策略，班主任可以为学生营造一个积极向上的学习环境，帮助他们实现全面发展。

第三节　了解学生需求与差异

一、识别学生的个性化需求

个性化教学旨在满足每个学生的独特需求和学习方式，以促进他们的学习成长和发展。在实施个性化教学之前，了解学生的个性化需求至关重要。下面将探讨四种识别学生个性化需求的方法，分别为观察和了解学生的学习兴趣和动机，调查和分析学生的学习背景和家庭环境，通过个别谈话和反馈收集学生的需求和期望，以及利用评估工具和测试手段了解学生的学习风格和能力水平。

（一）观察和了解学生的学习兴趣和动机

观察学生的学习兴趣和动机是个体化教学的基础，在小学课堂上的班主任可以通过细致观察学生的表现来洞察他们的兴趣所在。例如一位小学生可能在数学课上专注于解决难题，展现出对逻辑思维的喜爱，而在语文课上可能表现得比较消极，这暗示着他可能对文学创作缺乏兴趣。另外，一些学生可能在语文课上积极参与阅读和讨论，显示出对文字表达的热情。这种观察有助于班主任识别出不同学生的学习偏好，进而调整教学内容和方法以迎合他们的需求。举例来说，当班主任发现一位学生在数学课上频繁主动提问，积极思考解决问题的方法，而在其他科目课上却显得比较被动时，可以推测出他可能对数学有着浓厚的兴趣和动机。针对这种情况，班主任可以通过提供更多具有挑战性的数学问题或者开展小组讨论来激发他的学习热情，帮助他更好地发挥自己的潜能。相反，对于那些对语文感兴趣的学生，班主任可以设计更具吸引力的文学作品或创作任务，以增强他们的参与度和学习动机。通过观察学生的学习兴趣和动机，班主任能够更有针对性地进行教学，提供更个性化的学习体验，从而更有效地促进学生的学习成长和发展。

（二）调查和分析学生的学习背景和家庭环境

了解学生的学习背景和家庭环境对班主任设计有效的教学方案至关重要。来自不同背景的学生可能面临不同的挑战和需求。比如来自农村或贫困家庭的学生可能面临学习资源匮乏、家庭支持不足等问题。这些学生可能需要额外的支持和关注，如提供更多的学习资源、陪伴式指导或鼓励，帮助他们克服困难，发挥潜力。相反，来自教育家庭或者学习环境较好的学生可能已经接受过丰富的学习机会，对学习有着更高的期望和要求。这些学生可能更需要有挑战性的学习任务、深度思考的机会及充满创造性的学习体验，以满足他们的学习需求并保持学习动力。除了个体差异外，家庭环境也会影响学生的学习态度和行为。例如家庭对教育的重视程度、家庭氛围、家长对学习的支持和期望等都会对学生的学习产生深远影响。了解学生的家庭环境可以帮助班主任更好地与家长沟通合作，共同关注学生的学习发展。

（三）通过个别谈话和反馈收集学生的需求和期望

与学生进行个别谈话并收集他们的反馈和意见是了解他们个性化需求的重要途径之一。在这样的交流中，班主任可以直接与学生对话，深入了解他们对课程内容、教学方法及学习环境的看法。通过这些对话，班主任可以获得关于学生学习目标和期望的宝贵信息。在个别谈话中，班主任可以提出开放式问题，鼓励学生分享他们的想法和感受。例如班主任可以询问学生对当前学习内容的理解程度，他们是否对某些教学方法有偏好，以及他们是否有任何学习上的困难或需求。了解学生的学习目标和期望也至关重要，因为这有助于班主任调整教学策略，以更好地满足学生的需求。通过与学生的沟通交流，班主任可以更深入地了解他们的需求和期望。例如一些学生可能希望在学习中获得更多的实践机会，而另一些学生可能更需要额外的解释和指导。班主任可以根据这些反馈调整课程设置，采用更多的互动式教学方法，提供更多的个性化辅导，以及创建更具启发性的学习环境。

（四）利用评估工具和测试手段了解学生的学习风格和能力水平

利用评估工具和测试手段是了解学生学习风格和能力水平的有效途径之一。学习风格问卷调查可以帮助班主任了解学生的偏好和倾向，例如是更倾向于视觉、听觉或是动手方式的学习者。这种了解对调整教学方法至关重要，因为不同的学习风格需要不同的教学策略来更好地满足学生的需求。比如：对于视觉型学习者，班主任可以使用图表、图像等视觉化工具来讲解内容；对于动手型学习者，可以提供实践性的任务和案例分析来增强他们的学习效果。能力测评则可以帮助班主任了解学生在各个学科和不同方面的能力水平。通过分析学生的测试结果，班主任可以识别出他们的优势和劣势，进而有针对性地进行教学。例如如果一位学生在数学方面表现突出，但在语言表达方面较为薄弱，班主任可以在数学课上给予更多有挑战性的问题，同时在语文课上提供额外的支持和指导，以平衡学生的学习发展。

通过观察学生的学习兴趣和动机，班主任可以了解他们的学习偏好，并据此调整教学内容和方法以满足其需求。调查学生的学习背景和家庭环境有助于班主任更全面地理解学生面临的挑战和需求，为他们提供有针对性的支持和帮助。通过与学生进行个别谈话，收集他们的反馈交流，班主任可以深入了解他们的学习需求和期望，从而调整教学策略，提供更个性化的学习体验。利用评估工具和测试手段了解学生的学习风格和能力水平，有助于班主任更有效地进行个性化教学设计，以满足学生的学习需求，并促进他们的学习成长和发展。

二、针对不同学习风格的教学策略

在当今多样化的教育环境中，如何有效地满足不同学生的学习风格和需求，个性化教学策略的应用成为应对这一挑战的关键。通过采用多元化的教学方法、灵活调整课堂内容和教学方法，以及提供个性化的学习资源和支持，班主任能够更好地促进学生的学习成长和发展。

（一）多元化教学方法的运用

在实施个性化教学时，多元化的教学方法是至关重要的。班主任可以采用多种教学策略和方法，以满足不同学生的学习风格和需求。例如在数学课上，班主任可以结合讲解、示范、实践和游戏等多种教学方法，以吸引视觉型、听觉型或动手型学习者的注意力。对于视觉型学习者，班主任可以通过展示图表、演示解题过程等方式来传递知识；对于听觉型学习者，可以通过讲解和口头解释来帮助他们理解概念；对于动手型学习者，可以设计实践性的任务和案例分析，让他们通过实际操作来加深理解。通过多元化的教学方法，班主任能够更好地满足不同学生的学习需求，提高教学效果。

表 1-3-1 多元化教学方法的运用观点总结

观点	总结
多种教学策略和方法	在个性化教学中，采用多种教学策略和方法是必要的，以满足不同学生的学习风格和需求

续表

观点	总结
吸引不同学习者的注意力	结合讲解、示范、实践和游戏等多种教学方法，可以吸引视觉型、听觉型或动手型学习者的注意力
针对不同学习者设计	对于不同类型的学习者，如视觉型、听觉型或动手型学习者，可以采用相应的教学方法，以提高他们的学习效果
提高教学效果	通过多元化的教学方法，班主任能够更好地满足不同学生的学习需求，提高教学效果，促进学生的全面发展

（二）灵活调整课堂内容和教学方法以适应不同学生的学习风格

在实施个性化教学时，班主任的灵活性和适应能力至关重要。他们需要根据学生的学习风格和能力水平，调整课堂内容和教学方法，以确保每个学生都能够有效地学习和成长。举例来说，当班主任发现有些学生对抽象概念理解困难时，可以采取具体案例和实际应用来帮助他们建立起更深的理解。这可能包括引入生动的故事、实际的问题解决方案或相关的实地考察，使抽象的概念更加具体化和生动化。相反，对于那些更擅长抽象思维的学生，班主任可以提供更深入的理论解释和有挑战性的问题，以激发他们的思维深度和创造性。班主任还可以采用不同的教学方法来满足不同学生的学习需求，例如对于喜欢合作学习的学生，可以组织小组讨论或项目合作，让他们通过与同伴合作来共同探索和学习；而对于更倾向于独立学习的学生，则可以提供个别辅导或自主学习的机会，让他们根据自己的节奏和兴趣深入学习。

（三）提供个性化的学习资源和支持，满足学生不同的学习需求

班主任在实施个性化教学时提供个性化的学习资源和支持至关重要。这种支持可以满足学生不同的学习需求，确保他们在学习过程中得到有效的帮助和指导。一种方式是通过提供额外的学习材料来满足学生的需求，对于那些需要更多练习的学生，班主任可以准备额外的练习题或者提供相关的参考资料，让他们有更多机会巩固所学知识。这些额外的学习资源可以不同的形式呈现，例如练习册、在线练习平台或多媒体教学资源，以满足学生的不同学习偏好。对于那些需

要额外辅导和指导的学生，个性化的支持也是至关重要的。班主任可以安排个别辅导时间，与学生一对一地讨论问题、解决疑惑，或者提供额外的指导材料和学习建议。这种个性化的支持可以帮助学生更好地理解和应用所学知识，提高他们的学习成绩和自信心。

（四）鼓励学生发展和利用自己的学习策略

个性化教学的核心之一是鼓励学生发展和利用自己的学习策略。这种方法旨在培养学生的自主学习能力和独立思考能力，从而使他们能够更有效地应对各种学习挑战。班主任可以通过多种方式来实现这一目标。班主任可以提供学习技巧和方法的指导，例如如何制订有效的学习计划、如何做好笔记、如何有效地阅读和理解文本等。这些技巧和方法可以帮助学生更有效地组织和管理他们的学习过程。班主任也可以鼓励学生积极参与课堂讨论和活动，培养他们的思维能力和表达能力。通过与同学和班主任的互动，学生可以更深入地理解学习内容，并学会从不同的角度思考和解决问题。班主任还可以鼓励学生自主探究和解决问题，培养他们的探索精神和解决问题的能力。通过提出开放性的问题和案例分析，学生受激发主动寻找答案，并思考解决方案，从而培养他们的批判性思维和创造性思维。

个性化教学不仅依靠多元化的教学方法来吸引不同学习风格的学生，还包括灵活调整课堂内容和教学方法，以及提供个性化的学习资源和支持。这种方法不仅帮助学生更有效地掌握知识和技能，还能培养他们的自主学习能力和独立思考能力，为他们未来的学习和生活奠定坚实的基础。

三、如何辅导数学基础薄弱的学生

小学数学基础薄弱的学生需要特别关注和有效辅导，以帮助他们建立坚实的数学基础。下面将探讨如何通过诊断和分析学生教学基础的薄弱环节及原因制订个性化补救计划，提供额外学习资源和时间，以及培养学生对数学学习的信心和兴趣，来有效辅导数学基础薄弱的学生。

（一）诊断和分析学生数学基础的薄弱环节及原因

在辅导小学数学基础薄弱的学生时，需要进行全面的诊断和分析，以确定学生数学能力的薄弱环节及原因。这可以通过定期的诊断测试、个人访谈以及观察学生在课堂上的表现等方式来进行。举例来说，一位小学生可能在基本算术运算方面出现困难，这可能是因为他在早期阶段没有充分掌握加减乘除的基本技能。另一位小学生可能在代数方面遇到挑战，可能是因为他对变量和方程式的概念理解不够深入。通过仔细分析学生在不同数学领域的表现，班主任可以确定每个学生的具体薄弱环节和原因，为制订个性化的补救计划提供基础。

（二）制订个性化的补救计划和学习目标

制订个性化的补救计划和学习目标是帮助学生克服数学基础薄弱的关键一步，这个过程需要密切的合作和沟通，以确保计划的有效性和可行性。举例来说，对于那些在基本算术方面薄弱的学生，可以制订每天进行一定量的基本算术练习的计划。这些练习可以涵盖加减乘除等基本运算，并逐渐增加难度和复杂度，以帮助学生建立坚实的基础。定期进行测试是评估学生进展的重要手段，可以根据测试结果及时调整和修改补救计划，以确保学生在正确的轨道上。对于在代数方面薄弱的学生，可以安排额外的辅导时间来针对代数的基本概念进行讲解和实践。这可能包括对变量、方程式、函数等概念的深入讲解，并提供大量的练习题和应用题，以加强学生对代数概念的理解和运用能力。通过与学生进行个别辅导和互动，班主任可以更好地把握学生的学习情况，及时发现和解决问题，以确保学生能够有效地掌握代数知识。

表 1-3-2 制订个性化的补救计划和学习目标实施方案

行动方案	具体措施
制订每日练习计划	鉴定学生基本算术的薄弱点。设计每日一定量的基本算术练习。逐渐增加练习的难度和复杂度
定期进行测试	设定定期测试的时间表。根据测试结果评估学生的进展。根据评估结果调整和修改补救计划
安排额外辅导时间	针对代数基本概念安排额外的辅导时间。深入讲解变量、方程式、函数等概念。提供大量练习题和应用题
进行个别辅导和互动	与学生进行个别辅导，关注其学习情况。通过互动了解学生的问题和困难。及时发现并解决学生的学习问题

（三）提供额外的学习资源和辅导时间

提供额外的学习资源和辅导时间对帮助数学基础薄弱的学生至关重要。这种支持可以包括提供额外的练习题和学习资料，以及安排个别辅导时间来解答学生的问题和指导学习。为学生提供额外的练习题和学习资料是巩固所学知识的重要方式。这些资源可以涵盖不同难度级别的题目，帮助学生逐步提高解题能力。学生可以通过自主学习，按照自己的节奏和方式进行复习和巩固，从而更好地理解和掌握数学知识。安排个别辅导时间可以帮助学生有针对性地解决问题和加强学习，在个别辅导中，班主任可以根据学生的学习情况和需要，有针对性地进行讲解和指导，帮助学生理清思路，解决困惑。这种一对一的辅导方式能够更好地关注学生的个体差异，提供更加个性化和有效的学习支持。

（四）培养学生对数学学习的信心和兴趣

培养学生对数学学习的信心和兴趣是非常重要的，特别是对于那些数学基础薄弱的学生。班主任在这方面可以采取多种措施来帮助学生建立信心和兴趣。班主任可以通过正面的反馈和鼓励来增强学生的信心，及时表扬学生的努力和进步，让他们感受到自己的价值和能力，从而建立其对数学学习的信心。班主任可以通过生动有趣的教学方式来激发学生的学习兴趣，比如组织数学游戏和挑战，让学生在轻松愉快的氛围中学习数学，从而激发他们的学习兴趣。班主任还可以鼓励学生多问问题、多思考，培养他们对数学问题的探索精神。鼓励学生主动思考和解决问题，可以增强他们的学习兴趣，同时也可以提高他们的学习能力和水平。

针对小学数学基础薄弱的学生，有效的辅导需要从多个方面入手。一是通过诊断和分析学生的数学能力薄弱环节及原因，为后续的补救计划制订提供依据；二是制订个性化的补救计划和学习目标，通过定期测试和适时调整，确保学生在数学学习上取得进展；三是提供额外的学习资源和辅导时间，帮助学生巩固所学知识，并通过个别辅导解决学习中的问题；四是通过鼓励和积极的教学方式，培养学生对数学学习的信心和兴趣，让他们在愉快的学习氛围中不断提升数学能力。

四、利用学生差异进行分组教学

利用学生差异进行分组教学是教学中的一项重要策略，旨在充分发挥学生之间的多样性，促进他们的学习和成长。在这种教学模式下，设置小组和采用合作学习方式是至关重要的。通过小组合作，学生可以互相协作、交流，共同解决问题，从而实现共同进步。利用同侪互助和合作学习模式，学生不仅能够在团队中相互支持和学习，还能够提高沟通、协作和解决问题的能力。定期对学生的学习进展进行跟踪和评估，可以帮助班主任及时调整教学策略，确保每位学生都能够获得有效的学习经验和成果。鼓励学生在小组中分享和交流自己的学习经验和成果，则是激发学生学习动力和自信心的关键。

（一）设置小组和合作学习方式

在利用学生的差异进行分组教学时，设置小组和采用合作学习的方式是一种有效的方法。通过小组合作，学生可以在团队中相互协作、交流，并互相帮助解决问题。班主任可以根据学生的学习水平和能力将他们分成不同的小组，每个小组内既包含高水平的学生，也有基础相对薄弱的学生。这样的设置可以促进学生之间的互相学习和合作，让高水平的学生有机会通过教导他人巩固自己的知识，而低水平的学生则可以从高水平学生的示范和引导中提高自己的理解能力。例如一个数学小组可能包括擅长解题的学生、善于解释的学生以及在数学概念理解方面较弱的学生。在这样的小组中，学生可以相互辅导、共同探讨问题，从而达到共同进步的目标。通过这种合作学习的方式，学生不仅可以提高自己的学习效果，还能培养其团队合作意识和互助精神，从而更好地适应未来的学习和工作环境。

（二）利用同侪互助和合作学习的模式

同侪互助和合作学习是促进学生学习的重要方式，尤其是在分组教学中。这种模式充分利用学生之间的差异，通过相互帮助和合作来共同进步。在同侪互助中，擅长某一领域的学生可以向其他同学传授知识、解释概念，并提供学习策略和技巧。例如在小学数学课上，一些数学能力较强的学生可以通过与其他同学合作，帮助他们解决数学题目、解释数学概念，以及分享解题方法和技巧。这种同侪互助不仅可以提高学生的学习效果，还能够增强他们的团队合作意识和自信心。合作学习也可以培养学生的沟通能力、协作能力和解决问题的能力，这些都是在现实生活和工作中非常重要的技能。因此，通过同侪互助和合作学习的模式，班主任可以更好地发挥学生之间的差异，促进他们的学习和成长。

表 1-3-3　利用同侪互助和合作学习的模式观点总结

观点	总结
利用学生之间的差异	同侪互助和合作学习充分利用了学生之间的差异，通过相互帮助和合作来共同进步
提高学习效果	学生可以通过同侪互助，向擅长某一领域的同学学习知识和技巧，从而提高学习效果
培养团队合作意识	合作学习可以增强学生的团队合作意识，让他们意识到通过合作可以取得更好的成果
培养重要的生活技能	合作学习培养了学生的沟通能力、协作能力和解决问题的能力，这些是在现实生活和工作中非常重要的技能

（三）定期对学生的学习进展进行跟踪和评估

为确保分组教学的有效性，班主任需要通过定期对学生的学习进展进行跟踪和评估。这种跟踪评估可以通过多种方式实现，包括定期的测验、作业评估和小组讨论。通过定期测验，班主任可以了解学生对所学内容的掌握程度和理解深度，进而评估分组设置是否合理及教学策略是否有效。例如数学课上，班主任可以设置定期的小测验，检查学生对数学概念和解题方法的掌握情况。作业和小组讨论也是评估学生学习进展的重要方式。通过批改作业和观察小组讨论，班主任可以发现学生在学习中遇到的问题和困难，及时调整教学内容和方法，以更好地满足学生的学习需求。班主任可以组织小组内部的自评和互评活动，这有助于学生更加深入地了解自己的学习情况和进步。例如在小组讨论后，班主任可以要求每位学生写下对自己和其他同学的评价，分享自己在讨论中的贡献和收获，以及对其他同学表现的观察和评价。这种方式不仅能够促进学生之间的交流和合作，还能够让班主任更全面地了解每个学生的学习情况，从而根据实际情况调整分组设置和教学策略，确保每位学生都能够在分组学习中获得有效的学习经验和成果。

（四）鼓励学生在小组中分享和交流自己的学习经验和成果

在分组教学中鼓励学生在小组中分享和交流自己的学习经验和成果是关键的教学策略之一。这种分享不仅能够促进学生之间的互相启发和学习，还能够加深他们对所学知识的理解和掌握。例如班主任可以定期组织小组展示活动，让每个小组的成员有机会向其他同学展示自己在学习中的成果和心得体会。在这样的活动中，学生可以通过口头或视觉方式展示他们解决问题的方法、探索的过程及取得的成就。通过这种分享，学生不仅能够展示自己的学习成果，还能够从其他同学的反馈和讨论中获得新的启发和想法，进一步拓展自己的学习视野。鼓励学生在小组中分享学习经验和成果还可以增强学生的学习动力和自信心。当学生有机会向他人展示自己的成果时，他们会感到被重视和认可，从而更加努力地投入到学习中。例如一个学生在小组中展示了自己独立完成的一项科学实验，并向其他同学讲解实验原理和结果，这种经历不仅可以增强他的自信心，还能够激发其他同学对科学实验的兴趣和探索欲望。

通过设置小组和采用合作学习方式，班主任能够有效利用学生的差异，促进他们之间的互相学习和合作。定期跟踪和评估学生的学习进展，则可以帮助班主任及时调整教学策略，确保教学目标的实现。鼓励学生在小组中分享和交流自己的学习经验和成果，不仅能够促进学生之间的互相启发和学习，还能够增强他们的学习动力和自信心。利用学生差异进行分组教学，是一种有效的教学策略，有助于提高学生的学习效果和成就感。

第四节　班主任的数学课堂管理技巧

一、有效的课堂管理原则

在小学数学教育中，课堂管理是培养学生学习兴趣和提高学习效果的重要环节。建立良好的师生关系，制定明确的规则和期望，设定清晰的学习目标和任务，以及激发学生的自主学习和合作精神是构建有效课堂管理的关键原则，以下将详细探讨这些原则在数学课堂中的应用。

（一）建立积极的师生关系

在小学班主任的数学课堂管理中，建立积极的师生关系至关重要。通过关怀、尊重和理解学生，班主任可以营造出一种融洽的师生关系，从而有效地管理课堂。例如在课堂上，班主任可以采用互动式的教学方式，鼓励学生积极参与，提出问题和观点。当学生提出问题或表达看法时，班主任应该给予积极的回应和鼓励，让每个学生感受到自己的声音在课堂上被重视。班主任还可以定期与学生进行沟通，了解他们的学习情况和生活状态，这有助于建立更加深入的师生关系。通过这样的交流和互动，学生会感受到被尊重和理解，从而更加愿意投入学习中，营造出积极向上的课堂氛围。

表 1-4-1　建立积极的师生关系和课堂氛围行动方案及措施

行动方案	具体措施
采用互动式教学方式	鼓励学生积极参与课堂互动，提倡学生提出问题和观点，给予学生积极的回应和鼓励。
定期与学生沟通	定期与学生进行一对一或小组沟通，了解学生的学习情况和生活状态，建立更深入的师生关系
给予关怀、尊重和理解	在师生交流中给予学生关怀和尊重，理解学生的需求和情感，营造积极的师生关系

（二）建立明确的规则和期望

在小学数学课堂中建立明确的规则和期望是确保良好课堂秩序的重要步骤。班主任可以在开学初向学生传达清晰的课堂规则和行为期望。这些规则可能包括但不限于尊重他人，不打断他人发言，遵守班主任的指示，课堂安静听讲等。通过明确这些规则，学生知道了在课堂上应该表现出的行为方式。制定奖惩制度也是维护秩序的关键。奖励可以是口头表扬、小礼物或特别的荣誉称号，以表彰学生参与积极、表现优异或遵守规则。这种正向激励可以激发学生的积极性，让他们更愿意遵守规则。对于违反规则的行为，班主任需要及时进行适当的惩罚，以确保规则的执行力和学生对规则的尊重。定期回顾和强调这些规则也是维护课堂秩序的关键。班主任可以在课堂上定期提醒学生这些规则，并且在实际行动中加以执行。班主任也可以在每学期初或者每个月初对规则进行复习和更新，以确保学生对规则的理解和遵守始终保持在一个高水平上。

（三）设定清晰的学习目标和任务

设定清晰的学习目标和任务在数学课堂管理中扮演着至关重要的角色。这不仅有助于学生理解课程的方向和目的，还能够增强他们的学习动机并提高其学习效率。设定清晰的学习目标可以帮助学生理解当天课堂的重点和期望达到的学习成果。例如班主任可以在课前告知学生，本节课将学习如何解决一类特定的数学问题，明确指出学生需要掌握的解题方法、关键思维方式，以及解题的步骤。这样做不仅使学生能够有目标地进行学习，还能够提高他们的学习效率和集中注意力的能力。明确的学习目标有助于班主任和学生在课堂上进行有效的沟通和互动，学生知道他们为什么在学习某个内容，能够更积极地参与讨论和提问。班主任也可以根据学生的反应和理解程度调整教学策略，确保所有学生都能达到预期的学习成果。设定清晰的学习任务可以促进学生的自主学习并增强其责任感。班主任可以结合课程内容设计有挑战性和启发性的任务，鼓励学生独立思考和解决问题的能力。例如通过小组合作解决问题或者个人探索某个数学概念，让学生在实践中加深对知识的理解和运用。

（四）激发学生的自主学习和合作精神

激发学生的自主学习和合作精神是班主任数学课堂管理中至关重要的一环。通过设计富有启发性和趣味性的学习活动，班主任可以激发学生的学习兴趣和主动性。班主任可以设计具有挑战性和互动性的数学问题或情境，鼓励学生积极参与解决。例如提出一个实际生活中的数学问题，让学生自主思考解决方案，并展示他们的答案和解题思路。这样的活动不仅可以激发学生的好奇心和求知欲，还能够培养他们独立思考和解决问题的能力。班主任也可以采用小组合作的方式进行学习活动，让学生共同探讨、分析问题，并找出解决方法。通过合作学习，学生可以相互交流思想、借鉴他人的观点，共同寻找问题的解决方案。这样的活动不仅能够促进学生之间的合作精神和团队意识，还能够培养他们的沟通能力和协作能力。班主任还可以引导学生参与数学竞赛、项目研究等活动，提供更多展示学生才华和发挥其创造性的机会。通过这些活动，学生可以充分发挥自己的潜力，展现出独特的数学思维和解决问题的能力。

在小学数学课堂管理中，建立积极的师生关系是首要任务，通过互动式教学、沟通交流等方式，营造融洽的师生关系。明确的规则和期望有助于维护良好的秩序，通过奖惩制度促进学生遵守规则。设定清晰的学习目标和任务能够增强学生的学习动机并提高其学习效率效果，促进师生间的有效沟通。激发学生的自主学习和合作精神是课堂管理重要一环通过设计富有启发性的活动，可培养学生的问题解决能力和团队合作意识，进一步促进课堂管理的有效实施。

二、应对课堂问题的策略

在小学班级管理中，应对课堂问题是班主任必须面对的挑战之一。有效的应对策略不仅可以维护良好的教学秩序和师生关系，还能提高学生的学习效果，促进其成长。因此，提前预防和准备，快速而有效地处理突发情况和学生纠纷，善用积极引导和正面激励，以及注重课堂纪律的恢复和维护，成为班主任应对课堂问题的重要策略。

（一）提前预防和准备

在应对课堂问题时，提前预防和准备是确保教学秩序稳定的重要措施。小学班主任应该通过精心的教学设计和充分准备，预见可能出现的挑战，并采取相应的措施进行预防。例如当安排小组合作活动时，班主任可以在组队时考虑每个学生的性格特点和学习能力，确保小组成员之间的配合和谐，避免因个人差异导致的合作冲突。提前准备备课材料、教学工具和课堂活动计划，有助于班主任有效地组织课堂，减少因准备不足而引发的问题。通过这些预防性措施，班主任可以在课堂上更好地应对各种挑战，确保教学进程顺利进行。

（二）快速而有效地处理突发情况和学生纠纷

在处理突发情况和学生纠纷时，班主任需要快速、冷静并且有效地采取行动，以维护良好的课堂秩序和师生关系。当两名学生发生争执时，班主任首先应立即介入，制止纠纷并将学生分开，避免事态扩大。然后班主任应通过耐心倾听和平等对待的方式，了解事情的起因和双方的诉求，引导学生冷静思考并寻求解决方案。在解决纠纷的过程中，班主任要保持中立公正的立场，不偏袒任何一方，以确保公平公正地处理问题。班主任也应及时记录事件的经过和解决方案，与相关学生和家长进行沟通，以防止类似问题再次发生。通过这些措施，班主任可以快速而有效地处理突发情况和学生纠纷，维护良好的课堂秩序和师生关系。

（三）善用积极引导和正面激励

善用积极引导和正面激励是小学班主任处理课堂问题的有效策略之一。通过表扬、鼓励和奖励学生，班主任可以引导他们树立正确的学习态度和行为习惯，从而促进良好的课堂氛围和学习效果。举例而言，当一名学生在课堂上展现出突出的参与和合作精神时，班主任可以及时给予公开表扬，并给予实质性的奖励，比如称赞他的表现、发放奖状或小礼品等。这样的正面激励不仅能够提升被表扬学生的自信心和学习动力，也能够激励其他同学效仿，形成良好的学习氛围。班主任还可以将积极引导和正面激励融入日常教学中，建立起一种习惯性的激励机制，使学生逐渐养成良好的学习习惯和行为规范。通过善用积极引导和正面激励，班主任可以有效地调动学生的学习积极性，帮助他们更好地参与课堂活动，提升学习效率。

表 1-4-2　善用积极引导和正面激励观点总结

观点	总结
利用表扬、鼓励和奖励	善用积极引导和正面激励，包括表扬、鼓励和奖励学生，是班主任处理课堂问题的有效策略之一
提升学生自信心和动力	正面激励能够提升被表扬学生的自信心和学习动力，激励其他同学效仿，形成良好的学习氛围
融入日常教学中	将积极引导和正面激励融入日常教学中，建立习惯性的激励机制，使学生逐渐养成良好的学习习惯和行为规范
调动学生学习积极性	通过善用积极引导和正面激励，班主任可以有效地调动学生的学习积极性，帮助他们更好地参与课堂活动，提升学习效果

（四）注重课堂纪律的恢复和维护

在小学课堂管理中，班主任需要注重课堂纪律的恢复和维护，以确保教学秩序和学习氛围的稳定。当课堂纪律受到干扰或破坏时，班主任应迅速采取措施进行恢复。例如如果有学生违反了课堂规则，打扰了整个教学进程，班主任必须立即制止并给予适当的处罚，以示警诫。这可能包括口头警告、暂时移位或适当的惩罚性任务等。通过这些措施，学生可以意识到他们的行为是不可接受的，并且课堂秩序得以恢复。除了惩罚，班主任还应该与学生进行沟通，让他们清楚了解他们的行为对整个课堂的影响。这种沟通应该是开放和尊重的，目的是引导学生认识到他们的责任，并鼓励他们对自己的行为负责。班主任可以与学生一起制订行为改进计划，帮助他们建立更好的行为习惯和责任感，以避免将来再次发生类似问题。

在小学课堂管理中，班主任需要综合运用多种策略来应对各种课堂问题。从提前预防和准备，到处理突发情况和学生纠纷，再到善用积极引导和正面激励，以及注重课堂纪律的恢复和维护，每一项策略都有助于维护良好的教学秩序和师生关系，为学生提供良好的学习环境和成长空间。通过这些策略的综合运用，班主任可以更好地应对课堂问题，实现教育教学目标的有效实施。

三、激发学生的数学兴趣

在培养学生对数学的兴趣和探索欲望上，创设引人入胜的学习场景、鼓励思辨与分享，以及展示数学在实践中的应用，都扮演着重要的角色。通过这些方法，班主任可以让数学不再是枯燥的数字和公式，而是一个充满趣味性和挑战性的领域，下面将探讨如何利用这些方法来激发学生对数学的兴趣和学习欲望。

（一）创设生动有趣的数学学习场景和故事

为激发学生的数学兴趣，创设生动有趣的数学学习场景和故事是至关重要的。生动有趣的场景和故事，可以使抽象的数学概念更加具体和生动，增强学生的学习兴趣和参与度。例如在学习几何形状时，可以设计一个探险故事：学生组成一支勇敢的探险队，前往神秘的几何岛寻找失落的几何宝藏。在探险的过程中，他们需要解决各种与几何形状相关的问题，如寻找三角形山的顶点、测量方形湖的周长等。通过这样的场景设置，学生不仅是在学习形状的定义和特征，更是在将数学知识融入一个生动的故事情境中，从而增强了学习动机和参与度。

（二）鼓励学生提出数学问题和分享思考过程

鼓励学生提出数学问题和分享思考过程，可以激发他们的探索精神和创造力，培养他们独立思考和解决问题的能力。当学生学习到一个新的数学概念或方法时，班主任可以鼓励他们提出自己的疑问或分享自己的理解。例如讨论分数的概念时，班主任可以邀请学生思考：分数在生活中的实际应用是什么？如果把一个整数分成几等份，又如何表示？这样的问题可以激发学生思考数学概念的深层含义，并促使他们更深入地理解和掌握知识。

（三）利用数学实践和应用案例

利用数学实践和应用案例可以极大地增强学生对数学的实用性认识和兴趣。举例而言，当学生学习到代数方程式时，可以通过一个实际的购物预算案例来展示数学在日常生活中的应用。班主任可以给学生提供一个场景：假设他们需要在有限的预算内购买食材准备一顿晚餐，该怎样实现？为此，学生需要考虑各种食材的价格及他们所需的数量，然后根据给定的预算计算出最佳的购买方案。对于这样的实践案例，学生不仅需要运用代数方程式来建立购物预算模型，还需要运用数学技能来解决实际的问题。他们需要考虑如何平衡不同食材的价格和数量，以确保总花费不超出预算。这样的实践不仅能够让学生理解代数方程式在解决实际问题中的应用，还能够提供一个生动有趣的学习场景，激发他们对数学学习的兴趣和动力。

（四）激发学生对数学的好奇心和探索欲望

激发学生对数学的好奇心和探索欲望对他们持续学习数学至关重要，班主任可以采取一系列举措来实现这一目标。引入有趣的数学难题是一个不错的方法。通过创设有挑战性的问题，如数学谜题或难解问题，可以激发学生的求知欲和解决问题的热情。例如介绍数学界著名的未解之谜，如费马大定理，让学生了解其历史背景和数学意义，引发他们对数学研究的兴趣。展示数学在现实生活中的应用也是激发学生兴趣的有效方式。通过展示数学在天气预测、金融分析等领域的应用案例，可以让学生认识到数学的实际意义和价值。例如介绍如何利用数学模型来预测天气变化或分析金融市场走势，让学生意识到数学在解决现实问题中的重要作用，从而激发他们对数学的学习兴趣。

激发学生对数学的兴趣需要多方面的努力和创新，创设生动有趣的学习场景和故事，鼓励学生提出问题和分享思考，利用实践案例展示数学在生活中的应用，以及引入有趣的数学难题和实际应用案例，都是有效的方法。这些举措可以帮助学生建立起对数学的好奇心和探索欲望，从而激发他们持续学习数学的动力和热情。

四、课堂时间管理与优化

有效的课堂时间管理和优化是教学工作中至关重要的一环。合理安排时间，灵活运用工具和技巧，注重任务的紧凑性和连贯性以及定期反思调整课堂管理方式，都是确保课堂高效进行的关键措施。下面将探讨这些方面的具体方法和重要性。

（一）合理安排课堂时间

合理安排课堂时间是保证课堂高效进行的关键。在安排课堂时间时，应该充分考虑到不同内容的重要性和学生的学习效率，合理分配时间给每个环节，确保课堂内容的充实和深入。例如在一堂小学数学课中，可以将时间分配给介绍新知识、展示示范、学生练习和课堂讨论等环节。在安排时间时，要根据每个环节的重要程度和学生掌握情况来确定时间分配，确保每个环节都能得到充分的关注和时间；还要留出适当的时间给学生提问和解答疑惑，以保证课堂互动和学习效果。

（二）灵活运用时间管理工具和技巧

在教学中灵活运用时间管理工具和技巧对保持课堂的高效性至关重要。班主任可以依靠各种工具来帮助自己更好地掌控课堂时间，从而提高课堂的效率和质量，其中计时器和课件提醒功能是两个常用且有效的工具。班主任可以设置计时器来帮助自己控制每个环节的时间。比如在讲解新知识的环节，班主任可以设定一个特定的时间限制，确保自己不会超时。这样可以有效避免过度讲解而导致课堂进度滞后，保证有足够的时间让学生进行练习和讨论，提高课堂的互动性和学习效果。利用课件提醒功能也是一种有效的时间管理技巧。班主任可以在课件中设置提醒功能，在课堂进行到一定阶段时自动提醒自己切换到下一个环节。这样可以帮助班主任及时掌握课堂进度，避免时间浪费和内容重复。特别是对于那些多媒体教学的课程，这种技巧尤其实用，能够让教学过程更加流畅和高效。

（三）注重课堂任务的紧凑性和连贯性

在课堂中注重课堂任务的紧凑性和连贯性对确保学生有效学习至关重要。紧凑的任务设计能够使课堂内容充实而不冗余，而连贯的任务安排则有助于学生更好地理解和吸收知识。假设班主任正在教授一个数学概念，比如解一元二次方程。班主任可以做到以下几点：首先，简要介绍该概念的定义和基本原理；其次，展示示范性的解题过程，帮助学生理解解题的思路和方法；再次，让学生在课堂上进行一些相关的练习，以巩固所学知识；最后，对该概念进行总结和反馈，强调重点，澄清疑惑，确保学生对知识的掌握程度。这样的任务设置既能保证课堂内容的连贯性，又能使学生在课堂中有系统地学习和掌握知识。紧凑的任务设计也有助于充分利用有限的课堂时间，确保学习进度的顺利推进。

（四）定期反思和调整课堂管理方式

定期反思和调整课堂管理方式是确保教学效果持续提升的重要手段。通过对课堂教学过程的反思和分析，班主任可以及时发现问题并采取措施进行调整和改进，以优化课堂效率和提升学生的学习体验。举例来说，一位数学班主任在一堂课后可以反思自己的课堂管理方式。她可能发现在解题环节花费了过多的时间，导致后续环节赶进度或者无法充分展开。因此，她可以考虑调整下一次课的时间分配，给解题环节设置一个更加紧凑的时间段，同时增加练习和讨论的时间，以保证学生对知识的深入理解和掌握。班主任也可以通过学生的反馈意见来调整课堂管理方式，比如在课后可以让学生填写反馈问卷或者进行小组讨论，了解他们对课堂的感受和建议。如果多数学生反映某个环节存在问题或者对其不够理解，班主任就可以有针对性地调整相应的教学内容或方法。

　　课堂时间管理与优化不仅是教学工作的需要，更是提高学生学习效果的关键之一。通过合理安排时间、灵活运用工具和技巧、注重任务的紧凑性和连贯性，以及定期反思和调整课堂管理方式，班主任可以有效提高课堂效率，让学生在有限的时间内获得更多的知识和技能，从而达到更好的教学效果。

第二章　数学课堂的教学策略

第一节　传统教学方法与现代教学方法

一、传统教学方法的优劣分析

传统教学方法一直在教育领域扮演着重要角色，其特点和模式为学生提供了一种有条理、易于理解的学习环境。然而随着教育理念的不断发展和学生需求的变化，传统教学方法的优劣也逐渐显现出来。因此，对传统教学方法的优劣进行深入分析，既有助于班主任更好地理解其在教学实践中的价值，也能够指导班主任灵活运用不同的教学策略以提升教学效果。

（一）传统教学方法的特点和传统课堂模式

传统教学方法及传统课堂模式都具有一些显著的特点。传统教学方法强调班主任的主导地位，通常是由班主任进行知识的传授和解释。这意味着班主任在课堂上担负着主要的教学任务，而学生则被动地接受和消化所学内容。传统课堂模式通常呈现为一种单向传递的形式，即班主任向学生传递知识，学生则被动地接收和理解。在这种模式下，课堂主要以讲解为主，学生的参与度相对较低，其主要表现为听讲和记笔记。这种传统教学方法和课堂模式的特点在某些情况下可以带来一定的优势，例如在简单概念的传授和基础知识的讲解方面，这种方式能够有效地将知识传递给学生，并且结构清晰、易于理解。传统教学方法也有利于维持课堂秩序和教学进度的稳定，因为班主任能够在课堂上掌控教学过程，并且对学生的学习状态有所了解。然而传统教学方法和课堂模式也存在一些明显的不足之处，它倾向于忽视学生的主体地位和积极性，导致学生在课堂上缺乏思考和探究的机会。这种单向传递的模式可能导致学生对知识的理解不够深入，难以将所学知识与实际情境结合起来。过于依赖班主任的传授也可能削弱学生的自主学习能力和解决问题的能力，从而影响其综合素养的培养。

（二）传统教学方法的优点

传统教学方法在教学过程中具有一些显著的优点，这些优点使得传统教学方法在特定情境下仍然具有一定的价值和适用性。第一，结构清晰。传统教学方法通常按照一定的教学步骤和顺序展开，班主任可以有计划地组织课堂内容，确保教学过程的逻辑性和条理性。这种结构化的教学方式有助于学生更好地理解知识，从而提高学习效率。第二，教学内容易于掌握。传统教学方法通常侧重于基础知识和概念的讲解，这些内容相对来说较为直观和易于理解。班主任通过清晰讲解和举例说明，能够使学生更容易地掌握所学知识，建立起扎实的基础。第三，学生容易理解。由于传统教学方法侧重于班主任的讲解和示范，学生在课堂上能够直接获取到有条理、系统化的知识，不需要花费过多时间自行查找或整理。这种直接性和明晰度使得学生对教学内容的理解更为深入和全面。

（三）传统教学方法的局限性

传统教学方法虽然在一定程度上具有优势，但同时也存在着明显的局限性。一是过于注重班主任的角色。传统教学方法将班主任视为知识的主要传授者和权威，导致学生在课堂上缺乏主动性和积极性。他们习惯于被动接受知识，缺乏自主思考和独立解决问题的能力。这种过度依赖班主任的教学方式不利于培养学生的创造性和批判性思维能力。二是课堂模式单一。在传统教学模式下，课堂主要以班主任的讲解为主，学生的参与度相对较低。这导致课堂缺乏足够的互动和参与，难以激发学生的学习兴趣和主动性。特别是对于那些喜欢交流和互动的学生来说，这种单一的课堂模式可能会导致他们的学习效果不佳。三是教学内容呈现方式单一。由于班主任主导教学过程，教学内容往往以书本和班主任的讲解为主，缺乏足够的多样性和灵活性。这可能导致学生对教学内容的理解不够深入和全面，影响他们的学习效果和发展。

（四）传统教学方法的适用情况和局限性分析

传统教学方法在教学实践中有其适用情况，但也存在一定的局限性。其适用情况包括基础知识的传授和概念的讲解，尤其是在学科知识结构相对简单和稳定的情况下，传统教学方法能够有效地帮助学生掌握基础知识，因为班主任可以通过清晰讲解和示范帮助学生理解并消化所学内容。然而在面对更加复杂的问题和需要学生深入思考和独立解决问题的情况下，传统教学方法的局限性就显现出来了。传统方法注重班主任的讲解和学生的被动接受，缺乏足够的互动和参与，难以激发学生的主动性和创造性思维。在涉及复杂问题时，传统方法可能无法满足学生的需求，因为这些问题往往需要学生进行深入思考、独立探究和合作解决。

传统教学方法具有结构清晰、教师易于掌握和学生易于理解等优点，适用于基础知识的传授和概念的讲解。然而其局限性也不容忽视，包括过于依赖班主任、课堂模式单一和教学内容呈现方式单一等问题，使得在面对复杂问题和需要学生主动参与的情况下，传统教学方法显得力不从心。因此，班主任应根据具体情况灵活运用不同的教学方法，以促进学生全面发展和提高教学效果。

二、现代教学方法的探索与实践

随着教育理念的不断更新和教学技术的不断发展，现代教学方法正在探索和实践之中。下面将探讨现代教学方法的特点和发展趋势，介绍基于问题解决、探究式学习等方法的探索与实践，以及应用信息技术、教育技术等现代工具促进教学创新的实践案例和效果评估。

（一）现代教学方法的特点和发展趋势

现代教学方法的特点体现在注重学生的主体地位和积极参与，强调实践性和体验性学习，倡导个性化和差异化教学等方面。与传统教学方法相比，现代教学方法更加关注学生的需求和发展，倡导从被动接受到主动探究的转变。在发展趋势上，现代教学方法将更加注重跨学科整合、多元化评价和深度学习策略的应用，以促进学生全面发展和终身学习的能力。例如探索性学习方法在现代教育中得到了广泛应用，以问题解决为核心，探索性学习注重培养学生的批判性思维和解决问题的能力。例如在数学课堂上，班主任可以提出一个实际问题，让学生自主探索解决方法，从中学习数学原理和方法。这种探索性学习方法能够激发学生的学习兴趣，提高他们的学习动机和参与度。

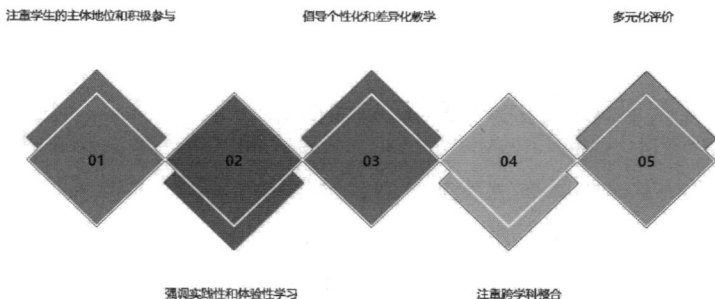

图 2-1-1　现代教学方法发展趋势流程图

（二）探索和实践基于问题解决、探究式学习等现代教学方法

现代教学方法不断探索和实践，其中基于问题解决和探究式学习等方法成为研究热点。这些方法强调学生在学习过程中的主动参与和思考，注重培养学生的解决问题能力和创新精神。引导学生提出问题、寻找解决方案和实践验证，这些教学方法能够激发学生的学习兴趣和动力，培养其独立思考和自主学习的能力。例如在科学课堂上，班主任可以设计一个探究性实验，让学生通过实际操作和观察，发现科学规律并提出问题。学生在小组合作的过程中提出假设、设计实验方案、收集数据，并对实验结果进行分析和讨论，从而深入理解科学知识。这种基于探究式学习的教学方法使学生成为科学家的角色，激发起他们的好奇心和探索欲望。

（三）应用信息技术、教育技术等现代工具促进教学创新

现代教学方法的实践中，信息技术和教育技术等现代工具得到了广泛应用，为教学创新提供了新的可能性。通过利用电子教材、教学软件、在线资源等技术手段，班主任可以实现课堂内容的个性化设置和多样化呈现，满足不同学生的学习需求。通过在线学习平台、虚拟实验室等技术工具，学生可以在任何时间、任何地点进行学习，并且与班主任和同学进行互动和合作。例如在语言学习中，班主任可以利用语言学习应用软件或在线课程平台，为学生提供丰富多样的学习资源，包括听力、阅读、口语和写作等方面的练习。学生可以根据自己的学习进度

和兴趣选择适合的学习内容，并通过在线交流和讨论与其他学习者进行互动，提高语言水平。

（四）现代教学方法的实践案例和效果评估

现代教学方法的实践案例涉及各个学科和教育阶段，其效果也因情境和实施方式而异。评估现代教学方法的效果需要考虑学生的学习成效、学习动机、学习态度等多方面因素。因此，班主任可以采用定量和定性相结合的方法进行评估，包括学生成绩、问卷调查、教学观察等方式，以全面了解教学方法的实施情况和效果。例如一所小学在数学课堂上尝试引入问题解决式学习方法，班主任设计了一系列与实际生活相关的数学问题，并组织学生进行小组合作解决。通过观察学生的学习过程和成绩变化，以及学生的反馈意见，班主任发现学生的数学兴趣和学习动机得到了提升，解决问题的能力和合作精神得到了锻炼，数学成绩也得到了提高。这验证了问题解决式学习方法的有效性。

现代教学方法以学生为中心，注重学生的主体地位和积极参与，强调实践性和体验性学习，倡导个性化和差异化教学。探索和实践基于问题解决、探究式学习等方法，培养学生的解决问题能力和创新精神。应用信息技术、教育技术等现代工具，促进教学创新，实现教育资源的个性化配置和教学内容的多样化呈现。评估现代教学方法的效果需要考虑多方面因素，采用定量和定性相结合的方法，以全面了解教学方法的实施情况和效果。

三、教学方法的灵活选择与结合

灵活选择和结合不同的教学方法是确保学生全面发展和有效学习的重要策略之一。班主任需要根据教学内容和学生特点，精心挑选合适的教学方法，并灵活运用它们以达到教学目标。班主任还需要在教学过程中考虑如何将不同的教学方法有机地结合起来，以提供多样化的学习体验，促进学生的深入理解和应用能力。下面将探讨教学方法的灵活选择与结合，以及如何平衡不同教学方法之间的转换和衔接，从而实现教学的连贯性和有效性。

（一）根据教学内容和学生特点灵活选择教学方法

在教学中灵活选择教学方法是确保学生理解和掌握知识的关键，针对不同的教学内容和学生特点，班主任可以采取不同的教学方法。例如在数学课堂上，通过具体的生活案例或视觉化展示，如使用几何模型或图表，可以帮助学生更好地理解抽象的数学概念，尤其是对于视觉学习者来说。而对于语言课程，通过听力练习、口语对话、阅读理解和写作练习的结合运用，可以促进学生全面提高语言技能，适应不同的语言环境。了解学生的学习特点也是教学成功的关键。例如对于喜欢互动和实践的学生，可以设计小组讨论或实验操作，以促进他们的参与和学习动力。而对于喜欢独立思考和自主学习的学生，则可以提供个性化的学习材料和有挑战性的问题，激发他们的学习兴趣和创造力。因此，班主任应根据不同的情境和学生需求，灵活选择和结合适当的教学方法，以达到教学目标并促进学生的全面发展。

（二）教学方法的综合运用

　　教学方法的结合运用可以为学生提供多样化的学习体验，促进他们在不同层面上的理解和应用。以历史课程为例，班主任可以采用多种方法来呈现历史知识，以激发学生的学习兴趣和提高他们的学习效果。通过讲授历史事件的背景和过程，班主任可以向学生传授基础知识，帮助他们建立起对历史事件的整体认识。这种直接的知识传授可以为后续的学习打下坚实的基础。组织小组讨论或角色扮演活动可以激发学生的思辨能力和合作精神。通过小组讨论，学生可以在交流中互相启发，分享不同的观点和见解，从而深入思考历史事件的内涵和影响。而通过角色扮演活动，学生可以身临其境地感受历史人物的生活和思想，增强对历史事件的情感认知。结合历史文献或影视资料进行案例分析可以帮助学生将抽象的历史概念与具体的实践情境结合起来。通过分析历史文献或影视资料，学生可以更加直观地感受到历史事件的真实性和复杂性，从而加深对历史知识的理解和记忆。

表 2-1-1 教学方法的结合运用行动方案及措施

行动方案	具体措施
讲授历史事件背景和过程	设计生动有趣的教学内容；使用多媒体资源辅助讲解；提供相关阅读材料，拓展学生知识面
组织小组讨论或角色扮演	设定讨论或角色扮演主题；将学生分成小组进行讨论或角色扮演；指导学生分工合作，共同完成任务
结合历史文献或影视资料进行案例分析	筛选合适的历史文献或影视资料；组织学生进行案例分析，引导他们思考；分享分析结果，展开讨论

（三）根据课程目标和学习情境调整教学方法的组合和排列

教学方法的选择、组合和排列是确保课程有效传达的关键。首先，班主任需要明确课程目标，这有助于确定合适的教学方法。例如如果课程目标是培养学生的创新思维能力，那么强调开放性问题的讨论、实验设计和项目实践可能更合适。这些方法可以激发学生的创造性思维，让他们在实践中学习并应用知识。其次，学习情境也是调整教学方法的重要考虑因素。班主任需要了解学生的背景、兴趣和学习风格，以便为他们创造最有利的学习环境。例如在一个富有互动和合作氛围的学习情境中，班主任可以采用小组讨论、角色扮演或团队项目等方法，以激发学生的参与度和团队合作精神。最后，在课堂教学中，班主任可以灵活地结合不同的教学方法。例如通过启发式讨论引发学生的思考，然后利用实验或案例分析来巩固和应用他们所学的知识。这种组合和排列的方法可以帮助学生建立更深层次的理解，同时培养他们的批判性思维和解决问题能力。

（四）平衡不同教学方法之间的转换和衔接

在小学教学过程中，顺畅的教学方法转换和有效的衔接是确保学生学习连贯性和深度理解的关键。班主任在进行不同教学方法之间的转换时，应该注意保持教学内容的连贯性，避免给学生造成认知上的不连贯感。例如在从讲授环节切换到讨论环节时，班主任可以先进行简要的知识总结，强调与讨论相关的重点内容，然后引导学生逐步进入讨论话题，确保他们在转换过程中能够理解新的学习模式和任务。为实现不同教学方法之间的顺畅衔接，班主任可以采取一些策略。

提前规划教学过程，明确每个教学方法的目标和内容，以确保它们在整个教学过程中相互衔接。在教学过程中适时设置过渡环节，帮助学生顺利过渡到新的学习模式。例如可以通过简短的回顾或引入新话题来引导学生进入下一个教学环节。班主任还可以利用提问、提示或示范等方式，引导学生逐步适应新的学习任务，提高他们的学习效率和学习动力。

教学方法的灵活选择和结合是教学中的关键因素之一。它能够根据不同的教学内容和学生特点提供个性化的学习体验，促进学生全面发展。班主任应该根据课程目标和学习情境，灵活选择和组合适当的教学方法，并确保它们之间的顺畅转换和有效衔接。通过合理的教学方法选择和结合运用，班主任可以为学生创造丰富多彩的学习环境，激发他们的学习兴趣和动力，从而提高教学效果，促进学生的全面发展。

四、创新教学策略的尝试与效果

不断探索和实践新的教学策略和方法是班主任们持续追求的目标。下面将探讨班主任最新尝试的创新教学策略，并评估其效果。这些策略包括引入游戏化学习，利用跨学科、跨文化资源和案例，以及开展探究式学习和项目式学习等活动。通过这些创新教学策略的尝试与实施，班主任们希望激发学生的学习兴趣，提高他们的参与度和学习动力，从而达到更有效的教学效果。

（一）探索新颖的教学策略和方法

对于如何更好地激发学生的学习兴趣和提高他们的学习动力，班主任一直在探索。一种新颖教学策略是将游戏元素引入课堂教学。通过使用游戏化学习平台或教育应用程序，班主任可以为学生创造一个轻松愉快的学习氛围，从而激发他们的兴趣和参与度。例如一个数学班主任可能设计一个互动的数学游戏，让学生在解决问题的过程中获得奖励或解锁新的挑战，从而激发他们主动学习的积极性。借助现代科技手段，如虚拟现实（VR）和增强现实（AR），班主任可以创造出身临其境的学习体验，让学生更直观地理解抽象的概念和复杂的知识。例如在生物课上，学生可以通过虚拟实验室体验观察细胞结构，这比传统的课堂讲解更具有吸引力和教育效果。这些新颖的教学方法不仅能够吸引学生的注意力，还能够促进他们的深度思考和创造性解决问题的能力。

（二）利用跨学科、跨文化的教学资源和案例

跨学科和跨文化的教学资源和案例为学生提供了更加综合和多样化的学习体验，有助于培养他们的全面发展和跨领域的思维能力。通过将不同学科领域的内容进行融合，班主任可以打破学科之间的界限，为学生呈现出更为丰富和立体的知识图景。举例而言，在科学课程中引入文学或艺术作品中的科学元素，不仅可以增强学生对科学知识的理解，还能够激发他们对文学、艺术的兴趣，培养他们的创造性思维和跨学科学习能力。例如通过探讨科幻小说中的科学概念，学生可以更加深入地理解物理、生物等科学领域的知识，同时也能够培养他们对文学作品的审美和理解能力。利用跨文化的教学资源和案例可以帮助学生拓展视野，增进对世界多样性的理解和尊重。通过国际交流和合作项目，班主任可以引入来自不同文化背景下的教学资源和案例，让学生接触和了解不同文化的价值观、传统风俗及思维方式。这种跨文化的学习经历有助于学生超越自身的文化框架，拓展对世界的认知，培养跨文化交流和合作的能力。例如通过研究不同国家的历史事件、文学作品或传统艺术，学生可以更加全面地了解世界各地的文化特点和发展历程，从而增进对文化多样性的认识和尊重。

（三）开展探究式学习、项目式学习等创新教学活动

探究式学习和项目式学习的引入为教学增添了新的活力和深度。在探究式学习中，学生不再是被动接受知识，而是主动参与、探索和发现。这种学习方式注重培养学生的批判性思维和问题解决能力，使他们能够独立思考并寻找解决方案。举例来说，在地理课程中，通过组织实地考察和调查研究，学生不仅能够将课堂所学的理论知识与实际情况结合起来，还能够培养自己的观察、分析和归纳能力，从而更深入地理解地理学的实践意义。而项目式学习则更加注重学生的实践能力和团队合作精神。通过设计和实施项目，学生需要运用所学知识来解决现实问题，这不仅能够增强他们的实际操作能力，还能够培养他们的创新意识和团队协作能力。例如学生可以小组形式开展一个环保项目，通过调查、研究和实践，提出并实施环境保护方案，从而培养他们对环保问题的认识和解决问题的能力。

（四） 总结和评估创新教学策略的实施效果

评估和总结创新教学策略的实施效果是班主任不可或缺的任务之一。通过系统性的评估，班主任可以更好地了解哪些策略有效，哪些需要调整或改进，从而不断提升教学质量和学生学习效果。班主任可以通过学生的学习成绩来评估教学效果，比较实施创新教学策略前后学生的成绩表现，初步判断教学策略的有效性。例如如果学生在某一创新教学活动后的成绩明显提升，那么可以初步认定这种教学策略对学生学习效果的积极影响。班主任也可以关注学生的参与度和反馈意见，通过观察学生在课堂上的参与情况，听取他们对教学策略的反馈和建议，可以更加全面地了解教学活动的实施效果。例如如果学生在创新教学活动中表现出更高的积极性和主动性，同时给予正面的反馈和意见，那么说明该教学策略对提升学生参与度和学习动力有积极影响。班主任还可以进行自我反思和同行交流，与其他班主任分享经验和教训，借鉴他们的成功经验和教学方法，进一步完善和优化创新教学策略。班主任也应该不断反思自身的教学实践，寻找不足之处并加以改进，以确保教学策略的有效性和持续性发展。

表 2-1-2 评估和总结创新教学策略的实施效果观点总结

观点	总结
通过学生成绩评估教学效果	通过比较实施创新教学策略前后学生的学习成绩，可以初步评估教学效果的积极影响
关注学生参与度和反馈意见	观察学生在课堂上的参与情况，听取他们对教学策略的反馈和建议，能够全面了解教学活动的实施效果
进行自我反思和同行交流	通过自我反思和与其他班主任的交流，可以借鉴他们的成功经验和教学方法，进一步优化创新教学策略
持续改进教学实践	不断反思自身的教学实践，寻找不足之处并加以改进，以确保教学策略的有效性和持续性发展

班主任积极探索和尝试创新教学策略，以提升教学质量和学生学习效果。通过引入游戏化学习、跨学科、跨文化资源和案例，以及探究式学习和项目式学习等活动，班主任成功地营造了更具吸引力和活力的学习环境，激发了学生的学习

兴趣和参与度。评估和总结这些创新教学策略的实施效果是班主任不可或缺的任务，他们通过学生成绩、参与度和反馈意见等多种方式进行评估，并进行自我反思和同行交流，以不断完善和优化教学策略，确保教学效果的持续提升。

第二节　针对不同数学概念的教学策略

一、代数概念的教学策略

在小学数学教学中，代数概念的理解是学生数学学习的基础。然而对许多学生来说，代数常常被视为抽象和难以理解的学科。因此，为帮助学生更好地掌握代数概念，班主任需要采用一系列有效的教学策略。下面将探讨几种教学策略，包括引入代数概念的直观理解和实际应用，通过具体案例和问题引导学生理解代数符号和运算规则，利用图形、图表等可视化工具辅助代数概念的教学，以及培养学生代数思维和问题求解能力的方法与技巧。

（一）引入代数概念的直观理解和实际应用

在教学代数概念时将抽象的数学概念与学生日常生活中的实际问题相联系是至关重要的。通过引入代数中的变量，班主任可以让学生更直观地理解代数符号的含义和实际应用。举例来说，让学生想象自己去购物，每种物品的价格不同，购买数量也不同。这时，班主任可以用一个变量（x）来表示某种商品的价格，用另一个变量（n）来表示购买的数量。这样，购买某种商品的总花费就可以表示为（x×n）。通过这样的实际情境，学生可以将代数符号（x）和（n）与现实生活中的购物行为联系起来，从而更容易理解代数概念。例如如果某个商品的价格是（5）元，购买了（3）个，那么总花费就是（5×3＝15）元。这样的例子可以让学生直观地感受到代数符号的实际应用，帮助他们建立起对代数概念的直观认识。通过引入这样的实际情境，学生不仅能够理解代数符号的含义，还能够体会到代数在解决实际问题中的重要性。因此，这种教学方法能够有效地激发学生的学习兴趣，提高他们对代数概念的接受程度，为后续学习奠定坚实的基础。

（二） 通过具体案例和问题引导学生理解代数符号和运算规则

通过具体案例和问题引导学生理解代数符号和运算规则是教学中的重要方法。以加法和乘法为例，给学生提供代数表达式 $(2x+3)$ 和 $(4x-5)$，要求他们进行相加和相乘操作，可以帮助学生深入理解代数运算规则的应用和意义。首先让学生进行代数表达式的加法操作：$(2x+3) + (4x-5)$。在这个过程中，学生需要根据加法规则，将同类项相加。他们会意识到 $(2x)$ 和 $(4x)$ 是同类项，可以合并为 $(6x)$；而常数项 (3) 和 (-5) 也是同类项，可以合并为 (-2)。因此，最终的结果是 $(6x-2)$。接着引导学生进行代数表达式的乘法操作：$(2x+3) \times (4x-5)$。在这一步，学生需要运用分配律和乘法规则。他们将会乘法分配到每个项中，并将结果合并。这个过程中，他们会得到 $(8x^2-10x+12x-15)$。然后他们将类似项相加，得到最终结果 $(8x^2+2x-15)$。

（三） 利用图形、图表等可视化工具辅助代数概念的教学

利用图形、图表等可视化工具是教学中极为有效的方法，特别是在教授代数概念时。举例来说，在讲解代数方程时，班主任可以绘制坐标系，并将方程转化为图形化表示。例如考虑方程 $(y=2x+3)$，班主任可以画出对应的直线。学生可以通过观察直线的斜率和截距，直观地理解方程的含义：斜率代表变化率，截距代表在 (x) 轴上的截距。另一个例子是在教学二次函数时，通过绘制二次函数的图像，学生可以更清晰地理解二次函数的开口方向、顶点位置及对称轴等重要概念。他们还可以通过观察图像来理解二次函数的零点和顶点的含义，并对函数的图像特征有更深入的认识。班主任还可以利用图表来展示代数方程的解集合，通过将方程的解以表格的形式呈现，学生可以更系统地观察方程的解的特点，比如解的数量、解的取值范围等。这种方法可以帮助学生更好地理解代数方程的解的含义，并且培养他们的数据分析能力。

（四） 培养学生代数思维和问题求解能力的教学方法与技巧

培养学生的代数思维和问题求解能力是教学中的重要目标。除了传授代数知识外，班主任应该设计一系列具有一定难度的代数问题，引导学生进行分析和解

决。通过这样的教学方法，学生不仅可以掌握代数知识，还可以培养逻辑思维和问题解决能力。例如班主任可以设计一道应用题，要求学生根据给定的条件列出代数方程，并求解未知数。这种问题需要学生运用代数知识来建立数学模型，将自然语言描述转化为数学表达式，并运用代数技巧解决问题。通过这样的练习，学生不仅能够巩固代数知识，还能够培养解决实际问题的能力。班主任还可以设计一些开放性的问题，让学生自由探索并提出解决方案。通过这样的活动，学生将有机会运用所学的代数知识解决真实世界中的复杂问题，从而提高他们的创造力和自主学习能力。

表 2-2-1　培养学生代数思维和问题求解能力的教学方法与技巧实施方案

行动方案	具体措施
设计具有一定难度的代数问题	确定问题的主题和难度；设计清晰明了的问题描述；确保问题涉及代数知识的应用和技巧的运用
引导学生进行分析和解决	解释问题的解题思路和方法；提供必要的指导和支持，引导学生逐步解决问题；鼓励学生尝试不同的方法和思路，培养学生解决问题能力
设计开放性问题进行探索	设计开放性问题，激发学生的兴趣和好奇心；提供必要的资源和工具，让学生自由探索；鼓励学生分享他们的解决方案和思考过程，促进学生之间的交流和合作

教学代数概念时，引入实际应用可以使学生更直观地理解代数符号的含义。通过具体案例和问题引导学生运用代数符号和运算规则，可以帮助他们深入理解代数运算的规律。利用图形、图表等可视化工具可以让学生直观地感受代数概念，加深其对代数方程、函数等概念的理解。通过设计具有一定难度的代数问题，引导学生进行分析和解决，培养其代数思维和问题求解能力。这些教学方法和技巧相互结合，能够有效提高学生的代数学习效果，使他们打下坚实的数学基础。

二、几何概念的教学策略

几何学作为数学的一个重要分支，既具有深厚的理论基础，又贴近实际生活的应用场景。在教学几何概念时，采用多样化的教学策略是至关重要的。下面将探讨几何概念的教学策略，包括利用视觉工具引导学生理解、运用实际生活中的几何问题和场景，注重逻辑推理和证明方法的教学，以及利用技术手段辅助教学和实践等方面的方法。

（一）利用几何图形、模型等视觉工具引导学生理解几何概念

在教学几何概念时，利用几何图形、模型等视觉工具是非常有效的方法。通过观察、操作几何图形和模型，学生可以更直观地理解抽象的几何概念。例如在教学平行线和交错线时，可以使用纸板上画好的平行线和交错线，让学生观察图形，从而理解平行线的性质和交错线的特点。又如在教学三角形的相似性时，可以利用模型或幻灯片展示大小不同但形状相似的三角形，让学生比较它们的相似性质。这样的视觉工具可以帮助学生更直观地认识几何概念，激发他们的学习兴趣。

（二）运用实际生活中的几何问题和场景

将几何知识融入实际生活场景中是提高学生几何理解和应用能力的有效途径，例如在城市规划中，学生可以探讨建筑物的形状、结构和布局如何影响城市景观和功能。通过分析不同建筑物的几何特征，他们可以理解平行、垂直、角度等几何概念在建筑设计中的应用。引入测量工具如量角器，让学生测量日常物品的角度，如门的开合角度，从而将几何概念与实际生活紧密联系。这样的实践活动不仅能够加深学生对几何概念的理解，还能够培养他们的观察和应用能力，为他们未来的学习和职业发展打下坚实基础。

（三）注重几何概念的逻辑推理和证明方法的教学

在几何学中逻辑推理和证明方法是培养学生深入理解几何概念的重要手段。通过系统的逻辑推理，学生能够发展出清晰的思维模式，从而更好地理解和应用几何定理。在教学中，可以采用多种方法来促进学生的逻辑推理和证明能力，班主任可以引导学生从基本概念出发，通过逻辑推理来探究几何定理的证明过程。例如在教学三角形内角和的定理时，班主任可以带领学生通过分析三角形的构造和性质，逐步推导出其内角和为180度的结论。这种过程不仅能够加深学生对定

理的理解，还能够培养他们的逻辑思维能力。班主任可以设计一些具有挑战性的证明题目，鼓励学生通过自主思考和合作探究来解决问题。这种方法可以激发学生的学习兴趣，提高他们的问题解决能力和团队合作意识。例如可以提出一些关于平行线性质或相似三角形的证明题目，让学生在探索过程中发现规律，并提出自己的证明思路。班主任还可以引导学生分析和讨论一些实际问题，通过几何知识来解决问题并进行证明。例如在城市规划中，学生可以利用几何知识来分析建筑物的布局和道路的设计，并通过逻辑推理来解释其合理性和有效性。

（四）利用技术手段如几何软件等辅助几何概念的教学和实践

利用技术手段如几何软件等辅助几何概念的教学和实践是提升学生学习体验和理解深度的有效途径。几何软件的使用能够将抽象的几何概念呈现为直观的图形，使学生能够更加清晰地理解几何关系。通过几何软件的使用，学生可以实时观察和探索各种几何图形的性质。例如在学习平行线性质时，学生可以使用软件绘制出多组平行线，并观察它们之间的角度关系和对应角的性质，从而更直观地理解平行线的定义和性质。几何软件还可以提供丰富的几何变换功能，如平移、旋转、反射等。通过这些功能，学生可以实践几何变换的概念，并深入理解几何图形的不变性。例如通过将一个三角形进行平移和旋转，学生可以观察到三角形的边长和角度不变，从而理解几何变换对图形性质的影响。几何软件还可以模拟实际的几何测量过程，如长度、角度等的测量。学生可以通过使用虚拟测量工具进行实践操作，提高他们的测量技能和准确性，同时也使其能够培养他们对几何测量的理解和应用能力。

教学几何概念需要结合多种教学策略，以促进学生的全面理解和应用能力的培养。利用视觉工具如几何图形、模型等可以帮助学生直观地理解抽象的几何概念，而将几何知识融入实际生活中能够激发学生的学习兴趣和应用能力。注重逻辑推理和证明方法的教学可以培养学生的思维能力和问题解决能力。利用技术手段如几何软件等辅助教学和实践，可以提升学生的学习体验和效率。综合运用这些教学策略，可以使几何学习更加生动有趣，同时也更具有深度和广度。

三、统计与概率的教学策略

统计与概率作为数学的重要分支，对于培养学生的逻辑思维、数据分析能力和问题解决能力具有重要意义。在教学过程中班主任可以采用多种策略引导学生更好地理解和应用统计与概率的知识。其中通过实际数据和案例，利用可视化工具，注重统计方法和概率计算的教学，以及开展实践性的统计调查和概率实验等策略都能有效提升学生的学习效果和兴趣。

（一）通过实际数据和案例引导学生理解统计与概率概念

在教学统计与概率时利用实际数据和案例是非常有效的策略。假设班主任选择了一个体育比赛数据集，比如一支足球队的比赛成绩记录。班主任可以带领学生分析这些数据，包括胜负情况、得分情况等，然后引导他们通过这些数据来理解统计与概率的概念。学生可以根据数据集计算该队获胜的概率，或者某个球员得分的概率。例如如果一支球队在过去 10 场比赛中赢了 6 场，那么他们下一场比赛获胜的概率是多少？又或者，如果某个球员在过去 5 场比赛中平均每场得分 3 个球，那么他下一场比赛得分的概率是多少？通过这样的实际案例，学生不仅可以理解统计与概率的基本概念，还可以看到这些概念如何应用于实际情境中。这种实践性的学习方法可以激发学生的兴趣，并帮助他们更深入地理解课程内容。

（二）利用可视化工具增强学生对统计与概率的直观认识

使用统计图表和实验模拟等可视化工具是提高学生对统计与概率直观认识的有效方法。通过这些工具，学生可以更直观地理解抽象的概念，从而加深自己的学习体验。统计图表是将数据以图形形式呈现的有效方式之一。例如班主任可以使用柱状图或折线图展示不同班级学生的考试成绩分布，让学生比较各个班级的表现。这样的图表不仅可以帮助学生直观地理解数据的分布情况，还能激发他们对数据背后原因的思考。通过实验模拟，学生可以亲自体验概率事件的发生过程，从而更好地理解概率的概念。例如班主任可以组织学生进行投掷硬币或掷骰子的实验，让他们观察不同结果出现的频率。通过多次实验，学生可以逐渐发现事件发生的可能性与实验次数之间的关系，从而深入理解概率的概念。除了这些例子，班主任还可以利用其他可视化工具，如动态模拟软件或在线交互式工具，来增强学生的直观认识。这些工具能够以更生动、交互的方式展示统计与概率的概念，让学生在参与互动的过程中更好地理解和吸收知识。

（三）注重统计方法和概率计算的教学

在教学统计与概率时，重视统计方法和概率计算对学生建立扎实的基础至关重要。班主任应该系统地介绍统计学的基本方法，包括数据收集、整理、分析和解释。这包括教授学生如何设计合适的调查问卷、采样方法以及如何有效地处理和呈现数据。通过这些步骤，学生将学会如何从原始数据中提取信息，做出合理的推断和结论。同时班主任还应该注重教授常用的概率计算方法，例如排列组合和事件的概率计算。在教学排列组合时，班主任可以通过生动的例子解释排列和组合的概念，然后引导学生使用相应的公式进行计算。通过这样的练习，学生将更加熟悉概率计算的方法，能够灵活地应用到各种实际问题中。为帮助学生更好地理解和掌握这些方法，班主任可以采用多种教学策略，如讲授、示范、练习和实践。通过结合理论与实践，学生可以更深入地理解概率与统计的概念，并培养他们解决问题和分析数据的能力。

（四）开展实践性的统计调查和概率实验

实践性的统计调查和概率实验是提高学生对统计与概率理解的有效途径。通过这些实践活动，学生将理论知识与实际情境结合起来，加深对课程内容的理解和应用能力。班主任可以组织学生设计并实施一项社会调查，例如他们可以选择调查学校或社区内的某一现象或问题，如学生的学习习惯、用餐偏好等，然后设计问卷并进行调查。学生将学习如何设计问题、选择样本、收集数据，并通过统计分析对调查结果进行解释和展示。这样的实践活动能够让学生深入了解统计方法的应用，同时培养他们的调查和分析能力。班主任可以安排学生进行概率实验，例如他们可以进行抽样调查，通过随机抽样的方式收集数据，并计算事件发生的概率。又或者进行随机抽签实验，让学生通过实际操作来观察不同事件的发生情况，从而加深对概率规律的理解。通过这些实验，学生将亲身体验事件发生的概率规律，加深对概率计算方法的理解。

综合利用实际数据和案例，可视化工具，系统的统计方法和概率计算教学，以及实践性的调查和实验等教学策略，可以使学生更深入地理解和掌握统计与概率的概念。通过这些策略，学生不仅能够在抽象理论中找到其与实际应用的联系，还能培养自己的问题解决能力、数据分析能力和团队合作精神。因此，班主任在教学过程中应灵活运用这些策略，使学生在轻松愉悦的学习氛围中取得更好的学习成果。

四、综合应用题的解题策略

解决综合应用题需要学生掌握一系列解题技巧和策略，这不仅需要分析和拆解复杂问题的能力，还需要理解不同题型的解题思路，并在实践中灵活运用所学知识。为帮助学生更好地应对综合应用题，班主任可以采取一系列策略，包括教导分析拆解技巧，引导解题思路和策略的理解，提供多样化的题材材料，以及鼓励学生合作解题，下面将逐一探讨这些策略。

（一）教导学生应对复杂问题的分析和拆解技巧

在教学过程中帮助学生掌握应对复杂问题的分析和拆解技巧至关重要。班主任可以鼓励学生将大问题分解成更小的部分，以便逐一解决。例如对于一道涉及多个步骤或条件的题目，学生可以先分析每个步骤或条件的要求，再逐步解决每个部分，然后将它们整合起来得出答案。这种分解问题的方法有助于学生更清晰地理解问题的要求，使他们能够有针对性地进行解答。通过反复练习和指导，学生将逐渐掌握这种分析和拆解的技巧，从而在解决复杂问题时更加得心应手。

表 2-2-2 教导学生应对复杂问题的分析和拆解技巧观点总结

观点	总结
分解问题成小部分	鼓励学生将复杂问题分解成更小的部分，逐一解决，有助于他们更清晰地理解问题的要求，有针对性地解答问题
逐步解决每个部分	学生可以分析每个步骤或条件的要求，再逐步解决每个部分，然后整合得出答案，这有助于他们有条不紊地解决复杂问题
练习和指导	通过反复练习和指导，学生将逐渐掌握分析和拆解复杂问题的技巧，使他们在解决问题时更加得心应手

（二）引导学生理解综合应用题的解题思路和策略

解决综合应用题需要学生具备正确的解题思路和策略，班主任在引导学生时应着重解释不同类型题目的解题方法，并鼓励他们灵活运用这些策略。例如对于涉及多个步骤的问题，学生可先将其分解，再列出每个步骤的解决方案，然后按顺序逐步执行。对于涉及多个条件的问题，学生可先分析每个条件的影响，再综合考虑整体情况。通过理解这些解题思路和策略，学生能更自信地应对各种类型的综合应用题，提高解题效率和准确性。在实际解题过程中，学生应灵活运用所学的方法，并通过练习不断巩固和加深理解。

（三）提供多样化的综合应用题材料

为帮助学生更好地掌握综合应用题的解题方法和应用技巧，班主任可以提供多样化的题材和题目。这些题目应该涵盖各个领域，包括生活、工作、科学等方面，让学生在解题过程中接触到不同的实际情境，从而培养他们的综合思维能力和应用能力。举例来说，可以设计与购物相关的综合应用题，让学生在计算商品价格、优惠折扣、支付方式等方面进行综合考虑。又或者设计与旅行相关的题目，让学生考虑行程安排、交通方式、住宿费用等因素，从而进行综合决策。还可以设计金融投资方面的综合应用题，让学生分析不同投资产品的收益率、风险因素、投资期限等内容，以做出明智的投资决策。通过提供多样化的综合应用题材料，学生能够有机会将数学知识与日常生活紧密结合，从而更加深入地理解和应用所学的数学知识。这也能够激发学生的学习兴趣，使他们更加积极主动地参与到解题过程中，提高他们的学习效果和成就感。

（四）鼓励学生合作解决综合应用题

鼓励学生在解决综合应用题时进行合作是非常有效的策略。通过分组讨论问题，学生可以共同分析和解决复杂的题目，从而促进他们之间的互动和交流。这种合作不仅有助于学生在解决问题的过程中相互学习和借鉴，还能够激发他们的思维和创造力。例如学生可以在小组中共同讨论解题思路，互相提出建议和意见，然后合作完成解答过程。通过这样的合作，学生能够充分利用彼此的优势，提高解决问题的效率，同时也能够学会团队合作和沟通技巧。在小组合作中，学生可以通过相互讨论和协商，共同制订解题计划，分工合作，将各自的想法和观点融合在一起，从而得出更全面和准确的解答。合作解题还可以培养学生的团队精神和合作意识，让他们学会尊重他人的意见，有效地与他人合作，共同完成任务。

综合应用题的解题过程需要学生具备多方面的能力，包括分析问题，灵活运用解题思路和技巧，将数学知识应用到实际情境中等。为培养学生的综合能力，班主任在教学中应重点关注教导学生拆解问题，引导他们理解解题思路和策略，提供多样化的题材材料，以及鼓励学生合作解题。这些策略的综合运用，可以帮助学生更有效地解决综合应用题，提高他们的数学素养和解决问题的能力。

第三节 层次性教学在数学课堂中的应用

一、层次性教学的理论基础

层次性教学是根据学生的学习水平和能力特点，将学习内容分解为不同难度层次，并根据实际情况有选择性地进行教学的方法。在数学教学中，这一方法尤为重要，因为数学知识的学习往往呈现出较强的层次性和逻辑性。下面将探讨层次性教学的理论基础，其在数学教学中的意义、相关理论基础，以及与个体差异、学习风格、认知发展的关系，并深入探讨如何将层次性教学理论融入数学课堂实践中，以提高教学效果和学生学习的个性化水平。

（一）层次性教学的概念和本质及其在数学教学中的意义

层次性教学是一种根据学生的学习水平和能力特点，将学习内容分解成不同难度层次，并根据学生的实际情况有选择性地进行教学的方法。其本质在于通过逐层深入的教学方式，满足不同学生的学习需求，促进他们的学习进步。在数学教学中，层次性教学的意义尤为突出。例如在教授初等代数时，可以根据学生的基础知识水平，将代数的概念分为基础篇、拓展篇和深化篇等不同层次进行讲解。这样，学生可以根据自己的学习情况选择适合自己的学习路径，避免学习难度过大或过小的问题，提高学习效率。

（二）层次性教学的相关理论基础

层次性教学的理论基础涵盖了认知心理学和教育心理学等多个学科领域的学习理论。认知心理学的信息加工理论强调学习者在接受信息时的加工过程，指导班主任将学习内容分解为易于理解和处理的小部分，以促进学生对知识的深入理解。模式识别理论则关注学生如何识别和应用已有的模式和结构来解决问题，班主任可以根据学生的模式识别能力，设计适合其水平的教学内容和任务。教育心理学的分层次教学理论认为学生的学习是逐步发展的过程，班主任应根据学生的认知发展水平，有针对性地组织教学活动，使学生能够逐步掌握更复杂的知识和技能。这些理论为层次性教学提供了重要支持，指导班主任有效地组织教学内容，满足学生的学习需求，促进其认知发展和学习进步。

（三）层次性教学与个体差异、学习风格、认知发展等之间的关系

层次性教学与个体差异、学习风格和认知发展密切相关。个体差异指不同学生在学习能力、兴趣爱好、学习方式等方面存在的差异。层次性教学考虑到这些差异，通过设置不同难度层次的教学内容，为学生提供更为个性化的学习路径。例如对于数学中的某一概念，学生可以根据自身的学习水平选择适合自己的学习内容，从而更有效地提高学习效果。学习风格也是影响学生学习的重要因素。不同学生有不同的学习偏好，有些学生喜欢通过实践来学习，而有些学生则更喜欢通过阅读来获取知识。层次性教学可以根据学生的学习风格设置不同形式的教学任务，如提供案例分析、实践操作或阅读材料，以满足学生多样化的学习需求。认知发展水平也会影响学生的学习方式和效果。层次性教学将学习内容分解为不同层次，使学生能够逐步建立起对知识的理解和应用能力，符合学生的认知发展规律，有助于提高学习效率和质量。

（四）探索如何将层次性教学理论融入数学课堂实践中

将层次性教学理论融入数学课堂实践需要班主任在设计教学内容和活动时灵活运用相关理论。班主任可以通过设置不同难度的例题或练习，满足学生的不同学习需求。对于基础较好的学生，班主任可以设计更具挑战性的问题或深入拓展

的练习，以促进其进一步深入理解和应用；而对于基础薄弱的学生，班主任则可以提供更简单和基础的练习，帮助他们夯实基础，逐步提升学习水平。班主任也可以采用分层教学的方式，将学习内容分为不同层次。例如在教授代数方程时，可以将解一元一次方程的内容分为基础层、拓展层和深化层。在基础层，学生学习如何简单地解一元一次方程；在拓展层，学生进一步学习如何解含有分数或小数的方程；而在深化层，则可以引入一些应用题或复合方程，提高学生的解决问题的能力。班主任还可以采用个性化指导和支持的方式，根据学生的学习情况为其提供相应的帮助。例如可以针对不同层次的学生设置不同的学习小组或分组活动，让学生在小组内相互交流、互相学习，提高学习效率。班主任可以定期进行个别辅导，针对学生的学习困难和问题进行指导和解答，帮助他们克服困难，提高学习成绩。

层次性教学在数学教学中具有重要意义。通过灵活运用相关理论，班主任可以根据学生的学习需求和能力特点，设计不同难度层次的教学内容和活动。这种个性化的教学方法有助于满足学生的学习需求，促进其学习进步，并与个体差异、学习风格和认知发展密切相关。因此，将层次性教学理论融入数学课堂实践中，可以提高教学效果，促进学生全面发展。

二、设计差异化教学目标的策略

教学中的差异化教学目标的设计和实施对满足不同学生的学习需求至关重要。通过根据学生的水平和需求设计不同层次的学习目标，利用工具识别学生的学习差异和需求，制订个性化的学习计划和任务，以及指导学生设定个人学习目标，班主任可以更好地满足学生的学习需求，促进其个人成长和学业发展。

（一）根据学生的水平和需求设计不同层次的学习目标

教学中差异化目标的设计是为满足不同学生的学习需求和能力水平，这意味着目标需要根据学生的现有知识和技能水平进行调整和制定。对于高水平学生，目标可能包括更深层次的理解和应用，比如在数学领域深入学习代数方程的解法并应用于复杂问题。相比之下，针对基础较弱的学生，目标可能更注重基本概念的掌握和简单问题的解决，例如在数学方面，他们可以专注于理解并解决一元一次方程，逐步建立数学基础。因此，班主任需要灵活地调整目标，确保它们与学生的实际水平和需求相匹配，从而实现有效的教学和学习。

（二）利用工具识别学生的学习差异和需求

利用预测性评估和分层测试等工具对学生进行评估是识别其学习差异和需求的重要途径。预测性评估可以提前了解学生对即将学习内容的掌握情况，从而有针对性地安排教学计划。例如在数学课堂上，班主任可以借助预习、练习或简单的问题，评估学生对即将学习的数学概念的理解和掌握情况。而分层测试则可以根据学生的表现将其分为不同的学习水平组别，有助于更精确地识别学生的学习需求。通过这些评估工具，班主任可以更好地了解学生的学习情况，为制订个性化的学习计划提供有效依据，从而更好地满足学生的学习需求和促进其学习进步。

表 2-3-1　利用工具识别学生的学习差异和需求行动方案及措施

行动方案	具体措施
利用预测性评估	设计针对即将学习内容的预习练习或问题。在课前进行预习评估，了解学生对即将学习的内容的掌握情况。根据评估结果调整教学计划，有针对性地进行教学
利用分层测试	设计分层测试，包括不同难度和深度的题目。在学习阶段适时进行分层测试，根据学生表现将其分为不同的学习水平组别。针对不同组别的学生，采取差异化教学策略，满足其学习需求

（三）制订个性化的学习计划和任务

制订个性化的学习计划和任务是确保差异化教学有效实施的关键步骤。根据学生的评估结果和不同层次的学习目标，班主任可以为每个学生制订具体的学习计划和任务。对于高水平学生，学习计划可能包括更深入的学习内容和更具挑战性的任务，例如深入阅读相关拓展资料、参与独立研究项目或设计复杂的问题解决方案。这些任务旨在激发其学习兴趣，拓展其知识领域，促进其学术成长。相比之下，对于低水平学生，学习计划则应着重于夯实基础，强化基本概念的理解和运用能力。班主任可以为其设计更具针对性的辅导课程，提供额外的补充练习，或采用更直观的教学方法和教学资源，以帮助他们逐步提升学习水平。个性化的学习计划和任务应根据学生的具体情况和需求量身定制，旨在最大限度地促进其学习效果和个人成长。

（四）指导学生设定个人学习目标

指导学生设定个人学习目标是班主任在差异化教学中的重要任务之一。通过设定个人学习目标，学生可以更清晰地了解自己的学习方向和目标，从而更有动力地去学习。班主任可以通过与学生进行讨论和交流，引导他们思考自己的学习目标，并确保这些目标是具体、可行并与教学内容相关联的。例如班主任可以鼓励学生设定短期和长期的学习目标，以及明确每个目标所需的具体行动步骤和时间安排。班主任还可以通过定期的学习反馈和评估，帮助学生监控和调整他们的学习进度和方法，确保他们在实现学习目标的过程中不断取得进步。通过这种方式，学生可以逐渐建立起自我监控和反思的能力，更有效地管理自己的学习，提高学习效果。

在差异化教学中，班主任需要根据学生的水平和需求设计不同层次的学习目标，利用工具如预测性评估和分层测试识别学生的学习差异和需求，并据此制订个性化的学习计划和任务。班主任还须指导学生设定个人学习目标，并通过定期反馈和评估帮助他们实现这些目标。这一系列策略的有效实施将有助于提高教学质量，促进学生的学习效果和个人发展。

三、分组教学与个性化辅导的结合

分组教学和个性化辅导是为应对学生的不同学习需求而提出的重要策略。通过灵活的分组和个性化的辅导，班主任可以更好地满足学生的学习需求，促进他们的学习和发展。下面将探讨如何将分组教学与个性化辅导结合起来，以提高教学效果和学生的学习满意度。

（一）根据学生的学习水平和特点进行灵活分组

在差异化教学中分组教学是一项重要策略。通过合理的分组，班主任可以更好地满足学生的学习需求。在进行分组时，班主任应充分考虑学生的学习水平、兴趣和学习风格等因素，以确保每个小组的学生在同一层次上，有助于更有效地进行分层教学。例如在一堂语言课上，班主任可以将阅读能力相近的学生分为一组，这样可以让他们在相似的学习水平上进行学习，更好地理解和应用学习内容，提高学习效果。而对于不同水平的学生，班主任可以采用不同的教学方法和资源，满足其个性化的学习需求，促进他们的学习进步。因此，灵活的分组是差异化教学的关键之一，可以帮助班主任更好地应对学生的差异，提高教学效果。

（二）利用小组合作学习、同伴辅导等方式促进学生之间的互动和合作

小组合作学习和同伴辅导是在教学中促进学生之间互动和合作的极为有效的方式。通过小组合作学生可以共同探讨问题、分享观点和经验，从而加深对学习内容的理解和记忆。例如在一堂科学实验课上，班主任可以将学生分成小组，让他们共同设计和完成实验。在这个过程中，学生可以相互协助，交流想法和发现，并共同解决实验中可能出现的问题，从而加深对实验原理的理解，培养团队合作和解决问题的能力。同伴辅导也是一种促进学生之间合作和互动的有效方式。通过同伴辅导学生可以相互解答问题、共同探讨解决方案，并互相纠正错误，从而促进彼此的学习和进步。例如在数学课堂上，学生可以结成小组，共同解决数学问题或讨论数学概念。通过这样的互动，学生不仅能够加深对数学知识的理解，还能够培养团队合作和学习互助的精神。

（三）提供个性化辅导和支持

在差异化教学中提供个性化的辅导和支持是确保每个学生都得到有效学习的关键。基于分组教学的基础，班主任可以更好地了解每位学生的学习需求，并据此为他们提供个性化的辅导和支持。针对高水平学生，班主任可以提供更深入的学习资料和有挑战性的任务，以激发他们的学习兴趣和拓展其知识领域。例如在一堂文学课上，班主任可以鼓励高水平学生选择更复杂、更深层次的文学作品进行研究和分析，或者提供额外的阅读材料来拓展他们的文学视野。这样的个性化辅导能够激发高水平学生的学习动力，促进其在学术上的进步。对于低水平学

生，班主任则需要更加耐心地进行个性化指导和辅导，帮助他们克服学习困难，逐步提升学习水平。例如在一堂数学课上，班主任可以为低水平学生提供更多的练习机会，并采用更直观、更简单的教学方法来解释抽象的数学概念。班主任还可以提供额外的辅导时间，与学生一对一地进行学习指导，帮助他们理解和掌握学习内容。

（四）定期评估和调整分组设置和教学策略

定期评估和调整是分组教学与个性化辅导相结合的关键步骤。班主任应该定期对学生的学习情况进行全面评估，包括但不限于学习成绩、参与度、态度表现等方面。这样的评估有助于及时发现学生的学习问题和需求，为教学策略的调整提供依据。基于评估结果，班主任可以对分组设置进行调整。通过重新组合小组，确保每个学生都能在与自身水平相匹配的小组中学习。这种灵活的分组方式可以更好地满足学生的学习需求，提高他们的学习动力和效果。同时根据评估结果，班主任还应当调整教学策略。针对不同学生群体的需求和特点，制订个性化的教学计划和教学活动，以更好地满足他们的学习需求。例如对于学习进步较快的学生，可以提供更多的拓展性学习任务；而对于学习困难的学生，则需要给予更加耐心和细致的指导和支持。

分组教学与个性化辅导的结合是差异化教学中的重要环节，班主任可以根据学生的学习水平和特点进行灵活分组，确保每个小组的学生在同一层次上学习。利用小组合作学习和同伴辅导等方式促进学生之间的互动和合作，增强其学习效果。提供个性化的辅导和支持，满足每个学生的学习需求，促进其学习进步。定期评估和调整分组设置和教学策略，以确保教学的灵活性和适应性，提高教学效果。通过这些措施的结合，班主任可以更好地实现教育的个性化目标，培养学生的全面发展能力。

四、层次性教学评价与反馈

在教育实践中，层次性教学评价与反馈是确保学生全面发展和提高学习效果的重要环节。设计多样化的评价方式，根据学生不同层次和能力制定评价标准，及时反馈学生的学习成绩和表现，以及培养学生对自己学习的认知和反馈能力，这些措施共同构成了一个有机的体系，推动着教育的进步。通过这些努力，班主任能更好地了解学生的学习情况，有针对性地指导学生，促进其个性化成长，助力其实现自我潜能。

（一） 设计多样化的评价方式

为了更全面地了解学生的学习情况，班主任可以设计多样化的评价方式。这些评价方式包括但不限于笔试、口试、实践操作、项目报告、小组讨论等形式。举例来说，在一堂语言课上，班主任可以通过多种方式来评价学生的语言能力。通过笔试，可以考查学生的词汇量、语法掌握情况等；通过口试，可以评估学生的口语表达能力、发音准确性等；通过实践操作，例如语言游戏或角色扮演，可以观察学生在实际交流中的应用能力；通过项目报告，可以让学生展示他们的文化理解和创造性思维；通过小组讨论，可以评估学生的合作能力和逻辑思维能力。这样多样化的评价方式能够使班主任全面了解学生的语言能力，帮助班主任更准确地评估学生的学习情况，从而更好地指导他们的学习。

（二） 根据学生的不同层次和能力制定评价标准

针对不同层次和能力的学生，制定相应的评价标准是确保评价公平性和准确性的关键。在进行评价时，班主任应根据学生的实际水平和能力进行差异化处理，对于高水平学生，评价标准可以更加严格和富有挑战性。在一次数学测验中，针对高水平学生，可以设置更复杂的问题，考察他们的解决问题的能力、推理能力及抽象思维能力。评价标准可以涵盖更深层次的理解和应用，如解决实际问题的能力、探索数学规律的能力等。通过这样的评价方式，班主任可以更全面地评估高水平学生的数学能力，激发他们的学习兴趣，提高其学术水平。而对于低水平学生，则应设置更为基础和简单的评价标准。在同一次数学测验中，针对低水平学生，可以注重基本概念的掌握和简单问题的解答。评价标准可以更加具体和清晰，侧重于基础知识的理解和应用能力，如基本运算方法的掌握、简单问题的解决能力等。通过这样的评价方式，班主任可以更好地帮助低水平学生建立自信，逐步提升他们的学习水平。

（三）及时反馈学生的学习成绩和表现

及时的反馈对学生的学习和成长至关重要。班主任在评价完成后应当及时向学生反馈他们的学习成绩和表现。这种及时反馈不仅可以让学生了解自己在学习中的表现，还能帮助他们及时纠正错误，改进学习方法。例如在一次作文评比结束后，班主任可以针对每位学生的作品进行详细的评价和反馈。班主任可以解释评分标准，说明作文评价的依据和要求，让学生明白自己的得分是如何确定的。针对每篇作品，班主任可以提出具体的修改建议，包括语法错误的纠正、段落结构的调整、内容表达的改进等。这种个性化的反馈可以帮助学生全面了解自己的作品优缺点，引导他们在下次写作中有针对性地改进，从而提高写作水平。及时的反馈还可以促进学生与班主任之间的沟通和互动。学生在得知自己的学习成绩和表现后，可能会有一些疑问或困惑，及时的反馈可以让他们及时向班主任提出问题，寻求帮助和指导。这种互动有助于建立良好的师生关系，增强学生对学习的信心和积极性。

（四）培养学生对自己学习的认知和反馈能力

除了班主任的反馈外，培养学生对自己学习的认知和反馈能力同样至关重要。学生应该学会自我评价和自我反思，及时发现并解决自己的学习问题，从而不断提升学习效果和自我管理能力。为了培养学生的认知和反馈能力，班主任可以采取多种策略。例如每周要求学生写一篇学习日记。在这个日记中，学生可以记录下自己每天的学习情况、遇到的困难、学习心得等内容。通过写作的方式，学生可以对自己的学习过程进行回顾和总结，发现其中存在的问题和不足之处。学生还可以根据自己的学习情况和感受，制订下一步的学习计划和目标，以便更有针对性地改进学习方法和提高学习效率。班主任还可以引导学生进行定期的自我评价，学生能够通过自我评价的方式，对自己的学习情况和学习成果进行客观的分析和评价，找出自己的学习优势和不足，并思考如何改进。这种自我评价不仅有助于学生更好地认识自己的学习状态，还可以激发他们自我改进的动力，培养其自我管理和反思能力。

综合考虑学生的多元表现形式和个体差异，采用多样化的评价方式是重要的。在此基础上，根据学生的不同层次和能力制定评价标准，既能保证评价的公平性，又能激发学生的学习动力。及时反馈学生的学习成绩和表现，为他们提供具体指导和改进方向。培养学生对自己学习的认知和反馈能力，则是一种长远的教育投资，使学生成为能够自我驱动和不断进步的学习者。这些措施共同构建起一个有利于学生成长和发展的教育环境，为其未来的成功打下坚实基础。

第四节　教学策略与学生自主学习能力的培养

一、自主学习能力的定义与重要性

自主学习能力在当今教育中备受重视，它不仅是学生个体学习的重要能力，更是其适应未来社会变革的基础。理解自主学习能力的定义与重要性，以及它与学生学习动机、学业成绩、综合素养之间的关系，能够帮助班主任认识到教育中的挑战和机遇。而在培养学生自主学习能力的过程中，班主任扮演着不可或缺的角色。他们不仅是知识的传授者，更是学习的引导者和激励者。下面将详细探讨自主学习能力的定义、重要性，以及班主任在培养学生自主学习能力中的重要作用和责任。

（一）自主学习能力的含义

自主学习能力是指学生在学习过程中具备的自我管理、自我控制和自我指导的能力。这种能力涵盖四个方面：一是学习目标的设定，即学生能够明确自己想要达到的学习成果或目标；二是学习计划的制订，学生能够制订合理的学习计划，包括时间安排，以及学习内容和方法等方面的规划；三是学习过程的监控和评估，学生能够自我检查学习进度，评估自己的学习效果，并及时调整学习策略；四是学习策略的选择和调整，学生能够根据学习任务的不同选择合适的学习方法和策略，并灵活调整以适应不同的学习情境。自主学习能力使学生能够独立、自觉地管理和指导自己的学习过程，从而更有效地获取知识、提升能力。

（二）自主学习能力对学生终身学习、解决问题和自我发展的重要性

自主学习能力对学生的终身学习、解决问题和自我发展具有重要的促进作用。首先，它是学生终身学习的基础和保障。在当今快速变化的知识社会中，仅仅依赖于课堂教学是远远不够的。具备自主学习能力的学生能够自主获取、理解和应用知识，不受时间和空间的限制，能够持续适应和学习新的技能和知识，从而保持在不断变化的社会和职业环境中的竞争力。其次，自主学习能力也是解决问题的关键。面对各种学术和现实生活中的挑战和问题，具备自主学习能力的学生能够独立思考、分析问题的本质和背景，并主动寻找解决问题的方法和策略。这种能力不仅限于学术领域，也包括日常生活中的各种挑战，如人际关系、职业发展等。再次，自主学习能力培养学生的自我发展意识和能力。通过自主学习学生能够更好地认识自己的学习风格、兴趣和优势，从而更有针对性地规划个人发展路径，并持续不断地进行自我完善和提升。这种能力不仅在学术上重要，也在职业发展和个人成就的道路上起到关键作用。

（三）自主学习能力与学生学习动机、学业成绩、综合素养等之间的关系

自主学习能力与学生的学习动机、学业成绩和综合素养之间存在密切的相互关系。自主学习能力对学生的学习动机起到重要的促进作用。具备自主学习能力的学生往往能够自我激励，因为他们能够感受到自己对学习的掌控和主导权，从而更有动力去探索新知、解决问题。相比之下，缺乏自主学习能力的学生可能更容易出现学习厌倦和动力不足的情况。自主学习能力与学业成绩之间存在正向关联。研究表明，那些具备自主学习能力的学生更倾向于有效地利用学习时间，采用更高效的学习策略，因而更容易取得优异的学习成绩。这是因为他们能够自主地规划学习任务，选择适合自己的学习方法，并且能够更好地处理学习过程中遇到的困难和挑战。自主学习能力也与学生的综合素养密切相关。通过自主学习，学生不仅获取了知识，还培养了解决问题的能力、创新思维、批判性思维、沟通能力和团队合作精神等综合素养。这些素养对学生未来的职业发展、社会适应能力及个人成就都具有重要的意义。

（四）班主任在培养学生自主学习能力中的重要作用和责任

班主任在培养学生自主学习能力方面担负着重要的角色和责任。班主任应该创造一个积极的学习环境，提供丰富的学习资源和激发学生学习兴趣的机会。通过设计丰富多样的课堂活动和项目，班主任也可以激发学生的好奇心和求知欲，从而促进他们的自主学习动机。班主任应该引导学生树立正确的学习观念，培养他们的学习自信心和自律意识。通过与学生进行交流和互动，班主任可以帮助他们认识到自己的学习潜力和价值，鼓励他们克服学习中的困难和挑战。同时班主任应该教授学生有效的学习方法和策略，帮助他们建立科学的学习计划和学习习惯。通过教授学习技能，如时间管理、阅读理解和笔记技巧等，班主任可以帮助学生提高学习效率和质量，从而增强他们的自主学习能力。班主任还应该关注学生的学习过程，及时给予指导和反馈。通过定期的学习评估和反馈，班主任可以帮助学生识别自己学习问题和不足之处，引导他们调整学习策略，克服学习障碍，不断提升自主学习能力。

自主学习能力的培养是教育的重要目标之一，它不仅对学生终身学习、问题解决和自我发展具有关键作用，也与学生的学习动机、学业成绩和综合素养密切相关。在这一过程中，班主任发挥着至关重要的作用。他们应该创造积极的学习环境，引导学生树立正确的学习观念，教授有效的学习方法和策略，并及时给予指导和反馈。通过这些努力，班主任可以帮助学生培养出色的自主学习能力，为他们的未来发展奠定坚实的基础。

二、通过教学策略激发学生自主学习的能力

班主任的角色不仅是知识的传授者，更是学生自主学习的引导者。通过精心设计的教学策略，班主任可以激发学生的求知欲和创造力，培养他们的学习动机和自我激励能力，引导他们掌握有效的学习方法和技巧，以及营造合作学习和互助学习的氛围。在这个过程中，学生将逐渐成长为能够自主、独立地探索世界、解决问题的学习者。

（一）提供开放性的学习任务和问题

在教学过程中给予学生开放性的学习任务和问题可以激发他们的求知欲和创

造力，从而培养其自主学习的能力。例如在一堂化学课上，班主任可以向学生提出一个问题：如何利用现有材料，设计一种新型的环保清洁剂？这个问题不仅能引发学生对环保科技的兴趣，也能激发他们探索解决方案的愿望。学生可以通过查找相关资料、实验探索，以及与同学讨论合作的方式，自主地进行研究和学习。这种开放性的学习任务能够促使学生不断思考、探索，从而培养他们的自主学习能力和解决问题的能力。

（二）培养学生的学习动机和自我激励能力

培养学生的学习动机和自我激励能力对他们的学习成就和个人发展至关重要。班主任在实践中扮演着关键的角色，可以通过多种方式促进学生培养学习动机和增强自我激励。了解学生的兴趣和需求是培养学习动机的第一步。通过与学生建立良好的沟通和关系，班主任可以了解到每个学生的个性特点、兴趣爱好和学习目标。在这个基础上，班主任可以引导学生选择与个人兴趣相关的学习主题或项目，激发他们的内在动机。及时给予肯定和奖励是增强学生自我激励的有效方式。当学生取得进步、克服困难或完成任务时，班主任应该及时给予肯定和表扬，让学生感受到自己的成就和价值。这种积极的反馈可以增强学生的自信心，激励他们坚持不懈、追求更高的目标。为学生创造积极的学习环境也是培养学习动机和自我激励的重要手段。班主任可以设计有趣、具有挑战性的学习任务，激发学生的好奇心和求知欲。营造支持性的学习氛围，鼓励学生之间的合作与分享，让他们感受到学习的乐趣和成就感。班主任自身的榜样作用也不可忽视。通过展现出积极的学习态度和坚持不懈的精神，班主任可以成为学生培养学习动机和增强自我激励的榜样。他们会受到班主任的影响，积极投入到学习中，并不断努力提升自己。

（三）引导学生掌握有效的学习方法和技巧

学生掌握有效的学习方法和技巧是他们自主学习的基石，班主任在这方面的引导至关重要。班主任可以通过课堂教学引导学生探索和尝试不同的学习方法。示范是培养学生学习方法和技巧的有效途径之一，班主任可以在课堂上向学生展示如何运用各种学习方法解决问题或完成任务。例如班主任可以演示如何利用思维导图整理知识点，如何使用记忆技巧记忆单词或公式等。通过实际操作，学生可以直观地了解到学习方法的应用场景和效果，从而更容易掌握和运用这些方法。训练和实践可以使学生逐渐提高其学习方法和技巧的熟练程度。班主任可以设计一系列的学习任务和练习，让学生在实践中不断尝试和运用所学的方法和技巧。例如班主任可以布置阅读理解练习、记忆训练等任务，让学生在实际操作中不断提升自己的学习能力。

（四）建立合作学习和互助学习的氛围

营造合作学习和互助学习的氛围是培养学生自主学习能力的重要途径之一。在这样的氛围中，学生有机会与同伴合作、交流，并通过共同探讨问题、解决困难来提升自己的学习水平。班主任可以设计各种形式的合作学习活动，如小组讨论、合作项目等。在这些活动中，学生可以与同伴共同思考、分享观点，从不同的角度思考问题，促进彼此之间的思维碰撞和知识交流。例如在历史课上，班主任可以将学生分成小组，让他们共同研究某一历史事件，并就事件的原因、影响等展开讨论。通过这样的合作学习，学生不仅可以加深对历史事件的理解，还可以培养团队合作和协作能力。班主任可以鼓励学生之间相互帮助及分享经验和资源，在学习过程中难免会遇到各种困难和问题，而同学之间的互助可以有效地解决这些问题。例如一个学生可能擅长数学，而另一个学生擅长语文，在互助学习的过程中，他们可以相互补充，共同进步。班主任在合作学习和互助学习中起着重要的作用，他们不仅可以提供必要的指导和支持，还可以及时给予反馈和鼓励，帮助学生克服困难，提升学习效果。通过这样的引导和激励，学生可以更好地参与到合作学习和互助学习中，从而培养出更强的自主学习能力。

通过提供开放性的学习任务和问题，培养学生的学习动机和自我激励能力，引导学生掌握有效的学习方法和技巧，以及营造合作学习和互助学习的氛围，班主任可以有效地激发学生的自主学习能力。这些教学策略不仅能够提高学生的学习效果，还能够培养他们的创造力、合作精神和解决问题的能力，为他们未来的学习和发展奠定坚实的基础。

三、自主学习在数学课堂中的实践案例

培养学生的自主学习能力被视为至关重要的任务之一，特别是在数学课堂上，

引导学生主动探索、解决问题，不仅有助于他们深入理解数学的本质，还能够培养他们的创造性思维和解决问题的能力。下面将介绍数学课堂中的自主学习实践案例，涵盖了多样性的数学问题探索、开放性的任务设计、探究性学习和问题解决方法的引入，以及利用各种活动拓展学生数学视野和自主学习空间的方式。

（一）探索数学问题的多样性和实用性

在小学数学课堂中，班主任不仅传授知识，还引导学生发现数学的多样性和实用性。通过引入各种多样性的数学问题，班主任可以唤起学生的兴趣和求知欲。举例来说，一个关于城市交通系统规划的问题，虽然看似复杂，却是数学的实际应用之一。学生可以通过分析城市地图和人口分布，应用图论和最优化方法，设计出最有效的交通路线，以解决交通拥堵等实际问题。这种问题不仅能让学生感受到数学在现实生活中的应用，还能培养他们的问题解决能力和创造性思维。通过这样的实践，学生能够更深入地理解数学的本质，同时也能够更好地将所学的知识应用到实际生活中去解决问题。

（二）设计开放性的数学任务和项目

在小学数学课堂中设计开放性的任务和项目是激发学生自主学习的重要途径之一。例如班主任可以布置一个数学游戏设计的项目，让学生自由发挥想象力和创造力。学生可以选择自己感兴趣的题材，比如迷宫探险、数学谜题等，然后设计游戏规则、关卡设置，并运用所学的数学知识进行设计和计算。在这个过程中，学生不仅能够巩固所学的数学知识，还能够锻炼逻辑思维和问题解决能力。例如他们可能需要运用几何知识设计迷宫的路径，或者利用代数知识设置游戏的得分规则。通过这样的项目，学生能够在实践中感受到数学的乐趣和实用性，同时也培养了自己的创造性思维和团队合作能力。最重要的是，这样的开放性项目激发了学生的学习兴趣，使他们更加积极主动地投入到数学学习中去。

（三）引入探究性学习和问题解决的方法

引入探究性学习和问题解决的方法是培养学生自主学习能力的有效途径之一。通过组织数学建模比赛等活动，班主任可以激发学生的学习兴趣和探索欲望。在这样的比赛中，学生需要选择一个实际问题，可能是关于环境、经济、社会等各个领域的问题，然后利用数学知识进行建模和求解。例如他们可能需要运用微积分、统计学等知识对气候变化、交通流量等问题进行分析和预测。在解决问题的过程中，学生不仅需要独立思考和探索，还需要与同学合作，分享思路和解决方案。通过这样的活动，学生不仅能够学到更多的数学知识，还能够培养团队合作和创新能力。重要的是，他们能够通过实践感受到数学的实际应用和解决问题的乐趣，从而更加积极主动地投入到数学学习中去。这种探究性学习的方法不仅有助于培养学生的自主学习能力，还有助于他们在未来面对各种复杂问题时灵活运用数学知识进行分析和解决。

（四）利用活动拓展学生的数学视野和自主学习空间

利用各种活动来拓展学生的数学视野和自主学习空间是非常重要的。通过丰富多彩的活动，班主任能够引导学生深入了解数学的应用和魅力，从而激发他们对数学的兴趣和学习的热情。一种有效的方法是组织数学探究之旅，班主任可以带领学生参观科学馆、数学展览等，让他们亲身感受数学在现实生活中的应用和意义。这些展览通常会展示数学在各个领域的应用，比如工程、计算机科学、金融等，让学生可以从不同的角度了解数学的重要性和实用性。通过观察、互动和探索，学生能够深入理解数学知识与实际问题之间的联系，从而增强对数学的兴趣和认识。班主任还可以鼓励学生参加各种数学竞赛、讨论会等活动，这些活动不仅可以拓展学生的数学视野，还可以锻炼他们的解决问题和团队合作能力。在竞赛中，学生需要面对各种挑战和问题，从而促使自己深入思考、勇于探索，进而提高自己的数学素养和解决问题的能力。参加讨论会等活动也能够让学生与他人交流、分享自己的见解和经验，从而拓展他们的思维空间，激发其创新思维。

通过引入多样性的数学问题，设计开放性的任务和项目，引入探究性学习和问题解决的方法，以及利用各种活动拓展学生数学视野和自主学习空间，班主任能够激发学生的兴趣和求知欲，培养他们的自主学习能力和创造性思维。这些实践不仅有助于学生在数学学习中取得更好的成绩，还能为他们未来面对各种复杂问题时提供有力的解决方法和思维方式。因此，班主任在数学课堂上应该积极探索和实践各种促进学生自主学习的方法，以提高他们的学习效果和能力。

四、评估学生的自主学习能力

评估学生的自主学习能力是教育中的重要任务之一。通过了解学生在解决问题、创新思维、团队合作等方面的表现，班主任可以更全面地了解他们的学习情况，并为他们的成长提供有针对性的指导和支持。为实现这一目标，制定多元化的评价标准至关重要。除了传统的考试评价外，结合日常教学和项目实践，提供及时的反馈和指导，以及鼓励学生参与自我评价和学习总结，都是评估学生自主学习能力的有效途径。下面将探讨如何制定多元化的评价标准，并结合实际教学实践，提供反馈和指导，以及促进学生自主学习的重要性。

（一）制定多元化的评价标准

为全面评估学生的自主学习能力，班主任需要制定多元化的评价标准。除了传统的笔试和口试评价外，还应该考虑学生在解决问题、创新思维、团队合作等方面的表现。例如可以设计开放性的项目任务，要求学生运用所学知识和技能解决实际问题，然后根据他们的解决方案的合理性、创意性和实用性进行评价。班主任可以通过课堂讨论、小组活动等方式观察学生的表现，并结合日常教学记录，综合评价他们的自主学习能力。这样的多元化评价标准能够更准确地反映学生的学习情况，促进其全面发展。

（二）结合日常教学和项目实践

评估学生的自主学习能力需要结合日常教学和项目实践，以全面了解他们的学习表现。在日常教学中，班主任可以通过观察学生的参与情况、提问质量、解决问题的方法等方面来评估其自主学习能力。例如主动提问的学生可能展现出对知识的渴求和主动探索的态度，而能够灵活运用多种解决方法的学生可能具有较强的自主学习能力。班主任还可以记录学生在小组讨论、课堂作业等活动中的表现，从而更加全面地评价其自主学习能力。另外，项目实践也是评估学生自主学习能力的重要途径。在项目实践中，学生需要根据任务要求自主规划学习过程、收集资料、分析问题并提出解决方案。例如在数学建模比赛中，学生需要自主选择研究课题、设计模型，并进行实践操作和数据分析。通过这样的实践活动，班主任可以评估学生的自主学习能力，包括其问题意识、解决问题的方法、团队合作能力等方面。班主任还可以通过观察学生的工作态度、合作方式及最终成果质量来评价其自主学习能力的发展情况。

（三）提供及时的反馈和指导

在学生进行自主学习时，班主任的及时反馈和指导起着至关重要的作用。这种反馈不仅可以提高学生的学习效果，还可以增强他们的学习动力和自信心。因此，班主任应该在学生完成任务或项目后及时给予反馈。班主任应该表扬学生的优点和努力，激发他们的学习兴趣和积极性。无论是在解决问题时展现出的创新思维，还是在团队合作中表现出的领导能力，都值得班主任赞扬和鼓励。这种正面的反馈可以增强学生的自信心，使他们更有动力投入到学习中去。班主任也应该指出学生存在的问题，并提供具体的改进建议。这种指导可以帮助学生发现自己的不足之处，并及时进行调整和改进。例如当学生参与数学建模比赛时，班主任可以针对他们的建模方法、数据分析和解决方案给予具体的评价和建议。班主任通过分析学生的作品，指出其中的问题并提供改进建议，可以帮助他们更好地理解和应用数学知识，提高解决问题的能力。

（四）鼓励学生参与自我评价和学习总结

鼓励学生参与自我评价和学习总结是培养其自主学习能力的重要环节。通过这种方式，学生可以更深入地了解自己的学习情况，发现自己的优势和不足，从而有针对性地改进学习方法，提高学习效果。自我评价可以帮助学生反思自己的学习过程和学习成果，在完成任务或项目后，班主任可以要求学生对自己的表现进行评价，包括自己在学习过程中的投入程度、解决问题的方法、团队合作能力等方面。通过这种评价，学生可以更客观地认识到自己的学习情况，找到自己的不足之处，并制订改进计划。学习总结可以帮助学生归纳和总结学习的收获和经验，在完成任务或项目后，班主任可以要求学生撰写学习总结，包括他们在学习过程中遇到的困难、解决方法，以及学到的新知识和技能。通过总结学习经验，学生可以更清晰地认识到自己的学习收获，为今后的学习提供指导和借鉴。例如在完成数学游戏设计项目后，学生可以写下他们在设计过程中所遇到的难题，以及他们是如何解决这些难题的。学生还可以总结他们从项目中学到的数学知识和编程技能，并思考如何将这些知识和技能应用到实际生活中去。

评估学生的自主学习能力需要多方面的考量和支持，班主任可以通过制定多元化的评价标准，结合日常教学和项目实践，以及提供及时的反馈和指导，全面了解学生的学习表现，并促进其自主学习能力的发展。鼓励学生参与自我评价和学习总结也是培养其自主学习能力的重要环节。借助这些举措班主任可以更好地引导学生，帮助他们发现自己的优势和不足，从而实现个性化、全面的学习成长。

第三章 数学课堂的互动与合作学习

第一节 互动与合作学习的理论基础

一、合作学习模式的介绍

合作学习是当今教育领域中备受推崇的一种教学方法。通过学生在小组内的互动与合作，合作学习旨在提高他们的综合素质和能力，培养团队合作精神及解决问题的能力。这种教学模式强调学生之间的交流与协作，与传统的单向教学形成鲜明对比。在小学数学课堂中，合作学习尤为重要，因为数学不仅需要独立思考，还需要与他人分享和讨论思路。

（一）合作学习的定义和特点

合作学习是一种教学方法，通过组织学生在小组内相互合作，共同探讨，共享知识和经验来实现学习目标。其特点在于学生之间相互交流、合作解决问题，在共同努力中促进彼此的学习和成长。这种学习方式不同于传统的单向教学，强调学生的主动参与和合作精神。学生在合作学习中可以分享彼此的想法和理解，通过相互讨论和协作，促进彼此的思维发展和知识建构。这种互动性和合作性能够激发学生的学习兴趣和动机，提高他们的学习效果。因此，合作学习被认为是一种富有活力和高效率的教学方法，可以培养学生的团队合作能力、沟通能力和问题解决能力，有助于他们在学习和生活中取得更好的成就。

（二）不同类型的合作学习模式

合作学习模式的多样性为班主任提供了丰富的选择，以满足不同学科、不同学生群体及不同学习目标的需求。其中小组讨论是一种常见而有效的合作学习模式。在数学课堂上，采用小组讨论的方式可以为学生提供一个共同探讨、交流想法的平台。通过将学生分成小组，每个小组负责解决一个数学问题或完成一个数学任务，班主任可以激发学生之间的合作精神和积极性。在小组讨论中，学生不仅可以相互交流自己的思考和理解，还可以借助彼此的观点和方法，共同分析问题、探索解决途径。这种互动过程不仅有助于提高学生的问题解决能力，还可以培养其合作和沟通能力。小组讨论也能够让每个学生都有机会参与到学习过程中，增强其学习的主动性和参与度。因此，小组讨论作为一种合作学习模式，在数学课堂及其他学科的教学中都具有重要的作用和价值。

（三）合作学习模式对学生学习动机、学习效果和社会交往能力的影响

合作学习模式能够激发学生的学习动机，增强学生的学习兴趣和主动性。通过与同伴共同探讨、合作解决问题，学生感受到学习的乐趣和成就感，从而更加积极地投入到学习中去。合作学习也能够提高学生的学习效果，促进知识的深度和广度，培养学生的批判性思维和创新能力。合作学习还能够促进学生的社会交往能力，培养学生的合作意识和团队精神，提高他们与他人沟通、协作的能力。例如在小学数学课堂上采用合作学习模式可以激发学生对数学的兴趣和热情，增强他们的学习动机。通过与同伴共同合作、讨论解决问题，学生不仅可以更好地理解数学知识，还可以培养团队合作精神和社会交往能力，提高解决问题的效率和质量。

（四）合作学习模式的目的和意义，以及在数学课堂中的应用场景和方法

引入合作学习模式的目的和意义在于促进学生全面发展，培养他们的综合素质和能力。通过合作学习，学生不仅能够在学术上获得更多的学习机会和交流平台，还可以在团队合作中培养沟通、协作、解决问题的能力，提高学习动力和自信心。在数学课堂中，引入合作学习模式具有特殊的意义和价值。一个应用场景是通过组织小组讨论来引入合作学习。班主任可以将学生分成小组，每个小组负责讨论一个数学问题或任务，然后在整个班级中分享他们的发现和解决方法。这种方式可以激发学生之间的思想碰撞和合作精神，增强他们的问题解决能力和团

队协作能力。另一个应用场景是通过合作项目引入合作学习。例如班主任可以要求学生共同设计一个数学游戏或制作一个数学模型。在这个过程中，学生需要结合所学的数学知识和技能，发挥创造力和想象力，共同解决问题并完成项目。通过这样的合作项目，学生不仅可以提高数学素养，还可以培养解决实际问题的能力和团队合作精神，从而达到更高的学习效果和成就感。

合作学习模式的多样性为教学提供了丰富的选择，其中小组讨论是一种常见而有效的方式。通过组织小组讨论，学生可以共同解决数学问题，促进彼此的思维发展和知识建构。合作学习还能够提高学生的学习动机和效果，培养他们的社会交往能力。在数学课堂中，班主任可以通过组织小组讨论或合作项目等方式引入合作学习模式，以提高学生的学习效果和成就感。这种教学方法不仅有助于学生理解数学知识，还能培养其解决实际问题的能力和团队合作精神，为其未来的学习和生活奠定坚实的基础。

二、互动学习对学生发展的影响

在当今教育环境中，互动学习已经成为一种备受推崇的教学方式，与传统的单向教学模式形成鲜明对比。互动学习不仅改变了学生对待学习的态度，更重要的是，它对学生的认知发展、思维能力提升及情感态度的塑造都产生了深远的影响。下面将探讨互动学习的概念和意义，分析其对学生的影响，介绍有效的互动学习模式和策略，并着重探讨在数学课堂中如何创设积极的学习氛围。

（一）互动学习的概念和意义

互动学习代表了一种与传统单向教学模式相对立的学习方式。在这个过程中，学生不再被动地接受信息，而是通过积极参与、讨论和合作来建构自己的知识体系。这种互动的学习方式有着深远的意义。它能够激发学生的学习兴趣和动机。通过参与课堂互动，学生更容易感受到学习的乐趣，从而更愿意投入其中。互动学习有助于促进学生的认知发展和思维能力提升。通过与他人交流讨论，学生不仅能够从不同角度审视问题，还能够锻炼自己的逻辑思维和批判性思维能力。最重要的是，互动学习可以拓展学生的思维边界。在与同学和班主任的互动中，学生接触到各种不同的观点和见解，这有助于他们拓展自己的思维空间，从而更好地理解和应用所学知识。因此，互动学习不仅是一种教学方法，更是一种能够培养学生终身学习能力和自主思考能力的教育理念。

（二）互动学习对学生的影响

互动学习对学生认知发展的影响主要体现在知识获取和理解的过程中。通过与他人的交流和讨论，学生能够接触到不同的思维方式和观点，从而拓展自己的认知范围。这种多元化的信息来源有助于学生建立更加全面和深入的理解，提高他们的知识水平和学习效果。在思维能力方面，互动学习有助于促进学生的批判性思维和创新能力的培养。通过参与讨论和合作项目，学生需要分析问题、提出解决方案，并从中选择最佳的策略。这种思维过程不仅能够加深对知识的理解，还能够培养学生的逻辑思维、问题解决能力和创造性思维，使其具备更强的应对复杂问题的能力。情感态度方面，互动学习有助于增强学生的合作意识和团队精神。在团队项目中，学生需要相互合作、协商、分享资源和信息，这可以培养他们的沟通技巧和处理人际关系的能力。通过与同学和班主任的互动，学生也能够建立起良好的师生关系和同学关系，增强彼此之间的信任和尊重，为共同学习营造良好的氛围。

（三）有效的互动学习模式和策略

有效的互动学习模式和策略对提升学生学习效果至关重要，它们能够激发学生的参与度和主动性，促进他们之间的交流和合作。其中小组讨论是一种常见而有效的互动学习模式。在小组讨论中，学生被分成小组，每个小组负责探讨特定的问题或主题。通过分享彼此的观点和想法，学生可以从不同角度审视问题，加深对知识的理解。讨论过程中，学生不仅可以互相学习，还能通过辩论和提出异议推动思维的碰撞和交流，从而激发创新思维和批判性思维能力。另一种有效的互动学习策略是角色扮演。在角色扮演中，学生扮演不同的角色，从而从多个视角理解和分析问题。通过这种方式，学生不仅能够更深入地体验和理解相关概念，还能够培养解决问题的能力和团队合作精神。例如在数学课堂上，学生可以通过角色扮演来解决复杂的数学问题，这种方法能够激发学生的兴趣和动力，帮助他们更好地理解和应用数学知识。案例分析也是一种非常有效的互动学习模式。通过分析真实或虚拟的案例，学生可以将理论知识应用到实际问题中，从而加深对知识的理解和掌握。案例分析不仅有助于学生学习知识，还可以培养其分析和解决问题的能力，提升他们的综合素质。

（四）数学课堂中创设学习氛围

在小学数学课堂中创设积极、开放的互动学习氛围是班主任引导学生积极参与、共同探索数学世界的关键。班主任可以设计具有启发性和挑战性的问题，引导学生展开思考和讨论。这些问题可以是真实世界中的数学应用，也可以是引发思考的数学难题，能够激发学生的好奇心和求知欲。通过这种方式，学生不仅可以更深入地理解数学概念，还能培养解决问题的能力和思维品质。设置小组活动是促进学生互动学习的有效途径，将学生分成小组，让他们在协作中相互学习和促进成长。通过小组合作，学生可以相互借鉴、互相补充，共同解决问题和探索数学奥秘。这种合作模式不仅能培养学生的团队精神和沟通能力，还能增强他们的自信心和学习动力。班主任应当鼓励学生提问和分享自己的观点，营造一个开放、包容的学习环境。无论正误，每一个问题和想法都应被尊重和重视。通过鼓励学生发表观点和表达疑问，班主任可以激发学生的思维活跃度，提高他们对数学学科的兴趣和投入度。在这样的氛围中，学生们更愿意表达自己的想法，积极参与到学习过程中去。

互动学习作为一种与传统教学模式相对立的学习方式，在学生的认知发展、思维能力提升和情感态度塑造方面发挥着重要作用。通过参与课堂互动，学生能够更好地激发学习兴趣，拓展认知边界，并培养批判性思维和团队合作精神。有效的互动学习模式和策略，如小组讨论、角色扮演和案例分析，能够激发学生的参与度和主动性，促进他们之间的交流和合作。在数学课堂中，班主任可以采用设计启发性问题、设置小组活动，以及鼓励学生提问和分享观点等方式，创设积极、开放的学习氛围，激发学生的学习热情和主动性，提高他们的学习效果和成就感。

三、合作与竞争在数学学习中的角色

在小学数学学习中，合作与竞争并非独立存在，而是相互作用、相辅相成的。学生在合作中共同攻克难题，相互启发，提高整体学习效果；而在竞争中，他们追求更好的成绩和表现，激发内在的学习动力。然而要达到良好的教学效果，需要在合作与竞争之间找到平衡，以促进学生的全面发展。

（一） 合作与竞争在数学学习中的相互作用和平衡关系

数学学习中合作与竞争并非孤立存在，而是相互作用、相辅相成的。合作与竞争之间存在一种微妙的平衡关系，在适当的情境下，二者可以相互促进，提高学生的学习效果。合作可以提供给学生一个共同学习、交流、分享的平台，通过团队合作，学生能够相互学习、共同解决问题，提高整体学习效果。而竞争则能够激发学生的学习动力和积极性，促使他们在一定程度上追求更好的成绩和表现。在数学学习中，合作可以让学生共同攻克难题，相互启发，提高解决问题的效率；而竞争则能够让学生在一定程度上比拼学习成绩，激发学习的兴趣和动力。然而过度的竞争可能导致学习氛围紧张，过度的合作可能使得个体学习动力不足。因此，班主任在教学中需要根据具体情况，合理安排合作与竞争的比例，以达到最佳的教学效果。

（二） 合作学习和竞争学习对学生学习动机和成绩的影响

合作学习和竞争学习对学生的学习动机和成绩有着不同的影响。合作学习能够提高学生的学习动机，通过与同伴共同学习、合作解决问题，学生能够感受到学习的乐趣和成就感，从而更加主动地投入到学习中。合作学习还能够促进学生之间的交流和互助，提高整体学习效果。而竞争学习则能够激发学生的学习动力，通过与同学竞争，学生会更加努力地学习，追求更好的成绩和表现。然而过度的竞争可能导致学生焦虑和压力增加，影响其学习效果。因此，在教学中需要合理安排合作和竞争的比例，以平衡学生的学习动机和成绩。

（三） 学生理解竞争的积极意义

学生应当认识到竞争并不只是一种压力，还是一种积极的力量，可以推动他们不断提高。竞争能够激发学生内在的学习动力和兴趣，让他们更加专注于学习并寻求进步。在竞争中，学生不仅能够比较自己与他人的表现，还能够从竞争中发现自己的不足之处，找到改进的方向。这种自我反省和改进的过程，有助于他们提高学习效率和水平。竞争还能够培养学生的自信心和逆境应对能力。在竞争中，学生可能会面临失败和挫折，但正是这些挑战让他们更加坚韧，更加勇敢地应对困难。因此，竞争不仅能够促进学生学习的进步，还能够培养他们的坚韧性和适应能力，使他们在面对未来的挑战时更加从容。

（四）合作学习中的竞争合作精神

合作学习中竞争与合作并不矛盾，而是相辅相成的。学生应该学会在合作的过程中保持竞争的态度，这样可以激发学习的动力，促使每个成员都全力以赴，提升整体的学习效果。例如在小组合作中，学生可以竞争着提出更好的解决方案或更快地解决问题，这种竞争会激发学生的积极性，推动他们更加努力地投入到学习中去。而竞争的存在也有助于学生相互之间的学习和成长，因为每个人都会受到其他成员的影响和启发，从而促进自己的进步。然而在竞争中，学生也需要保持合作的精神。这意味着他们要相互支持、互相帮助，共同解决问题，而不是孤立地为了竞争而忽视其他成员。合作的精神能够促使学生更好地理解团队合作的重要性，学会倾听和尊重他人的意见，形成良好的协作氛围。通过竞争合作，学生不仅可以提高自己的学习能力，还能培养团队合作的技能和意识，为未来的学习和工作打下坚实的基础。

合作与竞争在数学学习中扮演着重要的角色，它们相互作用、相辅相成，通过合理的安排，可以有效促进学生的学习动机和成绩提升。学生应当理解竞争的积极意义，并在合作学习中保持竞争的精神，相互支持、共同进步。班主任在教学中应当灵活运用合作与竞争的教学方法，为学生提供一个积极、合作、竞争并存的学习环境，促进他们全面发展。

四、平衡个体学习与合作学习

在教育实践中平衡个体学习与合作学习是一项重要而复杂的任务，尤其在数学教育中更是如此。个体学习侧重于培养学生的自主思考和解决问题的能力，而合作学习则强调学生之间的协作与交流。下面将探讨个体学习和合作学习在数学课堂中的地位和作用，分析它们各自的优缺点并探讨如何在教学中平衡二者，引导学生认识到它们相辅相成的关系。

（一）　个体学习和合作学习在数学课堂中的地位和作用

个体学习和合作学习在小学数学课堂中都扮演着重要的角色。个体学习注重培养学生独立思考和自主学习的能力，通过自主探索和解决问题，学生可以更深入地理解数学概念和方法。在个体学习中，每个学生可以按照自己的学习节奏和方式进行学习，有助于满足不同学生的学习需求。而合作学习则强调学生之间的互动和合作，通过小组讨论、共同解决问题，可以促进学生之间的交流和合作，培养他们的团队精神和合作意识。在数学课堂中，班主任可以灵活运用个体学习和合作学习的方式，根据教学内容和学生实际情况组织安排，以达到最佳的教学效果。

（二）　个体学习和合作学习的优缺点，以及如何在教学中平衡二者

个体学习和合作学习各有其优缺点，因此在教学中需要巧妙地平衡二者，以充分发挥它们的作用。个体学习能够培养学生的自主学习能力和解决问题的能力，使他们能够按照自己的学习方式和节奏学习，这有利于提高学生的学习效率和深度。然而个体学习可能导致学生缺乏交流和合作的机会，无法借鉴他人的经验和思路，从而限制他们的学习和发展。相反，合作学习可以促进学生之间的交流和合作，培养其团队意识，让学生学会倾听他人的观点并学习他人的优点。然而合作学习也存在着个别学生依赖他人、消极怠工的可能性。为平衡个体学习和合作学习，班主任可以采用多种教学方法和形式。在课堂中，可以设计个人练习和任务，让学生独立思考和解决问题，培养他们的自主学习能力；也可以组织小组讨论、合作项目，让学生在合作中互相学习、交流，促进团队精神和合作意识的培养。班主任还可以根据不同的学习内容和学生的实际情况，灵活调整个体学习和合作学习的比例，以最大限度地满足学生的学习需求和发展。通过平衡个体学习和合作学习，可以有效地提高教学效果，促进学生全面发展。

（三）　不同层次的学生个体学习和合作学习的选择和支持

个体学习和合作学习的选择和支持须因人而异。对于学习能力较强、自主学习能力较强的学生，采用个体学习的方式是合适的。这样的学生通常具备较强的

自我控制和自主学习能力，能够更好地利用资源进行独立思考和深入学习。他们可以在个体学习中更灵活地掌握知识，发挥个人优势，从而更深入地理解数学知识。相反，对于学习能力较弱、合作能力较强的学生，则更适宜采用合作学习的方式。这样的学生可能通过与同伴互动，共同探讨问题，更容易理解和消化知识。在小组合作中，他们可以借助同伴的经验和思路，更快地解决问题，并且在合作中提升自己的学习能力和团队意识。因而班主任应该灵活运用不同的教学方式和组织形式，根据学生的实际情况和需求，合理安排个体学习和合作学习的比例，以确保每个学生都能够得到适当的支持和指导，实现全面发展。

（四）引导学生认识到个体学习和合作学习的相辅相成关系

引导学生认识到个体学习和合作学习相辅相成的至关重要。个体学习注重培养学生的自主学习能力和解决问题的能力，让他们能够独立思考、自主探索。通过个体学习，学生可以深入理解数学概念和方法，培养扎实的基础知识。而合作学习则强调学生之间的交流和合作，通过与同伴互动、共同解决问题，培养团队精神和合作意识。在合作学习中，学生不仅能够借鉴他人的思路和经验，还能够学会倾听和尊重他人的意见，培养良好的沟通能力和团队协作能力。因此，个体学习和合作学习并不是孤立存在的，而是相辅相成的。通过个体学习和合作学习的结合，学生可以更全面地发展自己的学习能力和素质，既能够独立思考解决问题，又能够与他人合作共同进步，为未来的学习和生活奠定良好的基础。

个体学习和合作学习在数学课堂中都发挥着不可或缺的作用，个体学习培养学生的自主学习能力和解决问题的能力，而合作学习则促进学生之间的交流与合作，培养团队意识。在教学中，需要平衡个体学习和合作学习的优缺点，灵活运用不同的教学方式和组织形式，根据学生的实际情况和需求，合理安排个体学习和合作学习的比例。最终，通过个体学习和合作学习的结合，学生能够更全面地发展自己的学习能力和素质，为未来的学习和生活奠定良好的基础。

第二节　组织有效的数学小组活动

一、小组活动的准备与设计

在小学数学教学中，小组活动是一种非常有效的教学方法，它能够激发学生的学习兴趣，促进他们的思维发展和团队合作能力。然而要设计一场成功的小组活动并非易事，需要经过精心的准备和设计。下面将探讨小组活动的准备与设计，包括确定活动的目标和内容，设计具有挑战性和启发性的数学问题或任务，确定活动的时间安排和资源准备，以及设计灵活多样的小组活动形式和内容。

（一）确定小组活动的目标和内容

确定小组活动的目标和内容是设计有效的数学小组活动的关键步骤之一。首先需要明确活动的目标。比如可以设定为帮助学生巩固已学知识并提高解决问题的能力。这个目标旨在促进学生对数学的深入理解和应用能力的提升。接下来确定小组活动的内容是至关重要的，内容应该涵盖数学的各个领域，如代数、几何、概率等。在代数方面，可以设计让学生合作解决代数方程或不等式的问题；在几何方面，可以设计要求学生合作进行几何图形的构建或证明等活动；在概率方面，可以设计小组讨论探究概率事件的发生规律等任务。目标和内容的确定需要与教学大纲和课程要求相一致，确保活动能够达到教学目标并满足课程要求；同时也要考虑学生的兴趣和实际水平，确保活动内容既具有挑战性，又不至于过于困难，能够激发学生的学习兴趣和动力。

（二）设计具有挑战性和启发性的数学问题或任务

设计具有挑战性和启发性的数学问题或任务对促进学生的思维发展和学习动力至关重要。一个例子是设计一个探索性的问题，涉及实际生活中的情境。例如可以提出以下问题：某个园艺社区计划在一个矩形区域内建造一个花园，花园的形状可以是任意多边形。现在需要确定花园的最大面积，以及在给定边界条件下最优的花园形状。这个问题涉及几何和最优化的概念，要求学生综合运用所学知识进行解决。另一个例子是设计一个数学竞赛题目，要求学生在小组中合作解决。例如可以提出以下题目：有一个包含 1 到 100 的整数的列表，每个数出现两次，只有一个数例外，它只出现一次。现在的任务是找出这个单独出现的数。这个问题需要学生运用数学逻辑和推理，根据数学性质快速找到答案。面对这样的数学问题或任务，学生需要动脑思考并合作解决问题。这不仅能够激发他们对数学的兴趣，还能够培养他们解决问题的能力和团队合作精神。

（三） 确定小组活动的时间安排和资源准备

确定小组活动的时间安排和资源准备是确保活动顺利进行的重要步骤。首先需要考虑活动的时间长度。一般来说，小组活动的时间应该足够让学生展开讨论、解决问题，同时不至于太长以致学生疲劳或影响其他教学内容。根据活动的复杂程度和学生的年龄段，可以将活动时间定为 30 分钟到 1 小时不等，再加上适当的休息时间。班主任需要准备好所需的教学资源，这包括教学材料和实验器材等。例如在设计一个数学问题探究任务时，可能需要准备纸张、笔、计算器等基本的写作和计算工具；如果涉及实验或观察，还可能需要准备实验器材或模型。班主任要确保所有资源都事先准备充分，并检查它们的可用性和完整性，以免在活动进行过程中出现意外情况。在资源准备方面还应考虑到学生可能需要的支持材料或参考资料，这些可以是书籍、文章、网站链接等，以帮助他们更好地理解问题或寻找解决方案。班主任还要确保这些资源易于获取，并提前分享给学生，以便他们在活动期间参考和使用。

（四） 设计灵活多样的小组活动形式和内容

设计灵活多样的小组活动形式和内容是充分满足学生的多样性和个性化需求，激发他们的学习兴趣和积极性。班主任可以采用不同形式的小组活动，如小组讨论、合作探究和角色扮演等。例如：通过小组讨论，学生可以分享彼此的观点和思路，从而促进思维碰撞和知识交流；通过合作探究，学生可以共同解决问题，培养团队合作和沟通能力；通过角色扮演，学生可以身临其境地体验数学问题的背景和情境，增强对数学概念的理解和应用能力。班主任也可以设计多样化的内容，如数学游戏、数学竞赛和数学建模等。例如：组织数学游戏活动，可以使学生在轻松愉快的氛围中学习，增强其对数学知识的记忆和理解；举办数学竞赛，可以激发学生的竞争意识和求胜欲望，提高其解决问题的速度和准确度；进行数学建模活动，可以培养学生的实际问题解决能力和创新思维，使他们学以致用，将所学数学知识应用于实际生活中。

在设计小组活动时首先要明确活动的目标和内容，确保它们与教学大纲和课程要求相一致，同时考虑到学生的兴趣和实际水平；要设计具有挑战性和启发性的数学问题或任务，激发学生的思维，促进他们的学习动力。接着要合理安排活动的时间，并充分准备所需的教学资源，确保活动顺利进行；要设计灵活多样的小组活动形式和内容，满足不同学生的需求，激发他们的学习兴趣和积极性。通过这些准备与设计，可以有效地促进学生的数学学习，提高他们的学习效果和成就感。

二、小组活动中的角色分配与任务

在小组活动中，角色分配与任务明确是确保团队顺利运作和目标实现的关键。通过合理的角色分配和任务分工，每个成员能够充分发挥自己的优势，促进团队协作，实现活动的预期目标。下面将探讨确定小组成员角色与任务分配的重要性，以及如何有效地进行角色轮换，以促进学生的全面发展和团队合作精神。

（一）确定小组成员的角色和任务分配

在确定小组成员的角色和任务分配时，需要考虑每个成员的个人特长、技能和兴趣，以及活动的性质和目标。典型的角色包括组长、记录员、时间管理师、讨论引导员等。组长负责协调小组活动、分配任务和监督进度；记录员负责记录讨论内容、整理成果和准备汇报材料；时间管理师负责控制讨论时间、提醒成员时限；讨论引导员负责引导讨论、激发思维和解决冲突。根据成员的实际情况和活动的需要，可以调整或增加角色，以确保活动顺利进行，每个成员都能够充分发挥自己的作用。例如如果活动涉及实地调研，可以设立一个调研组成员角色，负责组织实地调研和收集资料。合理的角色和任务分配，可以提高小组成员的积极性和参与度，促进团队合作，从而达到活动的预期目标。

（二） 为每个角色明确任务和责任

在小组活动中每个角色都承担着特定的任务和责任，以确保活动的有序进行和任务的完成。组长角色负责组织和协调小组成员的工作。这包括制订活动计划、分配任务、监督进度，并在必要时调整方向，确保整个活动按时高效地进行。记录员角色承担着记录讨论内容和整理成果的责任。记录员需要准确记录讨论过程中的重要观点、思考和结论，以便后续的回顾和总结，为团队提供参考和支持。时间管理师角色负责控制讨论和活动的时间。时间管理师需要时刻关注活动进度，合理安排时间，确保活动在规定的时间内完成，并提醒成员注意时间分配，以充分利用宝贵的学习时间。明确每个角色的任务和责任，可以有效地分工合作，提高活动的效率和成果，使每个成员都能够充分发挥自己的作用，达到活动的预期目标。

（三） 鼓励学生根据自身兴趣和能力选择适合自己的角色

鼓励学生根据自身的兴趣和能力选择适合自己的角色是促进小组活动成功的重要策略之一。每个学生都有自己独特的优势和特长，让他们选择适合自己的角色，可以更好地发挥他们的潜力和动力。这种个性化的角色选择不仅可以提高每个成员的参与度和积极性，还能够增强团队的协作效果和凝聚力。例如一个对组织和协调有较强天赋的学生可能会更愿意担任组长角色，因为这符合其领导能力和管理技能；而一个擅长记录和整理信息的学生则可能更适合担任记录员角色，因为这与其技能和兴趣相契合。鼓励学生根据自身特点选择角色，可以使每个成员在小组活动中感受到自信和满足，从而更好地发挥团队的整体潜力，达到活动的预期目标。

（四） 定期轮换角色

定期轮换小组成员的角色是一种促进学生全面发展和团队合作的有效方式。通过轮换角色，每个学生都有机会尝试不同的任务和责任，从而拓展自己的能力和视野。这种经验不仅能够培养学生的多方面技能，还能够提高他们的适应能力和领导力。例如一个之前担任组长角色的学生在轮换到记录员角色时，不仅可以学会更好地倾听和整理信息，还可以从另一个角度了解团队活动的运作机制，并更好地理解团队中其他成员的角色和贡献。定期轮换角色还有助于减轻单一角色的压力，促进团队成员之间的相互理解和支持，增强团队的凝聚力和协作精神。借助这种方式，学生可以更全面地发展自己的能力，并培养出良好的团队合作意识，为未来的学习和工作打下坚实的基础。

小组活动中确定每个成员的角色和任务分配是确保活动顺利进行和目标实现的关键一环，明确每个角色的任务和责任可以使成员有效地分工合作，提高活动的效率和成果。鼓励学生根据自身兴趣和能力选择适合自己的角色，以及定期轮换角色，能够促进学生全面发展和树立团队合作精神，为他们未来的学习和工作打下坚实的基础。

三、数学小组活动的实践路径

数学小组活动在小学教育中扮演着重要的角色。它不仅是学生学习数学知识的方式之一，更是培养学生团队合作意识和沟通技巧的重要途径。为有效实施数学小组活动，班主任需要一条明晰的实践路径，从引导学生认识活动的目的和意义开始，到指导他们学会有效的沟通和协作技巧，提供适当的指导和支持，最后鼓励学生展示个人才华和贡献，构建起一套完整的教学体系。

（一）引导学生了解小组活动的目的和意义

在小学数学小组活动中，引导学生了解活动的目的和意义至关重要。班主任可以说明小组活动的目的是通过合作学习和共同探讨，加强学生对数学知识的理解和应用能力，提高其解决问题的能力。班主任可以强调小组活动的意义在于培养学生的团队合作意识和沟通技巧，促进彼此之间的交流与合作，从而提升整体学习效果。举例来说，可以介绍一个数学小组活动的案例，如解决复杂的数学问题或者设计数学游戏，让学生明白通过团队合作可以获得比单独学习更加深入的理解和更有成就感的学习体验。

（二）指导学生学会有效的沟通和协作技巧

在小学数学小组活动中，指导学生学会有效的沟通和协作技巧至关重要。班主任应该教导学生如何倾听他人的观点，并表达自己的想法。鼓励学生积极参与讨论，学会倾听并尊重他人的意见，可以促进良好的信息交流，帮助他们更好地理解数学问题，从而提高他们解决问题的能力。举例来说，班主任可以组织小组讨论，让学生分享自己思考和解决问题的方法，同时鼓励他们从他人的观点中获得启发，形成更全面的理解。班主任也应该指导学生如何有效地分工合作，并合理安排时间。通过让学生明确各自的任务和责任，并设立合理的时间表，可以提高小组活动的效率和成果。举例来说，班主任可以将一个大型数学问题分解成多个小任务，让每位学生负责其中一个部分，并在一定时间内完成。这样不仅可以减轻每个学生的压力，还能够培养他们合作解决问题的能力，提高团队的整体效率。同时在困难或冲突出现时，班主任还应该指导学生学会妥善解决问题。班主任通过教导学生冷静分析问题、寻找解决方案，并与团队成员进行有效沟通，可以帮助他们更好地处理困难和冲突，避免因此影响小组活动的进行。举例来说，班主任可以组织角色扮演演练，让学生在模拟的场景中学会处理冲突的技巧，例如通过倾听对方意见、寻求妥协等方式解决问题。

（三）提供适当的指导和支持

在小学数学小组活动中，提供适当的指导和支持对学生的学习至关重要。首先，应明确任务和目标，为学生提供必要的资源和材料。例如班主任可以在活动开始前清晰地说明任务要求和预期目标，提供相关的学习资料和参考资源，确保学生能够有所准备并明确方向。其次，定期与学生进行交流是必不可少的。通过与学生的定期交流，可以了解他们的学习进展和遇到的困难，及时给予帮助和建议。举例来说，班主任可以设置每周一次的小组会议，让学生汇报进度并提出问题，从而及时了解学生的情况，并为他们解决疑惑和困难。再次，班主任还可以通过一对一的指导或小组讨论的方式，帮助学生克服难题，澄清疑惑，提高学习效果。例如班主任可以在课后留出时间，与学生进行个别辅导，有针对性地解答他们的问题，或者在小组讨论中引导学生共同探讨解决问题的方法。

（四）鼓励学生在小组活动中展示个人才华和贡献

在小学数学小组活动中，激励学生展现个人才华和贡献是培养他们的学习兴趣和积极性的重要方式。给予学生足够的自由度和空间是关键之一。通过让学生根据自身兴趣和特长选择合适的任务和角色，他们将更有动力参与活动并展示自己的才华。例如一个对图形设计有兴趣的学生可以负责美化小组的展示板，而一个善于组织的学生可以担任小组会议的主持人，以此激发他们的主动性和创造力。定期表彰和奖励表现突出的学生也是非常重要的。这可以通过设立各种奖项来实现，比如"最佳团队合作奖""最有创意奖"等。每次活动结束时，评选出表现突出的学生并给予奖励和认可，这不仅能够激励他们继续努力，也能够给其他学生树立榜样，促进整个小组的发展。

班主任通过引导学生了解小组活动的目的和意义，指导他们学会有效的沟通和协作技巧，提供适当的指导和支持，以及鼓励学生展示个人才华和贡献，能够有效促进学生的全面发展。数学小组活动不仅是数学知识学习的一种方式，更是培养学生团队合作精神和创造力的重要途径，有助于提高学生的学习兴趣和积极性，为他们的未来学习和生活打下坚实的基础。

四、解决小组活动中的常见问题

小组活动在学生学习中扮演着重要的角色，然而常常会面临学生缺乏合作意识、沟通不畅及任务分配不均等问题。这些问题不仅影响活动的效率，也妨碍学生的学习成果，甚至引发学生间的冲突。因此，针对这些常见问题，制订有效的解决方案尤为重要，以促进学生之间的合作、沟通和公平分工，提高小组活动的质量和效果。

（一）分析小组活动中的问题

小组活动中学生缺乏合作意识、沟通不畅及任务分配不均等是常见问题，这些问题不仅影响活动的效率，还可能降低学习成果，甚至导致学生间的冲突。例如一些学生可能更倾向于独立完成任务，而忽略了与团队成员的合作，导致团队协作性降低；沟通不畅也是一个挑战，学生可能无法有效表达自己的观点和想法，阻碍团队达成一致；任务分配不均可能会导致一些学生负担过重，而其他学生则缺乏参与感，从而影响整体的团队氛围和效率。为解决这些问题，班主任需要采取有针对性的措施，以促进学生之间的合作、沟通和公平分工，从而提高小组活动的质量和效果。

（二）提供应对策略和解决方案

针对小组活动中问题可以采取一系列应对策略和解决方案。首先，班主任可以开展团队合作训练和沟通技巧培训，帮助学生建立良好的合作意识和沟通能力。例如组织团队建设活动，让学生通过游戏和互动练习，体验到合作的重要性，并学会有效地与他人沟通。其次，班主任可以采取灵活的任务分配方式，根据学生的特长和兴趣进行合理的分工，确保每个人都能够发挥所长，同时避免负担过重的情况发生。再次，建立良好的团队氛围也是至关重要的。班主任可以通过表扬和奖励优秀表现的学生，以及组织团队活动增强学生之间的凝聚力和团队精神。

（三）鼓励学生培养自我管理和解决问题的能力

鼓励学生培养自我管理和解决问题的能力至关重要，通过这样的培养能够使他们更独立、更成熟地应对困难和挑战。班主任可以引导学生反思在小组活动中遇到的问题，并思考自己的行为和态度如何影响解决问题的过程。例如一个学生可能会反思自己是否主动地与团队成员沟通，是否及时寻求帮助，以及是否愿意接受他人的意见和建议。班主任也可以鼓励学生主动与班主任和同学交流，共同探讨解决问题的方法，或者在团队合作中发挥自己的特长，为团队的解决方案提供新的思路和想法。通过这样的实践，学生将逐渐培养起解决问题的能力和团队合作精神，为他们未来的学习和生活打下坚实的基础。

（四）加强与学生和家长的沟通和反馈

加强与学生和家长的沟通和反馈对解决小组活动中的问题至关重要。首先，班主任与学生的及时交流可以帮助其了解学生在活动中的学习情况和遇到的困难，从而及时给予指导和支持。班主任可以通过定期组织小组讨论、个别辅导或简短的问卷调查等方式进行交流。例如可以定期举行小组活动总结会，让学生分享他们的学习体会和困难，以便及时调整活动方案和提供帮助。其次，与家长的密切联系也是非常重要的。家长是学生学习的重要支持者和监督者，他们可以提供宝贵的信息，帮助班主任了解学生。班主任通过与家长定期交流，分享学生在小组活动中的表现和进步，可以增强家长的参与感和责任感，同时也可以征求家长的意见和建议，共同促进学生的发展和成长。例如可以通过班级群或家长会等方式与家长进行沟通，及时了解他们对学生学习情况的看法和建议，从而更好地指导学生的学习和发展。

班主任解决小组活动中的常见问题需要采取多方面的策略和措施。首先，通过团队合作训练和沟通技巧培训，帮助学生建立良好的合作意识和沟通能力；其次，采取灵活的任务分配方式，确保公平分工，避免负担不均；再次，鼓励学生培养自我管理和解决问题的能力，通过反思和交流，提升学生的独立思考和团队合作能力；最后，加强与学生和家长的沟通和反馈，及时了解学生的学习情况和困难，共同促进学生的发展和成长。这些措施的实施，将有助于解决小组活动中的常见问题，提升活动的效果和学生的学习体验。

第三节　促进师生互动的教学策略

一、提问与回答的教学策略

在小学教学中提问和回答是班主任引导学生思考、巩固知识的重要手段，因此制定多样化的提问策略、引导学生主动提问及采用适当的回答方式至关重要。班主任结合课堂情境和学生特点，根据不同年级、不同学科的需求，调整提问和回答的策略，能够更好地激发学生的学习兴趣和提升教学效果。

（一）制定多样化的提问策略

在小学课堂教学中制定多样化的提问策略对于激发学生的思维至关重要，这种策略包括开放性问题、封闭性问题和情境问题等。开放性问题通常具有多样的答案和思考角度，能够激发学生的深入思考和自由表达。例如在讨论文学作品时，可以提出开放性问题，如"你认为主人公的行为背后隐藏着什么动机？"这样的问题，引导学生从不同角度思考人物行为背后的动机，从而促进他们对文学作品的理解和感悟。封闭性问题则更多地用于检验学生对特定知识点的掌握情况，这类问题有明确的答案，通常需要学生基于已有知识做出具体的回答。例如"在第二章中，作者使用了哪些修辞手法？"这样的问题旨在考查学生对文学修辞手法的理解程度，有助于班主任评估学生的学习效果，并为后续教学提供指导。除了开放性和封闭性问题外，情境问题也是一种有效的提问策略。这种问题会将学生置于一个具体的情境中，要求他们根据情景进行思考和解答。例如"如果你是故事里的主人公，你会如何应对这个挑战？"这样的问题能够激发学生的想象力和创造力，培养其解决问题的能力和应变能力。

（二）引导学生主动提问

鼓励学生提问是培养其思维能力和学习主动性的关键途径，为此班主任可以采取一系列措施来引导学生主动提问。设立"提问角"是一个有效的方式，鼓励学生在课堂上就所学内容提出问题。班主任通过给予学生提问的机会和空间，会让他们感受到自己的问题同样重要，从而增强其了解问题和主动学习的动力。例如在课堂上，班主任可以设置一个专门的区域，鼓励学生随时提出问题，并及时给予回答和解释。班主任还可以通过激发学生的好奇心和探究欲，引导他们主动思考并提出问题。在课堂授课过程中，班主任可以提出一个引人深思的问题或者给出一个令人疑惑的情景，从而激发学生的兴趣和思考，促使他们提出更多的问题。例如通过展示一个不寻常的实验现象或者给出一个引人入胜的故事情节，引发学生的思考和质疑，从而激发他们提出问题的积极性。

（三）采用适当的回答方式

在课堂中班主任在回答学生问题时，选择适当的回答方式非常关键，这能够有效地促进学生的学习效果和理解深度。根据问题的性质和学生的情况，班主任可以采取以下不同的回答方式。对于简单的问题，班主任可以直接给予答案。这种方式适合于那些只需简单回答即可的问题，能够迅速帮助学生消除疑惑，继续学习。例如当学生询问一个简单的事实性问题时，比如"什么是地球的自转？"班主任可以直接给出答案，以确保学生对基本概念的理解。对于复杂的问题，班主任可以通过提问和引导，让学生自己思考和解决。这种方式不仅能够促进学生的思维深度和批判性思维能力，还能激发他们主动学习和探究的兴趣。例如当学生提出一个需要深入分析或多角度考虑的问题时，班主任可以通过反问和提示，引导学生思考并找到答案，从而提升他们的学习动力和自主学习能力。班主任还可以借助多媒体资源或实例来解答问题，使回答更加生动和具体。使用图片、视频或实际案例，能够帮助学生更直观地理解问题的复杂性和实际应用。例如班主任可以展示一个实验视频来解释科学原理，或者利用真实生活中的故事来说明历史事件的影响，从而使学生对问题的理解更为深刻和全面。

（四）结合课堂情境和学生特点

在制定提问和回答策略时，班主任必须充分考虑课堂情境和学生特点，以实现因材施教的目标。不同年级和学科的学生具有不同的接受能力和学习方式，因此班主任需要根据他们的年龄、认知水平和兴趣爱好进行差异化教学。例如在小学阶段，班主任可以采用更加直观生动的教学方法和简洁明了的语言，以吸引学生的注意力和理解力；而在高中阶段，班主任可以更加深入地探讨学科知识，激发学生的思维深度和批判性思维能力。根据课程内容和教学目标的不同，班主任需要灵活调整提问和回答的方式。例如对于涉及基础概念和知识的课程，班主任可以采用直接回答的方式，以帮助学生理解和掌握基本概念；而对于涉及实践操作或解决问题的课程，班主任则可以通过引导和实例分析的方式，培养学生的解决问题能力和创新思维。班主任还应该根据课堂实际情况和学生的反馈，及时调整和优化提问和回答的策略。例如当班主任发现学生对某一知识点理解困难时，可以通过更多的例子和练习来加深他们的理解；当学生表现出较高的学习兴趣和能力时，班主任可以提出更具挑战性和深度的问题，以激发他们的思维活力和创造力。

小学课堂中，班主任应该灵活运用各种提问策略，包括开放性问题、封闭性问题和情境问题，以激发学生的思维深度和自主学习能力。通过设立"提问角"激发学生好奇心和探究欲，引导他们主动提问。在回答学生问题时，班主任应选择适当的方式，包括直接回答、引导学生自己思考和借助多媒体资源等。最重要的是，班主任要结合课堂情境和学生特点，灵活调整提问和回答策略，以实现因材施教，使教学效果最大化。

二、利用讨论与辩论深化理解

利用讨论与辩论是深化学生理解的有效途径之一。班主任通过设计引人深思的话题或问题，组织小组讨论或全班辩论，引导学生学会倾听和尊重他人意见，并提供合适的引导和总结，能够促进学生思维深度和表达能力的提升，培养他们的批判性思维和解决问题的能力。

（一）设计富有启发性和争议性的话题或问题

设计富有启发性和争议性的话题或问题是促进学生思维深度和主动参与的关键。例如在探讨生态环境保护的话题时，一个引人深思的问题是：在面对生态环境破坏和资源枯竭的挑战时，政府、企业和个人应该承担怎样的责任？这个问题不仅触及政治、经济和道德等多个领域，还牵涉到利益冲突和权力分配等复杂议题。政府是否应该采取更加严格的法律法规来保护环境？企业是否应该牺牲一定的利润来进行环境友好型生产？个人应该如何改变生活方式来降低对环境的负面影响？这些问题不仅考验着学生对各方利益的理解，还挑战着他们对可持续发展和公共责任的认知。通过这样的讨论，学生不仅可以深入了解环境保护的复杂性，还能培养批判性思维和解决问题的能力。

（二）组织小组讨论或全班辩论

组织小组讨论或全班辩论是促进学生思维深度和表达能力的有效方法。通过小组讨论，学生能够在一个小团队中共同探讨问题，充分发挥团队合作的优势。每个小组可以从不同角度出发，对问题进行分析和讨论，从而促进他们的思维深度和逻辑思维能力。小组成员之间可以相互启发，互相交流意见，拓展自己的思路。在全班辩论中，学生可以更直接地展示自己的观点和论据，班主任通过与同学的辩论，锻炼自己的辩论技巧和说服能力。通过组织这样的活动，不仅可以激发学生的学习兴趣，还能够培养他们的团队合作精神和批判性思维能力。

（三）引导学生学会倾听和尊重他人意见

在讨论和辩论中学会倾听和尊重他人意见是培养学生良好沟通能力和团队合

作精神的关键。班主任可以通过设立明确的规则来引导学生，例如规定在讨论时轮流发言，不得打断他人发言，以及在表达自己观点之前要先听取他人意见。这些规则有助于建立积极的讨论氛围，让每个人都有机会表达自己的想法，并且被他人尊重和倾听。举例来说，当学生在辩论环节发言时，可以要求他们先简要总结对方观点，再提出自己的看法，这样能够促使他们更加理性地辩论，同时也能够增进彼此的理解和尊重。通过这样的引导，学生不仅能够养成良好的沟通技巧，还能够培养包容和尊重他人意见的品质，从而促进团队合作和共同成长。

（四）提供合适的引导和总结

在讨论或辩论结束后，班主任的引导和总结是确保学生从活动中获得最大收益的关键环节。班主任可以对每个小组的观点进行概括和总结，以便学生能够清晰地理解各方观点。这种总结有助于学生更好地理解问题的多样性和复杂性，同时也能够促使他们从不同的角度思考问题。班主任应该强调各方观点的合理性和重要性，而不是简单地评判哪个观点是对的或错的。这样的引导有助于培养学生批判性思维和辩证思维，让他们学会在复杂的问题中权衡和取舍。班主任可以鼓励学生就不同观点进行思考和评价，促使他们深入思考问题的本质和解决方案的可行性。例如可以指出政府在制定环保政策时需要兼顾经济发展和环境保护的平衡，企业应该在利润追求和环保责任之间找到平衡点，公众则应该积极参与环保行动，推动社会变革。通过这样的引导和总结，学生不仅能够从讨论中汲取知识和经验，还能够培养批判性思维和解决问题的能力，为未来的学习和生活打下坚实的基础。

在教学中设计启发性和争议性的问题，组织讨论与辩论，引导学生倾听和尊重他人意见，并提供合适的引导和总结，是促进学生思维深度和主动参与的有效手段。通过这些活动，学生不仅能够深入理解复杂的议题，还能够培养团队合作精神和批判性思维能力，为未来的学习和生活奠定坚实的基础。

三、师生互动中的评价与反馈

师生互动在教学中扮演着至关重要的角色，而其中的评价与反馈则是确保这种互动有效性的关键。多样化的评价方式，及时回应学生的提问和回答，提供有针对性的反馈和指导，以及培养学生对自己学习的认知和反馈能力，都是构建积极的师生互动关系的重要组成部分。下面将对这些方面进行总结。

（一）运用多样化的评价方式

在教学中评价方式的多样化对于全面了解学生的学习情况至关重要，除了传统的笔试和口头答问，结合项目评估、小组讨论、作业评定等方式能够更有效地衡量学生的能力水平。举例来说，在探讨生态环境保护的课题时，可以设计一个项目作业，要求学生以小组形式调查当地的环境问题并提出解决方案。这种作业既可以考查学生的研究能力和团队合作能力，也可以激发他们的实践能力和创新思维。通过这样的评价方式，班主任能够更全面地了解学生的学习情况，同时也能够激发他们的学习兴趣和自主学习能力。

（二）及时回应学生的提问和回答

在教学中及时回应学生的提问和回答是确保教学效果的关键一环。班主任应该在课堂上积极鼓励学生提出问题，并且及时给予解答或引导。这种互动不仅能够帮助学生解决疑惑，还能够促进他们的思维深度和学习兴趣。即便班主任无法立即回答某个问题，也应该表示对问题的重视，并承诺在稍后给予答复。这样的承诺有助于维护学生的学习积极性和自信心，同时也体现出班主任对于学生学习需求的重视。通过及时回应学生的提问和回答，班主任能够建立起良好的师生互动关系，增强教学效果，提升学生的学习体验。

（三）提供有针对性的反馈和指导

学生完成作业或参与讨论后，班主任提供有针对性的反馈和指导至关重要。通过具体的反馈，学生可以更清晰地认识到自己的不足之处，并且了解如何改进学习方法。例如对于一篇关于环境保护的论文，班主任可以指出其中存在的逻辑不清、论据不足等问题，并提供具体的修改建议，如加强论述的逻辑关系，提供更充分的数据支持等。这样的反馈不仅有助于学生提高学习水平，还能够增强他们的学习动力和自我管理能力。学生在接受反馈的过程中，能够更加深入地理解自己的学习需求，培养批判性思维和自我反思能力。有针对性的指导也能够增强学生对教学内容的理解和应用能力，促进他们在学习中持续进步。因此，提供有针对性的反馈和指导是教学中不可或缺的一环，能够有效地促进学生的学习发展。

（四）培养学生对自己学习的认知和反馈能力

班主任在教学中应该着重培养学生对自己学习的认知和反馈能力，让他们学会自我评价和自我调整。这种能力的培养不仅有助于学生更好地认识自己的学习情况，还能够提高他们的学习效率和学习动力。一种有效的方法是要求学生定期进行学习日志的撰写。在学习日志中，学生可以记录自己的学习进展、困惑和反思。通过写作，学生可以更加深入地思考自己的学习过程，发现问题并提出解决方法。班主任可以定期检查学生的学习日志，给予反馈和建议，引导他们更好地认识自己的学习状态和不足之处。通过这样的实践，学生能够逐渐培养起对自己学习的认知和反馈能力。他们能够更清晰地认识到自己的学习需求，从而有针对性地改进学习策略和方法。这种能力的培养不仅有助于学生提高学习效率，还能够增强他们的学习动力和自我管理能力。

在教学过程中，多样化的评价方式为班主任提供了更全面了解学生学习情况的途径，而及时回应学生的提问和回答则促进了教学效果的提升。班主任提供有针对性的反馈和指导可以帮助学生更好地认识自己的学习不足，提高学习动力和自我管理能力。培养学生对自己学习的认知和反馈能力，则是班主任应该关注和促进的重要方面。通过学习日志等方式，学生可以更深入地思考自己的学习过程，从而持续改进学习策略和方法。师生互动中的评价与反馈在促进教学效果和学生发展方面具有重要作用，应该得到教学实践的重视和支持。

四、师生互动与学生参与度的提升

师生互动和学生参与度的提升一直是备受关注的话题。班主任通过设计具有挑战性和启发性的教学任务和活动，营造积极开放的课堂氛围，关注学生的情感需求和个体差异，以及鼓励学生参与课外拓展和实践活动，可以有效地促进学生的参与度和学习动力。下面将探讨这些方法如何帮助班主任提升师生互动，激发学生的学习热情，从而达到更好的教学效果。

（一） 设计具有挑战性和启发性的教学任务和活动

设计具有挑战性和启发性的教学任务和活动对于提升学生的参与度至关重要。一种有效的方法是在学科讨论中引入开放性问题，要求学生结合所学知识提出解决方案，并进行深入的讨论和展示。例如在数学课上，班主任可以提出一个实际问题，让学生分组探讨并提出解决方案，如设计一个城市交通规划，最大限度提高交通效率。这种任务不仅要求学生灵活运用所学知识，还需要他们展示创造性思维和团队合作能力。通过执行这样有挑战性的任务，学生将被激发出发现问题、分析问题、解决问题的能力，从而积极参与到教学活动中来。这种启发性的任务不仅能够增加学生的学习兴趣，还能够培养其独立思考和创新能力，从而提升整体学习效果。

（二） 营造积极、开放的课堂氛围

营造积极、开放的课堂氛围对学生参与度的提升至关重要。班主任可以采取一系列措施来实现这一目标。鼓励学生积极发表自己的观点和看法，这可以通过设立讨论环节、提问引导等方式来实现。例如在历史课上，班主任可以引导学生讨论某个历史事件的影响，并邀请他们分享自己的看法和观点，从而激发学生的参与热情。尊重不同意见是营造开放氛围的关键。班主任应该鼓励学生表达不同的观点和看法，并且尊重每个学生的意见，不论其与自己的观点是否一致。这种尊重不仅能够增强学生的自信心，还能够促进他们更加积极地参与到课堂讨论中去。接纳各种回答也是营造积极开放氛围的重要策略。班主任在课堂上应该鼓励学生勇于回答问题，无论答案是否正确，都要给予肯定和鼓励。这样可以让学生感受到自己的参与是被欢迎和重视的，从而增强他们的学习动力和积极性。

（三） 关注学生的情感需求和个体差异

关注学生的情感需求和个体差异对提升他们的参与度至关重要。每个学生都有不同的学习动机和情感状态，因此班主任需要采取个性化的教学方法和策略，以更好地满足他们的需求。针对内向的学生，班主任可以采取小组合作的形式，让他们在小组中更容易表达自己的想法。这种小组合作可以减轻内向学生在全班

讨论中的压力，让他们更加愿意参与到学习中来。针对外向的学生，班主任可以给予更多的表扬和鼓励，激发他们的学习热情。这些学生通常喜欢在课堂上展示自己，因此班主任可以通过肯定其表现和提供有挑战性的任务来激发他们的学习积极性。还有一些学生可能有特殊的情感需求，比如对于某些话题有情感上的抵触或者有特殊关注。班主任需要在教学中细心观察学生的反应，及时调整教学内容和方法，以尊重并满足每个学生的个体差异和情感需求。通过关注学生的情感需求和个体差异，班主任可以更好地激发学生的学习兴趣，提高他们的参与度，从而达到更好的教学效果。

（四）鼓励学生参与课外拓展和实践活动

鼓励学生参与课外拓展和实践活动是提升他们参与度和学习动力的有效途径。通过参与这些活动，学生不仅能够将课堂所学知识应用到实践中，还能够培养实践能力和团队合作精神。班主任可以积极组织学生参加各种学术竞赛、科技创新项目、社会实践等活动，以丰富学生的学习经历和拓展他们的视野。例如组织学生参加环境保护志愿者活动，让他们亲身体验环境保护的重要性，了解环境问题的现状和解决方法。通过参与这样的实践活动，学生不仅能够增强对环境保护的认识，还能够培养自己的社会责任感和团队合作能力。学生还可以通过参与科技创新项目，发挥自己的创造力和想象力，解决现实生活中的问题，从而提高对所学知识的理解和应用能力。班主任通过鼓励学生参与课外拓展和实践活动，可以激发学生的学习热情，提高他们的参与度，从而推动他们的全面发展和成长。

在提升师生互动和学生参与度方面，设计有挑战性和启发性的教学任务和活动至关重要。这些任务不仅要求学生灵活运用所学知识，还需要他们展示创造性思维和团队合作能力。营造积极开放的课堂氛围和关注学生的情感需求和个体差异也是重要的策略。班主任应该鼓励学生积极发表观点，尊重不同意见，并接纳各种回答，以增强学生的学习动力和积极性。班主任鼓励学生参与课外拓展和实践活动，可以帮助他们将所学知识应用到实践中，培养他们的实践能力和团队合作精神，从而推动他们的全面发展和成长。

第四节　合作学习中的评价与激励

一、合作学习的评价标准

在合作学习中，评价标准的制定和应用对确保学习有效性和学生发展至关重要。下面将探讨制定明确的评价标准，将评价标准与学习目标和任务相对应，考虑学生的多方面表现进行评价，以及引导学生理解和接受评价标准等关键方面。

（一）制定明确的合作学习评价标准

在合作学习中制定明确的评价标准至关重要。这些标准必须清晰地定义期望的表现和成果，为学生提供明确的指导，以确保他们了解如何达到评价标准。例如在一个小组项目中，评价标准可以涵盖多个方面，如小组成员之间的合作程度、任务分工的合理性及最终成果的质量。通过这些标准，学生可以明确了解到其需要在合作学习中达到的目标，从而更有针对性地参与和展开合作活动。明确的评价标准不仅为学生提供了方向，也为班主任提供了有效的评价工具，使评价过程更加客观和公正。

（二）将评价标准与学习目标和任务相对应

将评价标准与学习目标和任务相对应是确保评价准确性和有效性的关键步骤。这意味着评价标准应该与学生所学的知识和技能密切相关，反映出他们在合作学习过程中的实际表现。举例来说，在一个科学实验项目中，评价标准可以包括实验设计的合理性、实验操作的准确性、数据分析的逻辑性等方面。这些评价标准直接对应着项目的学习目标和任务，确保评价的针对性和有效性。通过将评价标准与学习目标和任务相对应，班主任可以更好地评估学生的学习成果，指导他们在合作学习中的发展，并为他们提供有效的反馈和指导。

（三）考虑学生的多方面进行评价

在评价合作学习时综合考虑学生的多方面表现至关重要，而不仅仅局限于最终成果的质量。除了项目成果外，还应该评价学生在合作过程中展现出的合作能力、沟通能力、解决问题能力等方面。例如在一个小组讨论活动中，评价可以包括小组成员之间的交流是否有效，是否能够共同解决问题，以及是否能够充分发挥各自的优势等方面。这样的综合评价能够更全面地反映学生在合作学习中的表现，并促进其全面发展。通过考虑学生的多方面表现进行评价，班主任可以更好地了解学生的优势和不足，为他们提供有针对性的指导和支持，帮助他们在合作学习中取得更好的成效。

（四）引导学生理解和接受评价标准

班主任在合作学习中扮演着引导学生理解和接受评价标准的关键角色。为了让学生明白评价的重要性和意义，班主任可以通过与他们讨论评价标准的制定过程来引导。这意味着让学生参与评价标准的制定，让他们意识到这些标准是如何根据学习目标和任务而制定的。通过这种方式，学生会更容易地认同和接受评价标准，因为他们参与了制定过程，了解到这些标准是为帮助他们实现学习目标而设定的。班主任还应提供具体的反馈和建议，帮助学生了解自己的优势和不足。通过向学生提供有针对性的反馈，班主任可以帮助他们更清楚地认识到自己在合作学习中的表现，并提供指导以帮助他们改进和提高。例如在合作学习项目结束后，班主任可以与学生一起回顾评价标准，讨论每个标准的意义和作用，以及如何通过改进来提高自己的表现。这种及时的反馈和建议可以激励学生继续努力，不断提升自己的能力和表现水平。通过这些方法，班主任可以有效地引导学生理解和接受评价标准，促进他们在合作学习中取得更好的成绩。

评价标准的制定应当明确具体，与学习目标和任务相对应，综合考虑学生的多方面表现，并通过引导学生参与制定和提供及时反馈等方式，促进学生对评价标准的理解和接受。这些措施有助于确保评价的准确性和有效性，为学生提供明确的指导和支持，促进其在合作学习中全面发展和提高。

二、激励策略在合作学习中的应用

在当今教育环境中，合作学习已经成为培养学生团队合作能力和提高学习效果的重要方式之一。而有效的激励策略在合作学习中起着至关重要的作用，它们不仅能够激发学生的学习动力和参与度，还能够增强学生的团队合作意识和积极性。下面将探讨在合作学习中设计多样化的激励策略，结合不同学习阶段和任务进行激励，引导学生树立积极的学习态度，以及鼓励学生通过合作学习获得成就感和自信心等方面的重要性与应用。

（一）设计多样化的激励策略

在合作学习中激励策略的多样化设计对激发学生的学习动力和参与度至关重要，这些策略包括表扬、奖励及游戏化元素的运用。定期表扬在合作学习中表现出色的学生是一种有效的激励方式。通过公开表扬或奖励，可以让学生感受到自己的努力和贡献得到认可，进而激发他们继续努力的动力。例如班主任可以在班级或小组中表彰在合作学习中表现突出的学生，或者为他们提供一些小礼品或特殊待遇，以鼓励他们持续参与合作学习。引入游戏化元素也是激励学生参与合作学习的有效方法。通过设置学习任务的竞赛，制定学习任务的游戏规则等方式，可以增加学生的参与度和兴趣，使他们更加积极地投入到合作学习中。例如可以设计一些团队比赛或挑战，让学生在竞争中相互促进、共同进步。总的来说，多样化的激励策略不仅可以激发学生的学习动力和参与度，还可以增强学生的团队合作意识和积极性，从而提升合作学习的效果和成效。

（二）结合合作学习的阶段和任务

在合作学习中激励策略的设计应该结合学习的不同阶段和任务特点进行精心安排。任务开始阶段是团队凝聚力形成的重要时期，班主任可以采用团队目标设定和奖励机制来激发团队合作的积极性。例如班主任可以与学生共同制定明确的团队目标，并承诺一定的奖励或特权作为实现目标的回报，从而激励学生积极投入到合作学习中。在任务执行阶段，班主任可以通过设立里程碑奖励或小组竞赛等方式来增加学生的动力和参与度。例如可以设立一系列任务完成的里程碑，并为每个里程碑设立相应的奖励或临时激励措施，以鼓励学生在任务执行过程中保持积极的态度和高效的行动。在任务完成阶段，班主任应该通过展示成果、分享经验等方式来增强学生的成就感和自信心，进而激励他们在未来的合作学习中持续努力。例如可以组织学生展示他们的项目成果，并鼓励他们分享合作过程中的收获和心得体会，以增强学生的自信心和团队荣誉感，激励他们在未来的学习中保持积极向上的态度。结合合作学习的不同阶段和任务，设计相应的激励策略可以有效提升学生的合作动力和学习效果。

（三）引导学生树立积极的学习态度

班主任在引导学生树立积极的学习态度方面扮演着至关重要的角色。班主任可以通过赞赏学生的努力和进步来树立积极的学习氛围，无论是小进步还是大成就，都应该得到及时的认可和肯定。例如当学生在合作学习中展现出刻苦努力、积极参与时，班主任可以给予鼓励和表扬，让他们感受到自己的付出得到认可，从而激发他们持续努力的动力。班主任应该鼓励学生面对挑战并从中学习成长，挑战并不可怕，它是成长的机会和动力。班主任可以通过分享自己或他人的挑战经历和应对方法，鼓励学生勇于尝试、敢于挑战，培养他们的勇气和坚忍精神。例如当学生面对困难时，班主任可以引导他们正视问题、寻找解决方案，从而培养他们的问题解决能力和自信心。班主任还应该通过言传身教和榜样示范来培养学生的团队合作意识和责任感，比如以身作则，积极参与合作学习，展现出合作与分享的精神。班主任还可以引导学生理解团队合作的重要性，并分配适当的合作角色，促使每个学生都能充分发挥自己的优势，共同完成任务。例如班主任可以组织团队活动，让学生共同协作解决问题，从而培养他们的团队合作能力和责任感。

（四）鼓励学生通过合作学习获得成就感和自信心

班主任在鼓励学生通过合作学习获得成就感和自信心方面扮演着重要的角色。班主任应该及时而充分地肯定学生在团队合作中所发挥的作用和取得的成绩。当一个小组成功完成一项任务时，班主任可以通过公开表扬或特殊奖励的方式，让学生感受到他们的努力和贡献得到认可，从而增强他们的成就感和自信心。班主任可以通过展示学生在学习过程中取得的进步和成果来进一步激励他们。例如可以组织学生展示他们完成的作品或者解决问题的方法，让他们有机会向同学们展示自己的能力和成就。这不仅可以增强学生的自信心，还可以激发他们在未来学习中持续努力的动力。班主任还可以通过让学生分享成功经验和感受来鼓励他们。当一个小组取得成功时，班主任可以邀请他们分享合作过程中的经验和心得，让其他学生从中受益，并鼓励他们相信自己也能取得同样的成就。这样的实例不仅可以激励学生，还可以营造积极向上的学习氛围，促进学生之间的相互学习和交流。

合作学习中的激励策略不仅是简单的奖励与表扬，更是一种精心设计的、多层次的教学手段。通过合理运用激励策略，班主任可以有效地激发学生的学习动力，提升合作学习的效果和成效。引导学生树立积极的学习态度和鼓励他们通过合作学习获得成就感与自信心，也是培养学生终身学习能力和团队合作精神的重要途径。因此，在实践中，班主任应该灵活运用各种激励策略，结合学生的实际情况和学习目标，促进他们在合作学习中取得更好的成绩和发展。

三、合作学习中的学生自评与互评

学生的自我评价与互相评价扮演着至关重要的角色。培养学生良好的自我评价能力不仅有助于他们更好地理解自己的学习情况，还能促进其自主学习和持续提高。组织学生进行互相评价则可以促进合作学习的效果，帮助学生更好地理解团队合作的重要性，并从他人的反馈中获得成长与提高。为确保这一评价过程的有效性，班主任需要设计合适的评价工具与流程，并引导学生充分利用评价结果，不断改进与提升。

（一）培养学生自我评价的能力

学生自我评价的能力对促进其自主学习和提高学习效果至关重要。班主任可以通过多种方式培养学生的自我评价能力。班主任可以引导学生反思自己的学习过程和成果，帮助他们认识到自己的优势和不足。例如在合作项目结束后，班主任要求学生撰写一份个人学习日志，记录自己在项目中的表现、取得的成绩及遇到的困难，并对自己的表现进行评价和总结。班主任可以通过培养学生的自我监控能力来促进其自我评价能力的提升。例如在学习任务进行中，班主任可以要求学生制订学习计划和目标，并定期对照计划和目标进行自我检查，及时调整学习策略和方法。这样的实践可以让学生更加敏锐地发现自己的学习问题，并主动寻找解决办法，提高自我评价的准确性和深度。

（二）组织学生进行互相评价

学生之间的互相评价是促进合作学习效果的关键环节之一。在一个小组合作的项目中，例如一个科学研究项目或者一个创意设计任务，学生不仅要独立工作，还需要协作完成共同的目标。在这样的环境下，班主任可以设置一系列的互评机制，以促进学生之间的沟通和提高。班主任可以制定明确的评价标准，包括但不限于工作贡献、团队合作能力、沟通表达能力等。这些标准既可以是定性的描述，也可以是定量的指标，能够帮助学生更加客观地评价彼此的表现。比如一个评价标准可以是"对团队目标的贡献"，评价者可以根据成员在项目中对其所承担的任务、完成的质量和对整个团队进展的推动程度来进行评价。班主任可以借助技术手段，如在线评价工具或平台，来简化和规范评价流程。这样一来，评价过程不仅更加高效，还能够生成可视化的数据和反馈，方便学生们更好地理解自己的优势和不足。比如学生可以在评价工具中为每个组员打分或者选择评价的等级，并在填写评价时附上具体的案例或描述，以支持评价结果的客观性和可信度。

班主任在组织学生进行互相评价时，应该注重评价结果的及时反馈和有效利用。及时的反馈可以帮助学生在合作过程中及早发现问题并进行调整，避免问题进一步扩大导致影响整个项目的进度。班主任还可以引导学生从评价结果中提炼出改进的建议或者行动计划，促使他们在未来的合作中更加成熟和高效地发挥自己的作用。

（三）设计有效的评价工具和流程

为确保学生的自评与互评能够达到预期的效果，班主任需要设计有效的评价工具和流程。评价工具应该清晰明了、具有可操作性，能够帮助学生全面、客观地评价自己和他人的表现。例如可以设计一份评价表格，列出学习项目或任务中需要评价的各个方面，并提供相应的评分标准和描述，让学生根据实际表现进行评价。评价流程应该合理有序，确保评价活动的顺利进行。例如在进行互相评价时，可以先向学生说明评价的目的和原则，再让学生进行评价并收集评价结果，然后组织学生进行反思和讨论，最后总结评价结果并提出改进措施。

（四） 引导学生从自评与互评中发现自身不足和改进空间

学生进行自评与互评不仅是为检验自己的学习水平，更重要的是要引导他们从评价中发现自身的不足和改进空间，进而实现学习效果的持续提高。班主任可以通过指导学生分析评价结果，并提出改进建议来达到这一目的。例如当学生发现自己在某个方面的表现不佳时，班主任可以引导他们分析问题的原因，并提出具体的改进措施，例如制订有针对性的学习计划、加强相关知识的学习、改进学习方法等。班主任还可以通过激励和鼓励来促使学生积极面对评价结果，并勇于改进。例如可以对学生提出的优秀改进建议给予奖励或公开表扬，以激励他们进一步提升自己的学习水平。

学生自评与互评是合作学习中不可或缺的环节，其重要性体现在促进学生自主学习、提高学习效果及培养团队合作能力等方面。通过班主任的引导与组织，学生可以逐步培养起良好的自我评价能力，并通过互相评价的过程发现自身的不足与改进空间。有效的评价工具与流程能够确保评价活动的顺利进行，而引导学生积极面对评价结果并勇于改进，则是持续提升学习水平的关键。

四、通过评价改进合作学习效果

合作学习是一种重要的教学方法，其成功与否往往取决于评价和反馈机制的有效性。评价结果不仅对学生个人的成长具有指导意义，同时也对整个团队的合作效果起到推动作用。通过结合评价结果，提供有针对性的反馈和指导，建立持续改进的机制，培养学生反思和自我调整的能力，可以有效提升合作学习的效果和学生的综合能力。

（一） 结合合作学习的评价结果

在合作学习中评价结果扮演着至关重要的角色。这些结果不仅能为学生提供了解自身表现和团队合作效果的重要依据，也能为班主任提供有效指导学生、促进其成长的途径。举例来说，在一个小组科学研究项目中，班主任可以通过收集和分析互评结果来呈现每位学生在研究设想、实验设计及数据分析方面的具体贡献。通过这样的评价，班主任可以清晰地了解到哪些学生在项目中的表现较为突出，哪些方面需要进一步加强。比如某位学生可能在实验设计方面作出了重要的贡献，但在团队协作和沟通方面有所欠缺。通过综合评价结果，班主任可以有针对性地提供指导，帮助学生更好地理解自己在团队中的角色和影响，并鼓励他们在团队合作和沟通能力上加以改进。这种结合评价结果的方式不仅有助于学生个人的成长，也有利于整个团队的协作效果的提升。

（二）提供有针对性的反馈和指导

有针对性的反馈和指导对学生的进步至关重要。班主任可以通过分析评价结果，为学生提供个性化的建议，帮助他们改进表现并发展潜力。例如假设一个学生在团队合作中的评价反馈显示其沟通能力较弱，班主任可以推荐该学生参加一些专门针对沟通技能提升的训练课程或工作坊，这些课程通常包括口头表达、书面沟通、非语言沟通等方面的训练，可以帮助学生提高沟通效果和效率。班主任可以与该学生进行一对一的交谈，针对其具体的沟通难点和问题提供个性化的指导和建议。这种个性化的指导可以更加有针对性地帮助学生理解自己的不足之处，并提供相应的改进方向。在下一个项目或活动中，班主任可以有意识地增加更多的团队合作机会，让学生有更多的实践机会来锻炼和提升他们的团队合作能力。通过参与更多的团队活动，学生可以逐渐改善他们的沟通技能，并学会更好地与他人合作。

（三）建立持续改进的机制

为确保合作学习的持续改进，班主任需要建立有效的反馈和改进机制。这一机制可以包括定期的评价会议、中期检查及项目结束后的总结会议等环节。例如在一个历时一个学期的创意设计项目中，班主任可以安排中期评估，以评估团队的进展并发现问题。在中期评估中，班主任可以与学生一起讨论项目的当前状态，识别出可能存在的困难和挑战，并共同制订解决方案。这种定期的评估和反馈机制有助于及时调整学生的学习策略，解决团队合作中的问题，并提高整个团队的工作效率和合作水平。在项目结束后的总结会议上，班主任可以和学生共同回顾整个项目的经验和教训，总结出成功的做法和需要改进的地方，为未来的合作学习提供宝贵的经验。班主任通过这样持续的反馈和改进机制，可以不断优化合作学习的过程，提升学生的学习体验和学习成效。

（四）培养学生反思和自我调整的能力

培养学生反思和自我调整的能力对合作学习的成功至关重要。学生通过反思可以更好地认识到自身的优势和不足，并在此基础上进行自我调整和提升。举例来说，假设一个学生在互评中收到关于时间管理不足的反馈，该学生首先需要认识到时间管理不足是其存在的一个问题，并意识到这可能影响到自己的学习和工作效率。学生可以进一步分析造成时间管理不足的原因，例如是否存在拖延习惯、任务安排不合理或缺乏计划性等问题。基于对问题的认识和分析，学生可以制订一份有针对性的改进计划，包括设定明确的学习和工作目标，制订合理的时间表和计划，养成良好的时间管理习惯等。学生需要将改进计划付诸实践，并在一定时间后进行自我反馈和评估，看看是否达到了预期的效果，是否需要进一步调整和改进。

评价在合作学习中扮演着关键角色，结合评价结果为学生提供有针对性的反馈和指导，建立持续改进的机制，并培养学生反思和自我调整的能力，是提高合作学习效果的有效途径。这些措施不仅可以促进学生个人的成长，也有助于整个团队的协作水平和学习成果的提升。因此，合作学习中的评价与改进应当被视为一体化的过程，不断迭代和完善，以实现更好的教学效果和学生发展。

第四章　利用技术提升数学教学效果

第一节　现代教学技术在数学课堂中的应用

一、多媒体教学在数学课堂中的作用

在当今的教育环境中，多媒体教学已经成为提高学生学习效果和促进教学创新的重要手段之一。特别是在数学课堂中，利用多媒体元素能够生动展示数学概念和问题，激发学生的学习兴趣和参与度。下面将探讨多媒体教学在小学数学课堂中的作用，从利用多媒体元素生动展示数学概念，提供多样化的教学资源，增强学生对抽象数学概念的理解和想象能力，以及激发学生的学习兴趣和参与度等方面进行阐述。

（一）利用多媒体元素生动展示小学数学概念和问题

在小学数学课堂中利用图像、动画等多媒体元素能够生动地展示数学概念和问题，帮助学生更直观地理解抽象的数学概念。例如在教授几何图形的知识时，通过多媒体投影仪展示不同几何图形的图像，以及它们的特征和属性，可以让学生通过视觉感受图形的形态和特点，加深对几何图形的认识。又如在教授加减乘除的运算规则时，通过动画演示不同数字之间的运算过程，可以让学生更清晰地理解运算的逻辑和步骤，提高他们的学习效率。生动的多媒体展示，可以激发学生的好奇心和求知欲，使他们更主动地参与到课堂学习中来。

（二）提供多样化的教学资源

多媒体教学可以为数学课堂提供丰富多样的教学资源，包括视频、音频、动画、互动游戏等形式。这些资源不仅可以使数学知识更加生动直观地呈现给学生，还可以满足不同学生的学习风格和需求。例如针对视觉型学习者，可以通过

展示精美的数学图像和动画来加深他们对数学概念的理解；对于听觉型学习者，可以提供数学概念的讲解音频，让他们通过听觉方式获取知识。互动游戏和在线练习也是提供多样化教学资源的重要方式，可以增加学生的参与度和学习乐趣，同时帮助他们巩固和应用所学的数学知识。

（三）增强学生对抽象数学概念的理解和想象能力

多媒体教学在数学课堂中扮演着关键角色，特别是在增强学生对抽象数学概念的理解和想象能力方面。通过动画、图像等形象化的展示方式，学生可以直观地观察数学概念的运动、演变过程，从而更容易理解抽象概念。举例来说，当教授向量概念时，通过动画展示向量的运动轨迹，学生可以清晰地看到向量的方向和大小，从而深入理解这一概念。类似地，利用虚拟实验模拟抛物线的轨迹，学生能够直观地观察抛物线的形态和特点，加深对其理解。这种形象化的展示不仅可以帮助学生更好地理解数学概念，还能够激发他们的想象力和创造力，使他们能够将所学的数学知识应用到实际问题中去。因此，多媒体教学在增强学生对抽象数学概念的理解和想象能力方面发挥着重要作用，为数学教育提供了有力支持。

（四）激发学生的学习兴趣和参与度

多媒体教学的生动性和趣味性为激发学生的学习兴趣和参与度提供了有力支持，通过展示有趣的数学视频和动画，班主任能够吸引学生的注意力，让他们在轻松愉快的氛围中投入学习。例如将数学概念融入有趣的故事情节或角色中，或者通过展示数学相关的有趣实例和应用，能够引起学生的兴趣和好奇心，使他们更愿意深入学习。设计富有挑战性和趣味性的数学游戏和互动课堂活动也是激发学生参与度的有效途径。通过这些活动，学生不仅可以在玩乐中学习，还能够体验到数学的乐趣和成就感，从而更加积极地投入到课堂学习中去。通过激发学生的学习兴趣和参与度，班主任可以提高他们的学习效果和成绩，促进他们对数学的深入理解和应用，为其未来学习打下坚实的基础。

多媒体教学在小学数学课堂中发挥着重要作用。通过生动展示数学概念和问题，提供丰富多样的教学资源，增强学生对抽象数学概念的理解和想象能力，以及激发学生的学习兴趣和参与度，多媒体教学为促进学生的数学学习提供了有效的支持和帮助。班主任应善于运用多媒体技术，结合教学实践，创造出更加生动、有趣的数学课堂，为学生打开数学的大门，激发他们对数学的热爱与探索欲望。

二、网络教学资源的整合与利用

随着信息技术的不断发展，网络教学资源的整合与利用已经成为现代教育不可或缺的一部分。特别是在小学数学教学中，班主任可以搜索和整合网络上的丰富资源，利用网络资源进行课前预习、课后复习和拓展学习，以及通过网络平台与学生进行互动和交流，进而提倡学生自主利用网络资源进行学习和探索。下面将探讨如何有效地利用网络教学资源，提高小学数学教学的质量和效果。

（一）搜索和整合网络上的小学数学教学资源

在网络时代，班主任可以利用搜索引擎和教育平台等工具，轻松地获取到丰富多样的小学数学教学资源。通过简单的关键词搜索，班主任可以发现各种形式的资源，如课件、教学视频、练习题等。这些资源囊括广泛的数学主题，从基础概念到复杂问题都有所覆盖。然而班主任需要对这些资源进行筛选和整合，以确保选取的内容符合教学目标和学生的水平。举例来说，当教授小学数学几何概念时，班主任可以搜索到许多与几何图形特征和性质相关的教学视频和图像资料。在挑选资源时，班主任需要考虑资源的准确性、适宜性和教学效果，选取那些能够生动展示几何概念并引发学生兴趣的优质资源。通过搜索和整合网络上的教学资源，班主任能够丰富课堂内容，提高教学效果，帮助学生更好地理解和掌握数学知识。

（二）利用网络资源进行课前预习、课后复习和拓展学习

利用网络资源进行课前预习、课后复习和拓展学习对学生的学习效果至关重要，班主任可以在课前通过网络平台分享相关的课件、视频或在线阅读材料，让学生提前预习即将学习的内容。这种方式不仅能够激发学生的学习兴趣，还能够让他们对新知识有一定的了解，从而更好地跟上课堂进度。而在课后，班主任可

以利用网络资源发布复习资料，如练习题、复习笔记等，让学生巩固所学知识并检验自己的理解程度。这样的复习方式有助于加深学生对知识的记忆和理解，提高学习效率。班主任还可以引导学生利用网络资源进行拓展学习，探索更深层次的数学知识和应用。例如学生可以利用在线数学竞赛平台参加比赛，挑战自我，提高解决问题的能力；或者利用在线学习平台学习与课程相关的拓展内容，如数学史、数学应用等。通过这种方式，学生可以进一步巩固所学知识，并培养批判性思维和创造性解决问题的能力。充分利用网络资源进行课前预习、课后复习和拓展学习，可以有效提高学生的学习效果和学习兴趣，促进他们全面发展。

（三）通过网络平台与学生进行互动和交流

借助网络平台，班主任可以与学生之间建立更为便捷、即时的互动和交流机制。通过在线教育平台或学校的网络系统，班主任可以轻松地发布课程内容、作业任务等信息，使学生随时随地都能获取相关学习资源。学生也可以在这些平台上提交作业、提问问题，与班主任和同学进行交流互动。举例来说，班主任可以在网络平台上设立讨论区或在线直播功能，为学生提供在线答疑的机会。学生可以在这里提出自己的疑问或分享学习心得，而班主任则可以及时地给予解答和指导，帮助他们解决学习中的困惑。这种实时的互动方式不仅能够提高学生学习效率，还能够增强师生之间的交流与互动，促进教学过程的深入。班主任还可以利用网络平台组织各种形式的线上活动，如网络讲座、在线讨论、团队项目等，以丰富课堂教学内容。通过这些活动，学生可以在虚拟的学习环境中与同学进行互动交流，共同探讨问题、分享观点，从而拓展思维，加深对知识的理解。

（四）提倡学生自主利用网络资源

班主任应该积极提倡学生自主利用网络资源进行学习和探索。除了在课堂上引导学生使用网络资源外，班主任还应该向他们推荐一些优质的数学学习网站、教育视频平台等资源，鼓励他们根据自己的学习需求和兴趣选择和利用。这种自主学习的方式能够激发学生的学习兴趣，培养其主动学习的意识和能力。例如班主任可以向学生推荐一些专门针对小学生的数学学习网站，这些网站提供了丰富多样的数学学习资源，包括视频讲解、互动练习、游戏等，能够帮助学生在轻松愉快的氛围中学习数学知识。班主任还可以鼓励学生参加在线数学竞赛或加入数学学习社区，与志同道合的小伙伴一起学习、讨论，拓展自己的数学视野，提升数学素养。通过自主利用网络资源，学生可以更加灵活地组织学习时间和内容，根据自己的学习进度和兴趣进行学习，培养自主学习和自我探索的能力。这也有助于学生发展信息素养和网络素养，提升其在信息时代的综合素质。因此，班主任应该积极引导和鼓励学生利用网络资源自主学习，为其全面发展和未来的学习生涯奠定良好的基础。

网络时代为小学数学教学带来了无限可能，班主任可以搜索整合网络资源丰富课堂内容，利用网络平台进行课前预习、课后复习和拓展学习，促进学生全面发展。通过网络平台与学生互动交流，提升教学效果。最重要的是，班主任应该积极引导学生自主利用网络资源，培养其自主学习和探索能力，为其未来学习生涯奠定坚实基础。

三、教学软件与数学学习工具的介绍

小学数学教学中，教学软件和学习工具的运用起着至关重要的作用。下面将介绍常用的小学数学教学软件，探讨教学软件在数学教学中的具体运用方法，以及引导学生熟练使用教学软件的技巧；此外将推荐一些适合小学生使用的数学学习工具，以丰富他们的学习体验，促进数学学习的全面发展。

（一）介绍常用的小学数学教学软件

小学数学教学软件是现代教学中不可或缺的工具之一，常用的教学软件包括Mathletics、乐学假期、智慧树等。Mathletics是一款专为小学生设计的在线数学学习平台，涵盖了数学的各个领域，如加减法、乘除法、几何图形等，通过丰富的互动练习和游戏，可以帮助学生巩固基础知识，提高数学技能。乐学假期则是一款注重启发性教学的数学学习软件，通过丰富多样的题目和互动课程，激发学生的学习兴趣，培养其数学思维和解决问题的能力。智慧树则是一款集合了数学视频课程、在线测验和作业的综合性学习平台，学生可以通过观看视频课程和参与在线测验，全面提升数学学习效果。

（二）探讨教学软件在小学数学教学中的具体运用方法

教学软件在小学数学教学中的具体应用方法是多方面的。课前预习是提高学生学习兴趣和效果的重要环节。通过布置相关的教学软件任务，例如要求学生在 Mathletics 平台上完成一些数学练习或者观看乐学假期中的相关视频。学生可以在课前自主进行预习和学习，为课堂内容做好准备。课堂互动是教学软件发挥作用的重要阶段。班主任可以利用智慧树等软件展示数学概念、案例或游戏，与学生进行互动式的学习和讨论。通过这种方式，学生不仅可以更加直观地理解数学概念，还能够参与到课堂的互动中，提高课堂的活跃度和学习效果。课后巩固是教学软件应用的又一重要环节。班主任可以根据课堂内容布置相关的练习题和作业，让学生在课后进行巩固和反复练习。例如通过 Mathletics 平台上的订制练习或智慧树上的在线作业，学生可以加深对知识的理解和掌握，提高数学学习效果。教学软件在小学数学教学中的运用方法是多样化的，通过课前预习、课堂互动和课后巩固，可以有效提升学生的学习兴趣和效果。

（三）引导学生熟练使用教学软件

引导学生熟练使用教学软件需要班主任采取一系列有效的方法。首先，班主任应该在课堂上向学生介绍教学软件的基本操作和功能，可以通过演示、示范或者简短的教程视频来帮助他们快速上手，确保学生对软件界面和操作流程有清晰的认识，这是他们熟练使用软件的基础。其次，设计有针对性的任务和练习是提高学生软件运用能力的关键，班主任可以结合课堂教学内容，设计与教学软件相关的任务，例如布置在软件平台上完成的数学练习。这样的任务能够引导学生在使用教学软件的过程中，边学习边探索，提高他们的软件操作技能和学习效果。再次，鼓励学生积极参与到教学软件的互动环节中也是非常重要的。班主任可以组织学生进行小组合作或者竞赛，利用软件中的互动功能进行交流和竞争。这样的互动能够增强学生的学习动力和兴趣，激发他们更多地去探索和使用教学软件。最后，及时跟踪学生的学习情况并给予必要的指导和反馈也是班主任的责任。班主任可以通过观察学生在软件上的表现，收集数据和反馈信息，及时发现学生的问题并给予指导和帮助。及时的正面反馈也能够激励学生，增强他们对使用教学软件的信心和兴趣，进而提高他们的软件运用能力。

（四）推荐小学数学学习工具

在推荐小学数学学习工具方面，班主任可以选择一些有趣、实用的数学学习工具，如数学游戏、拼图玩具、数学工具书等。例如可以推荐数独游戏、九宫格游戏等，这些游戏既可以培养学生的逻辑思维能力，又能够增强他们对数学的兴趣和认知。还可以推荐一些实用的数学工具书，如《小学数学应用技巧指导》《小学数学习题精选》等，这些工具书可以帮助学生更系统地学习和掌握数学知识。这些小学数学学习工具，可以丰富学生的学习方式，提高其学习效果，促进其数学学习的全面发展。

在小学数学教学中，教学软件如 Mathletics、乐学假期、智慧树等发挥着重要作用，通过课前预习、课堂互动和课后巩固，能够提高学生的学习兴趣和效果。引导学生熟练使用教学软件需要班主任采取一系列有效的方法，如介绍基本操作，设计有针对性的任务和练习，以及鼓励学生积极参与互动等。推荐一些小学数学学习工具，如数学游戏、拼图玩具和数学工具书，也能够丰富学生的学习方式，提高他们的学习效果。

四、技术应用的优缺点分析

技术在教育领域的应用已经成为不可或缺的一部分，特别是在数学教学中，其作用越发显著。下面将对技术应用在数学教学中的优点、存在的问题与挑战，以及与传统教学方法的结合进行分析，并提出完善技术应用的建议，以期进一步提升教学效果和学生学习体验。

（一）总结技术应用在数学教学中的优点

技术应用在数学教学中具有诸多优点。首先，技术应用能够增强学生的学习兴趣。通过生动的多媒体展示和互动式学习软件，学生可以更加直观地理解数学概念，从而提高学习积极性。例如使用数学游戏 Mathletics 可以让学生在愉快地体验中学习数学，增加学习的趣味性。其次，技术应用可以提高教学效率。班主任可以利用教学软件预先准备好的教学资源，节省课堂备课时间，并通过在线作业和测验快速评估学生的学习情况，及时调整教学策略。例如智慧树等平台提供了丰富的在线作业和测验，可以帮助班主任更有效地管理和评估学生的学习进度。技术应用在数学教学中能够激发学生的学习兴趣，提高教学效率，是现代数学教育的重要辅助手段。

（二）分析技术应用存在的问题和挑战

技术应用在数学教学中虽然有诸多优点，但也存在一些问题和挑战。首先，部分班主任对技术的应用能力有限，导致教学资源的开发和利用不足。例如一些班主任可能缺乏制作教学视频或设计在线课程的能力，影响技术资源的有效利用。其次，技术设备的更新换代速度较快，教育机构往往难以跟上技术发展的步伐，导致部分学校设备陈旧，影响技术应用的效果。最后，技术应用可能会增加学生的电子设备使用时间，存在一定的信息安全和健康问题。例如长时间盯着电脑屏幕可能会对学生的视力造成影响。因此，教育部门和学校需要加强对技术应用的规范和管理，确保其健康有效地融入数学教学中。

（三）技术应用与传统教学方法的结合

技术应用与传统教学方法的结合是教学的一种新趋势，它充分利用了传统教学方法的人情味和技术应用的生动性。传统教学方法注重师生互动和知识传授，通过班主任的讲解和学生的反馈来促进学习。然而传统方法有时会显得枯燥乏味，难以激发学生的兴趣。而技术应用则提供了丰富的多媒体资源和互动性学习环境，能够更生动地展示抽象的数学概念，增加学习的趣味性和吸引力。例如通过在课堂上展示数学动画或模拟实验，学生可以更直观地理解抽象概念，从而提高学习效果。利用在线讨论和互动课堂，学生可以分享思路、共同探讨问题，促进合作学习和交流，进一步深化对数学知识的理解。通过将传统教学方法与技术应用结合起来，班主任可以灵活地组织课堂教学活动，充分发挥双方的优势。班主任可以根据教学内容和学生特点选择合适的教学方法，有针对性地利用技术资源。这样的结合不仅能够提高教学效果，还能够激发学生的学习兴趣，增强他们的参与度和主动性。因此，技术应用与传统教学方法的结合是教学改革的重要路径之一，有助于推动教育信息化进程，提升教学质量。

（四）提出完善技术应用的建议

为进一步完善技术应用，提升其教育效果，首先，要加强班主任的技术培训。班主任是技术应用的关键执行者，他们需要具备操作教育技术设备和设计有效课程的能力。因此，教育部门和学校可以通过定期的专业培训课程，提升班主任的技术应用能力和教学设计水平，帮助他们更好地整合技术资源到教学中，提升教学质量。其次，要加大对教育技术设备的投入和更新。现代教育需要先进的技术设备支持，包括投影仪、希沃白板、互动屏等。通过更新设备并增加其数量，可以提高教学资源的质量和覆盖范围，为班主任和学生创造更好的学习环境。再次，要建立完善的技术应用管理制度。这包括规范教学资源的开发、使用和评估流程，确保教育技术的有效性和安全性。管理制度应包括对班主任和学生使用技术设备和资源的指导，以及对技术设备进行维护和更新的计划，从而有效地支持教育信息化进程。最后，要加强家校合作。家长在学生的技术使用和信息安全方面发挥着重要作用。教育部门和学校可以通过家长会议、信息发布和家庭教育指导等方式，引导家长正确引导学生使用技术设备，共同关注学生的信息安全和健康问题，确保技术应用对学生的积极影响。

技术应用在数学教学中的优点显而易见，它能够激发学生的学习兴趣，提高教学效率，为教育信息化进程注入活力。然而技术应用也面临诸多问题和挑战，包括班主任的技术应用能力不足、设备更新换代速度快，以及信息安全与健康问题。将技术应用与传统教学方法结合起来，可以充分发挥双方的优势，提升教学质量。因此，加强班主任培训、更新设备、建立管理制度及加强家校合作是提升技术应用效果的关键措施。

第二节　希沃白板在数学课堂中的运用

一、希沃白板的基本功能介绍

希沃白板作为一款教学利器，不仅在硬件设备特点上拥有高清晰度触摸屏、电磁感应笔、多点触控技术和防眩光设计等优势，还在软件功能方面提供丰富多样的教学资源库、课件制作、互动演示、屏幕录制和在线教学等功能。其强大的互动性能为课堂教学带来新的活力，使得教学更加生动活泼，学习更加高效有趣。同时希沃白板还支持多种连接与投影方式，满足不同场景下的教学需求，为教学提供了更多的可能性和便利性。

（一）希沃白板的硬件设备特点

希沃白板的硬件设备特点包括高清晰度触摸屏、电磁感应笔、多点触控技术和防眩光设计。它采用高清晰度触摸屏，能够呈现清晰生动的画面，让教学内容更加生动形象，提升学生的学习体验。它配备的电磁感应笔能够实现精准定位和书写，使教师和学生可以轻松地书写、标注和操作，增强课堂的互动性和效率。希沃白板具备多点触控技术，支持多用户同时操作，促进学生之间的合作与交流，提升课堂的参与度。其防眩光设计能有效减少在强光环境下的反射，保护教师和学生的视力健康，使教学过程更加舒适和可持续。

（二）希沃白板的软件功能概述

希沃白板的软件功能非常丰富，主要包括教学资源库、课件制作、互动演示、屏幕录制和在线教学等多个方面。教学资源库是其重要组成部分，它提供各种教学资源，如教材、课件、动画和视频等，方便教师进行备课和教学。希沃白板具备强大的课件制作功能，教师可以自主设计制作课件，灵活展示教学内容，满足个性化教学需求。互动演示功能支持教师和学生的互动交流，有助于课堂氛围的活跃和学习效果的提升。希沃白板还拥有屏幕录制功能，教师可以录制教学过程，方便进行课后回顾和分享，加强教学效果。希沃白板的在线教学功能支持远程教学和异地互动，拓展教学的空间范围，使教学更加灵活便捷。

（三）希沃白板的互动性能介绍

希沃白板凭借其强大的互动性能，为课堂教学注入了新的活力。多点触控技术的支持使得多个用户可以同时在白板上进行操作，不仅能够促进学生之间的合作与交流，还能够激发出更多的创意和想法。希沃白板具备先进的手势识别功能，能够准确识别教师和学生的手势动作，实现快速切换工具、放大缩小画面等操作，从而提高教学效率，让教学过程更加流畅自然。实时标注功能为教师和学生提供一个实时互动的平台。在课件上进行实时标注和批注，不仅能够增强课堂的互动性和参与度，还能够更加直观地展示教学内容，加深学生对知识点的理解和记忆。

（四）希沃白板的连接与投影方式

希沃白板提供了多种连接与投影方式，以满足不同场景下的教学需求。可以通过有线连接方式将希沃白板与电脑或其他设备连接。这种连接通常通过常见的接口如 HDMI、VGA 等进行，具有简单稳定的特点，适用于固定的教室环境，确保连接的可靠性和稳定性。希沃白板还支持无线连接方式，可以通过 WiFi 或蓝牙等无线传输技术实现连接。无线连接具有灵活便捷的优势，适用于移动教学和多设备连接的场景，让教学更加灵活自由。通过这些连接与投影方式，希沃白板可以实现与各种设备的无缝衔接，无论是固定教室还是移动教学环境，都能够轻松连接并将内容显示在大屏幕上。这为教学提供更多的可能性和便利性，让教师和学生可以更加方便地使用希沃白板进行教学和学习。

（五）希沃白板的操作简易性评价

希沃白板的操作简易性得益于其直观的界面设计和用户友好的操作逻辑。希沃白板的界面设计简洁明了，功能分类清晰，使用户能够迅速找到所需功能并进行操作。无论是教师还是学生，都能够轻松上手使用。希沃白板的操作逻辑符合用户的常规思维习惯，操作流程简单易懂。用户无须接受复杂的培训，即可快速掌握操作技巧，从而高效地运用白板进行教学或学习。希沃白板提供有丰富的操作提示和帮助文档，可以使用户随时查阅解决问题，提高了用户的操作便捷性和体验感。

希沃白板以其简洁明了的界面设计和符合用户思维习惯的操作逻辑，为教师和学生提供了一种操作简易、功能丰富的教学工具。其硬件设备特点和软件功能的综合运用，使得教学更加便捷高效。希沃白板的强大互动性能为课堂注入新的活力，提高学生的参与度和学习效果。同时多种连接与投影方式的支持，使得教学更加灵活多样。因此，希沃白板无疑是教育教学领域的一项重要利器，为教学提供了全方位的支持和便利。

二、希沃白板与数学教学的结合点

希沃白板作为一种先进的教学工具，为数学教学提供了丰富的可能性与创新的空间。它不仅简化了教学过程，更为教师和学生提供了多种互动和展示的方式。在数学教学中，希沃白板的应用已经成为提高教学效果和学习体验的重要手段之一。下面探讨希沃白板在数学教学中的几个重要结合点，并分析其在教学实践中的作用与意义。

（一）希沃白板在数学图形绘制中的应用

希沃白板在数学图形绘制中的应用十分广泛且具有实用性，其高清晰度触摸屏和电磁感应笔使教师能够轻松地绘制各种数学图形，无论是简单的平面图形还是复杂的立体图形。例如教师在教学三角形的性质时，可以利用希沃白板绘制不同类型的三角形，并利用标注功能突出各个顶点、边长和角度，使学生能够直观地理解三角形的特征。希沃白板支持多点触控技术，使得多个学生可以同时在白板上进行操作，这有助于促进学生之间的合作与交流。例如学生在学习图形变换时，可以一起在白板上绘制图形，并进行各种变换操作，如平移、旋转和翻转，从而观察图形的变化规律，深化对数学概念的理解。

（二）希沃白板在数学公式演示与解释中的作用

希沃白板在数学公式演示与解释中扮演着关键角色。它提供了课件制作功能，使教师能够设计制作与数学公式相关的课件，利用文字、图形、动画等形式生动地展示数学公式的推导过程和实际应用。例如教师在教学二次方程时，可以利用希沃白板绘制二次函数图像，并通过操作展示二次方程根的求解过程，帮助学生直观地理解二次方程的解的意义。希沃白板支持手写输入和数学公式识别功能，这意味着教师可以直接书写数学公式，而白板会自动识别并转换成标准的数学公式，从而简化了演示和解释的过程。这使得教学过程变得更加流畅，教师能够更加专注于与学生互动和解释数学概念，而不必花费过多时间在手写和转换公式上。

（三）希沃白板在数学问题解决过程中的辅助功能

希沃白板在数学问题解决中的辅助功能是无可比拟的，通过其实时标注功能，教师能够在课堂上与学生互动，共同探讨数学难题。以解决几何问题为例，教师可以在白板上绘制几何图形，并在图形上进行标注，引导学生思考和分析问题的步骤与方法。这种互动性教学使学生更加积极参与，促进他们的思维能力和解决问题技能。除了实时标注功能，希沃白板还提供有屏幕录制功能，教师可以录制解题过程。这对学生来说是一种宝贵的资源，他们可以在课后复习时观看这些录像，加深对解题思路和方法的理解。这种反复观看和学习的机会有助于学生巩固知识，从而提高解题的熟练程度。

（四）希沃白板在数学游戏与竞赛中的运用

希沃白板在数学游戏与竞赛中的运用为教学增添了新的活力和趣味性，教师可以利用其功能设计各种创意十足的数学游戏和竞赛活动，从而激发学生的学习兴趣和竞争激情。教师可以设计数学题目的抢答游戏。在希沃白板上，教师可以展示各种数学题目，例如计算、逻辑推理等，学生则可以通过手写或手势方式进行抢答。这种互动性的抢答游戏不仅能够增加学生的参与度，还能够提高他们的反应速度和解题能力，使学习过程更加生动有趣。教师还可以利用希沃白板组织数学竞赛活动。在竞赛中，教师可以利用白板进行现场评分和展示，即时反馈学生答题情况。这不仅能激发学生的学习热情，还能培养他们的团队合作精神和竞争意识。同时，教师可以利用白板展示竞赛规则、题目内容等，使整个竞赛过程更加流畅和专业。

（五）希沃白板在数学实践探究活动中的支持与促进功能

希沃白板在数学实践探究活动中扮演着重要角色，为教学提供强大支持与促进。教师可以利用其功能设计各种实践探究任务，指导学生进行实践操作和数据记录，从而深化他们对数学概念的理解。举例来说，在统计学习中，教师可以设计调查问卷，并利用希沃白板展示和分析调查结果。通过实践操作，学生能够亲身体验数据收集、整理和分析的过程，从而更加直观地理解统计方法的应用和意义。希沃白板的可视化功能使得教师可以将数据直观地呈现给学生，帮助他们更好地理解和分析数据。希沃白板支持多种多媒体资源的导入和展示。教师可以通过导入图片、视频等资源，丰富实践探究活动的内容，引发学生的兴趣和好奇心。例如教师可以导入实验视频，让学生观察实验过程并记录数据，或者导入与数学相关的图片资源，激发学生对数学实践探究的兴趣和热情。

希沃白板在数学教学中的应用呈现了多种多样的形式与功能。从数学图形绘制到公式演示与解释，再到数学问题解决过程的辅助、数学游戏与竞赛的运用，以及数学实践探究活动中的支持与促进，希沃白板在每个领域都发挥着重要的作用。它不仅为教学提供了强大的工具和资源，使得数学概念更加生动形象地呈现给学生，而且提高了学生的学习效果和学习动力。希沃白板的应用不断丰富和创新，必将为未来的数学教学带来更多的可能性和发展机遇。

三、希沃白板在提升课堂互动性中的作用

在当今教育领域，课堂互动性被认为是促进学生参与和理解的重要因素。希沃白板作为一种先进的教学工具，为教师提供了多种功能，有助于提升课堂的互动性和教学效果。下面探讨希沃白板在提升课堂互动性方面的作用，包括多媒体资源分享与展示、实时互动交流与反馈、小组合作与集体讨论、实时投票与答题及个性化学习路径设计与跟踪等方面的功能。

（一）希沃白板的多媒体资源分享与展示功能

希沃白板的多媒体资源分享与展示功能是现代课堂中的一大利器。借助这项功能，教师能够利用丰富多彩的媒体资源，使抽象的概念呈现得生动形象，从而提高学生的学习兴趣和理解效果。比如在地理课上，教师可以利用希沃白板导入各种地图、卫星图和地理视频，让学生通过视觉和听觉感受地球的壮丽景观和复杂地貌，从而深入理解地理概念。这种互动式的教学方式不仅能够吸引学生的注意力，激发他们的好奇心，还能够激发他们的求知欲，促使他们更深入地思考和学习。通过希沃白板的多媒体资源分享与展示功能，教师能够更加灵活地设计课堂教学内容，提高教学效率，使课堂变得更加生动有趣，为学生创造更加丰富的学习体验。

（二）希沃白板的实时互动交流与反馈机制

希沃白板的实时互动交流与反馈机制为教学提供有力支持。借助这一功能教师能够与学生实现即时的互动和沟通，促进课堂氛围的活跃和学生学习效果的提升。希沃白板上的交流工具为教师提供了多种方式与学生互动，如实时问答、讨论等。这样的互动方式能够激发学生的参与欲望，增强他们对课程内容的关注度和理解度。借助白板上的反馈机制，教师能够及时了解学生的学习情况，对学生的学习进度和掌握程度进行监测和评估。例如教师可以设置课堂小测验，学生可以通过希沃白板进行答题，教师可以立即查看学生的答题情况，及时纠正错误，强化学习效果。这种及时的反馈能够帮助学生及时发现和改正错误，提高学习效率和成绩。

（三）希沃白板的小组合作与集体讨论功能

希沃白板的小组合作与集体讨论功能为学生提供一个协作学习的平台，激发学生之间的合作意识和交流能力。借助白板，学生可以共同编辑、绘制，展示他们的想法和解决问题的方法。这种形式的合作不仅仅是简单分享信息，更是一种集思广益的团队合作方式。举例来说，在解决数学问题的过程中，学生可以分成小组，每个小组成员都能够在希沃白板上共同编辑和绘制解题思路。他们可以交换观点、提出疑问，并共同探讨解决方案。这种集体讨论的过程不仅能培养学生的团队合作精神，还能促进他们对数学知识的深入理解。通过与同学的互动和讨论，学生能够从不同的角度去思考问题，发现解决问题的新方法和技巧，从而提高他们的问题解决能力和创造力。希沃白板还提供丰富的多媒体资源，如图片、视频等，学生可以在集体讨论中使用这些资源来支持他们的观点和解释。这样的多媒体支持不仅能丰富讨论内容，也能使学习过程更加生动和具体。

（四）希沃白板的实时投票与答题功能

希沃白板的实时投票与答题功能可以极大地提升课堂的互动性和学生的参与度。借助这项功能，教师能够设计各种形式的投票和答题活动，让学生通过白板进行实时的参与和表达。举例来说，在讨论一个争议性的问题时，教师可以设计一个匿名投票活动，让学生通过希沃白板表达自己的观点。学生可以在白板上选择支持或反对某个观点，或者表达自己的意见。通过实时的投票结果，教师可以了解学生对问题的看法，从而引导他们展开更深入的讨论和思考。这种形式的互动能够激发学生的思维，促进他们的参与和表达，进而提高课堂的活跃度和学习效果。希沃白板的实时答题功能也能够为课堂教学提供更多可能性，教师可以设计各种形式的答题活动，让学生通过白板进行实时的答题。这样的活动不仅可以检测学生的理解程度和掌握情况，还可以激发他们的学习兴趣和积极性。通过及时的答题反馈，教师可以了解学生的学习情况，及时调整教学策略，帮助他们提高学习效果。

（五）希沃白板的个性化学习路径设计与跟踪

希沃白板的个性化学习路径设计与跟踪功能为教师提供一个有效的工具，以满足不同学生的学习需求和能力水平。通过这项功能，教师可以根据每个学生的学习情况和能力水平，设计并跟踪个性化的学习路径。教师可以利用希沃白板的功能，如学习记录和评估工具，收集学生的学习数据，包括学习进度、掌握程度和学习偏好等。通过对这些数据的分析，教师可以深入了解每个学生的学习情况，发现他们的学习需求和困难点。教师可以根据学生的学习情况，设计个性化的学习路径和教学内容。例如对于基础较好的学生，教师可以设计更深入、拓展性的学习任务和有挑战性的问题；而对于基础较差或学习有困难的学生，教师可以提供更多的辅导和指导，帮助他们克服学习障碍。教师可以通过希沃白板的跟踪和反馈功能，及时监测学生的学习进展，并给予有针对性的反馈和指导。通过不断调整和优化个性化学习路径，教师可以帮助学生更好地实现自身的学习目标，提高学习效果和成绩。

希沃白板在提升课堂互动性方面发挥着重要作用。通过多媒体资源分享与展示功能，教师能够生动形象地呈现教学内容，激发学生的学习兴趣和理解效果。实时互动交流与反馈机制使教师能够与学生实现即时互动，提高学生的参与度和学习效果。小组合作与集体讨论功能有助于培养了学生的团队合作精神和问题解决能力。实时投票与答题功能能够增加课堂的互动性，促进学生的积极参与。个性化学习路径设计与跟踪功能可以帮助教师更好地满足不同学生的学习需求，促进学生的个性化发展和学习进步。希沃白板为教育教学提供丰富多样的功能，从而为提升课堂互动性和教学效果提供有力支持。

第三节　网络教学平台与数学学习

一、网络教学平台的优势与特点

网络教学平台在当今教育领域扮演着越来越重要的角色，其独特的优势与特点为学生提供丰富多彩的学习体验。其中全球化学习资源，灵活性与便利性，互动与交流，以及个性化学习路径是网络教学平台的显著特点，它们共同构成网络教学平台的核心竞争力。

（一）全球化学习资源

网络教学平台的全球化学习资源是其最引人注目的优势之一，通过这些平台，学生可以轻松地获取来自世界各地的优质学习资料。例如一位对数学着迷的学生可以在网络教学平台上找到来自美国、欧洲、亚洲等地的数学专家的授课视频和讲义资料。这些资源不仅覆盖多个国家和地区的教育体系和教学方法，还提供不同文化背景下的学习视角和思维方式。通过接触这些全球化资源，学生可以开阔视野、拓展思维，从而更全面地理解数学知识，并且更深入地探索数学的魅力。

（二）灵活性与便利性

网络教学平台的灵活性和便利性为学生提供无与伦比的学习体验。相较于传统的课堂教学，网络教学平台允许学生根据自身的时间和地点安排学习计划，无须受到地域限制的束缚。举例来说，一名学生可以选择在晚上或周末自由安排时间来学习数学，而不必担心与其他课程时间冲突或地点限制。这种灵活性使得学习过程更加符合个体的需求和生活方式，从而提高学生学习的效率和舒适度。而且，网络教学平台通常提供多种学习方式，如视频讲座、在线课程、教材阅读等，学生可以根据自己的学习风格和偏好选择最适合自己的学习方法，进一步提升学习的灵活性和便利性。

（三）互动与交流

网络教学平台的互动与交流功能为学生提供丰富的学习体验和更深层次的学习互动。通过讨论区、在线答疑和直播课程等功能，学生可以与班主任和同学进行即时互动，共同探讨问题，分享观点和经验。举例来说，学生可以在讨论区提出问题，得到班主任和同学们的回答和讨论，从而解决疑惑，加深对知识的理解。而在直播课程中，学生可以通过实时互动功能，向班主任提问，与班主任进行交流，促进课堂的互动和参与。这种互动与交流不仅能丰富学习过程，也能提高学生对知识的接受和理解程度。学生之间的交流和分享也能够激发彼此的学习兴趣和动力，从而增强学习的趣味性和参与度。

（四）个性化学习路径

网络教学平台的个性化学习路径为学生提供量身定制的学习体验，使其能够更加高效地学习数学知识。通过分析学生的学习情况、兴趣爱好及学习目标，网络教学平台能够根据这些数据为学生量身打造个性化的学习路径和内容推荐。例如当一名学生在某个数学主题上表现得特别出色时，平台可以推荐更高级、更深入的相关课程或资源，以满足其学习需求并挑战其学习能力。相反，当学生在某些领域遇到困难时，平台可以推荐针对性更强、更易于理解的辅导资料，帮助学生攻克难关。假设一个学生在代数学习中遇到困难，平台可以根据该学生的学习记录和测验成绩，为其推荐针对代数的视频讲解、在线练习题及交互式模拟实验等资源，以帮助其更好地理解代数知识，提高学习效果。平台还可以根据学生的学习进度和学习风格，调整学习内容的难度和节奏。

网络教学平台的优势与特点体现在全球化学习资源的便利性，互动与交流的丰富性，以及个性化学习路径的个性化定制，这些特点使学生能够更加便利地获取全球优质教育资源，更加灵活地安排学习时间和方式，与班主任和同学进行更加丰富的互动与交流，根据个人需求量身定制学习路径，从而提高学习效率，拓展学习视野，增强学习乐趣。

二、利用网络教学平台进行个性化学习

网络教学平台的兴起为学生提供了个性化学习的机会。通过诊断性评估、自主学习、及时反馈和丰富多样的资源，学生能够根据自身需求和兴趣制订学习计划，提升学习效果。

（一）诊断性评估与个性化建议

在网络教学平台上，诊断性评估是实现个性化学习的关键一环。通过有针对性地在线测验、作业，以及对学习记录的详尽分析，平台能够全面了解学生的学习情况。举例来说，假设一名学生在数学课程中经常出错，特别是在解代数题时出现困难，而在几何方面表现相对较好。这些数据为平台提供重要线索，让平台能够有针对性地提供个性化建议。根据评估结果，平台可以向该学生推荐针对代数的特定课程或辅导资料，帮助其加强相关概念的理解和掌握。平台还可以为学生提供定制化的学习计划，重点关注其薄弱环节，并提供有针对性的辅导和指导。

（二）自主学习与定制教育

网络教学平台的自主学习和订制教育为学生提供更加灵活和个性化的学习体验，学生可以根据自己的兴趣爱好和学习需求，自主选择学习内容和学习方式。举例来说，假设一个学生对数学中的几何感兴趣，而对代数并不甚了解。在网络教学平台上，他可以根据自己的兴趣，选择与几何相关的课程、视频或其他学习资源进行学习，无须受限于传统课堂的教学安排。学生还可以根据自己的学习进度和时间安排，自主制订学习计划和目标。网络教学平台提供个性化的学习路径和进度跟踪功能，使学生能够清晰了解自己的学习进展，并及时调整学习策略。

（三）反馈和调整

网络教学平台通过反馈机制实现学生和班主任之间的有效沟通与互动，从而促进学生学习效果的提升。学生可以通过在线测验、作业提交和课程评价等方式获取即时的个性化反馈，了解自己的学习表现和存在的问题。例如假设一个学生

在数学课程中通过在线练习提交了作业，平台可以立即为其提供有针对性的评价和建议，指出其中的错误或不足之处，并提供改进的方法和指导。学生可以根据反馈结果调整自己的学习策略，重点关注弱项，加强学习。班主任也可以根据学生的反馈情况调整教学内容和方法，更好地满足学生的学习需求和兴趣。

（四）资源丰富与多样化

网络教学平台的资源丰富多样，为学生提供广泛的学习选择和支持。学生可以在平台上获取来自世界各地的优质学习资源，包括视频讲座、在线课程、电子书籍等。举例来说，假设一名学生对微积分感兴趣，他可以在网络教学平台上找到来自不同大学和教育机构的微积分课程，其涵盖各种不同的教学风格和内容重点。通过比较和筛选，学生可以选择最符合自己学习需求和兴趣的课程资源进行学习。平台还提供了丰富的学习工具和应用，如在线练习题、虚拟实验等，帮助学生巩固知识、提升能力。例如学生可以通过平台上的在线练习题，进行有针对性的练习和巩固，加深对微积分概念的理解和掌握。这些丰富多样的学习资源和工具，能够为学生提供更加便捷和高效的学习体验，帮助他们实现个性化学习目标，提升学习效果。

网络教学平台不仅提供了丰富的学习资源和工具，还通过诊断性评估、自主学习和及时反馈等方式实现了个性化教育。学生可以根据自己的学习情况和需求，选择合适的学习内容和学习方式，从而更有效地提高学习效率和成效。

三、网络教学平台中的学习资源整合

在当今数字化时代，网络教学平台成为学习者获取知识、提升技能的重要途径之一。这些平台不仅提供了丰富多样的学习资源，还整合了各种辅助工具和学习支持，为学生提供了更加全面、个性化的学习体验。其中多媒体学习资源、在线课程与课程管理，互动实践与应用，以及辅助工具与学习支持等方面的整合，为学生提供了丰富多样的学习路径和学习方式，极大地拓展了他们的学习空间和学习效果。

（一）多媒体学习资源

网络教学平台所提供的多媒体学习资源为学生带来全新的学习体验。通过视频、音频、动画等形式的内容，学生能够以更加生动直观的方式理解抽象概念，加深对知识的理解。举例来说，一名学生在学习化学时可能对化学反应机理感到困惑，而仅凭文字描述往往难以形象地理解。然而通过观看平台上的化学反应模拟动画，他可以清晰地看到原子之间的相互作用过程，如何发生结合和分离，从而更好地理解化学反应的原理和规律。这种直观的视听体验不仅能够激发学生的学习兴趣，还能够帮助他们深入思考和理解复杂的学科知识。

（二）在线课程与课程管理

网络教学平台提供丰富多样的在线课程，其涵盖各个学科领域的知识内容，为学生提供灵活的学习选择。学生可以根据自己的兴趣和学习需求，选择适合自己的课程进行学习。例如一名对编程感兴趣的学生可以在平台上找到 Python 编程入门、Web 开发等相关的在线课程。通过学习这些课程，他可以系统地学习编程知识，提升自己的编程能力。网络教学平台还提供课程管理功能，能够帮助学生有效地管理自己的学习。学生可以随时查看自己的课程进度和学习计划，了解每门课程的内容安排和学习任务，有针对性地安排学习时间和精力。

（三）互动实践与应用

网络教学平台通过设计互动实践和应用场景，促进学生将所学理论知识应用到实际情境中，从而提升实践能力和解决问题的能力。以学习经济学为例，平台可以设计实时经济模拟游戏，让学生扮演经济决策者的角色，面对不同的经济情景，制定相应的经济政策。在游戏中，学生需要运用所学的经济学理论，分析现实情况，权衡利弊，做出决策，然后观察决策的结果。通过这样的实践活动，学生不仅能够更深入地理解经济学理论的实际应用，还能够培养逻辑思维，以及分析问题和解决问题的能力。这种互动实践和应用设计使学生在真实情境下进行学习和思考，不仅增强了学习的趣味性和吸引力，也更加符合现代教育的发展趋势。

（四）辅助工具与学习支持

网络教学平台不仅提供丰富的课程资源，还配备多种辅助工具和学习支持，为学生提供更加全面的学习体验和个性化的学习辅助。其中在线笔记是一项非常实用的工具，学生可以随时在课程学习过程中记录重要知识点、思路和问题，便于复习和深化理解。讨论论坛为学生提供一个交流和分享学习经验的平台，他们可以与班主任和同学进行讨论、提问、答疑，拓展思维，共同探讨问题，加深学习效果。教学辅导也是网络教学平台提供的重要支持之一。学生可以通过教学辅导获得有针对性的学习帮助，解决学习中遇到的困惑和难题，获取个性化的学习建议和指导。举例来说，一位学生在学习外语时可能需要加强口语训练，他可以利用平台上的语音识别工具进行口语练习，并通过教学辅导获得针对口语训练的专业指导。

网络教学平台中的学习资源整合涵盖多个方面，从多媒体学习资源的提供到互动实践与应用的设计，再到辅助工具与学习支持的配备，为学生提供了全方位的学习支持和个性化的学习体验。学生通过这些平台可以更加生动直观的方式理解抽象概念，选择适合自己的在线课程进行学习，参与互动实践和应用，还可以利用各种辅助工具获取有针对性的学习帮助。这种综合性的学习资源整合不仅能促进学生的学习兴趣和主动性，还能提高他们的学习效率和成效，为他们的学习之旅增添更多可能性和机会。

四、网络教学平台的评价与反馈机制

网络教学平台在现代教育中扮演着至关重要的角色，不仅能为学生和班主任提供高效的学习和教学环境，还通过创新的评价与反馈机制，不断提升教学效果和用户体验。下面详细探讨网络教学平台的教学反馈与效果评估，学习成果评估与证明，持续改进与更新，以及用户体验与技术支持等方面的重要内容。

（一）教学反馈与效果评估

网络教学平台通过教学反馈机制实时收集学生的学习表现和反馈意见，从而为班主任提供了宝贵的参考，帮助他们及时调整教学策略和课程内容，提升教学效果。举例来说，平台可以设置在线测验和作业提交功能，通过这些方式收集学生的学习成绩和作业质量。平台也提供了学生评价和反馈的渠道，让他们能够就教学内容、难易程度、教学方法等方面提出问题、意见或建议。这些数据和反馈为班主任提供了直观地了解学生学习情况的途径，有助于他们及时发现学生的学习困难和问题，并有针对性地进行教学调整和优化。通过不断收集和分析学生的反馈意见，班主任能够更好地满足学生的学习需求，提高教学效果，为学生提供更优质的教育服务。

（二）学习成果评估与证明

网络教学平台通过多种方式对学生的学习成果进行评估，并为其提供相应的证明。一种常见的方式是通过在线测验和作业来评估学生的学习成绩和掌握程度。学生在平台上完成这些测验和作业后，系统会自动生成成绩报告，详细展示他们在各个知识点上的表现，并提供相应的分数或评级。平台还可以为学生颁发相应的证书或学习成就徽章，用以证明他们的学习成果和完成情况。这些证明文件可以作为学生学习记录的一部分，帮助他们建立完整的学习档案。除了在学习过程中提供的证明外，网络教学平台还可以为学生提供一系列的学习成果展示渠道。例如学生可以在平台上创建个人学习作品集，展示自己在课程学习中完成的项目、论文、作品等，以此来进一步证明自己的学习成果。这些评估和证明不仅有助于学生了解自己的学习水平和进步情况，还可以为他们的进一步学习、求职或升学提供重要的参考依据。

（三）持续改进和更新

为不断提升用户体验和教学效果，网络教学平台会进行持续改进和更新。平台定期收集用户反馈，进行用户体验调研和市场分析，以了解用户需求和发现潜在问题。通过分析这些反馈，平台可以有针对性地改进和优化功能设计、界面布局等方面，从而提升用户的满意度和使用体验。平台更新课程内容、教学资源和技术支持，不断引入新的教学方法和工具。这样的更新包括但不限于更新教学材料，优化视频和音频内容，以及引入更先进的教学技术和工具，如增强现实（AR）或虚拟现实（VR）技术。这些更新不仅能使教学内容保持更新和多样化，也能使平台教学质量和吸引力持续提升。

（四）用户体验与技术支持

网络教学平台将用户体验和技术支持置于重要位置，致力于为学生和班主任提供良好的学习和教学环境。平台通过优化界面设计和交互体验，提升用户操作的便捷性和流畅性。简洁直观的界面布局、清晰明了的导航结构及友好的用户反馈机制，使用户能够轻松地找到所需的功能和资源，提高其满意度和使用效率。平台提供专业的技术支持团队，及时解决用户在使用过程中遇到的技术问题和困惑。用户可以通过在线客服、邮件或电话等多种渠道联系技术支持团队，获得及时的帮助和指导，保障教学活动的顺利进行。这些举措不仅提升了用户对平台的信任和依赖，也为用户创造了良好的学习和教学体验。

网络教学平台通过教学反馈机制实时收集学生学习表现和反馈意见，帮助班主任及时调整教学策略和课程内容，从而提升教学效果。平台通过多种评估方式对学生学习成果进行评估，并为其提供相应的证明，帮助学生建立完整的学习档案。为持续改进和更新，平台定期收集用户反馈，并更新课程内容和教学资源，引入新的教学技术和工具。最重要的是，平台注重用户体验和提供专业的技术支持，确保用户能够顺利使用平台进行教学活动。通过这些举措，网络教学平台不断提升用户体验，促进了教育信息化的进一步发展，为教育行业带来了新的可能性和机遇。

第四节　技术辅助下的数学教学创新

一、技术在数学教学创新中的作用

技术在数学教学中扮演着日益重要的角色，为教育带来前所未有的创新和变革。在这个信息时代，数学教学不再局限于传统的板书和讲述，而是借助各种先进技术，提升教学效率，拓展教学边界，支持个性化学习，促进学习互动与合作，甚至引领教学方法的彻底变革。下面探讨技术在数学教学中的多方面作用，以及如何推动数学教育朝着更加灵活、生动和个性化的方向发展。

（一）提升教学效率与效果

技术在数学教学中发挥着重要作用，主要体现在提升教学效率与效果方面。

数学软件和应用程序的运用使得班主任能够以更直观、生动的方式呈现复杂的数学概念和运算过程。通过图形化、动态化地展示，抽象的数学概念变得更加具体和可视化，激发了学生的学习兴趣，提升了他们的学习效果。例如班主任利用几何软件展示三角形的性质，或者通过数学绘图应用展示函数的图像，都能够让学生更深入地理解数学内容。技术还能够帮助班主任更快速地创建个性化的学习资源和作业。借助智能化的教学工具，班主任能够根据学生的学习进度和需求，自动生成符合其水平的练习题和教学材料。这样的个性化支持不仅能够提高教学的针对性，还能够更好地满足学生的学习需求，进一步促进他们的学习效果。例如一些数学学习平台能够根据学生的答题情况自动调整难度，为其提供适合的挑战和反馈，从而提升其学习效果。

（二）拓展教学边界

技术的应用在数学教学中开辟了全新的教学边界，传统的教学方式局限于教室环境，但技术的介入改变了这一现状。通过网络教学平台和远程教学工具，班主任得以实现在线直播授课、远程辅导等形式，从而打破了时间和空间的束缚。学生不再受限于特定的时间和地点，随时随地都能够进行数学学习。无论是在家里、图书馆还是旅途中，学生都能够接收到高质量的数学教育。这种灵活性和便捷性不仅方便了学生，也为班主任提供了更多的教学可能性。班主任能够根据学生的实际情况和需求，灵活安排教学内容和形式，实现个性化教学。班主任也能够借助网络资源和远程技术，邀请专业人士举办讲座或进行授课，为学生提供更广泛、更丰富的学习资源。这种技术辅助下的教学方式促进了数学教学的创新与发展，为教育带来了更大的可能性。

（三）个性化学习支持

技术的应用在数学教学中为个性化学习提供了重要支持。通过智能化的学习系统和算法，教学平台可以根据学生的学习情况和特点，为其提供个性化的学习内容和建议。这种个性化学习支持体现在多个方面。首先，平台可以根据学生的学习水平和兴趣，智能地推荐适合的学习资源。例如对于数学学习，系统可以根据学生的掌握程度自动调整题目的难易程度，提供符合其能力水平的练习题目和教学视频，帮助学生更好地理解和掌握知识点。其次，平台可以针对学生的学习需求和目标，推荐有挑战性的作业和项目。通过设定个性化的学习目标，系统可以为学生提供具有一定难度和挑战性的任务，激发其学习动力和思维能力，促进其数学能力的提升。最后，个性化学习支持还包括对学习进度和反馈的跟踪与分析。系统可以实时监测学生在学习过程中的表现和反馈，借助数据分析和评估，为班主任和学生提供有针对性的学习建议和调整方案，帮助他们更有效地实现学习目标。

（四）促进学习互动与合作

技术的运用在数学教学中促进了学习的互动与合作，为教育带来新的可能性。通过在线讨论论坛和协作工具，学生得以与班主任和同学进行实时互动和合作，共同探讨数学问题，分享解题思路和经验。这种互动与合作的方式极大地丰富了教学的形式和内容。学生可以在在线论坛上发表自己的观点和问题，并与同学进行讨论和交流。这种实时的交流平台为学生提供了一个自由、开放的环境，使他们能够更加积极地参与学习过程中。通过与同学的互动，学生不仅能够更好地理解数学概念，还能够培养批判性思维和合作精神。学生还可以利用协作工具共同解决数学问题和完成项目任务。例如通过共享文档和在线白板，学生可以实时地与同学合作编写数学报告、解决数学难题等。这种合作式学习模式不仅能够促进学生之间的互动与合作，还能够培养他们的团队合作能力和问题解决能力。

（五）引领教学方法变革

技术的引入在数学教学中催生了教学方法的革新，传统的板书和讲述模式正在逐渐被更为互动式、探究式的学习方式取代。这种变革的标志之一是利用互动式数学软件和模拟工具。通过这些工具，学生不再被动地接受知识，而是被鼓励积极参与到学习过程中来。他们可以自主地探索数学规律和定理，通过试错和实践来深入理解数学概念。举例而言，学生可以使用几何软件来构建和操纵几何图形，观察图形的变化并发现其中的规律，从而加深对几何概念的理解。这种引领教学方法变革的趋势使得数学教学更加生动有趣，激发了学生的学习兴趣和动力。相比于传统的被动接受，学生通过参与式学习更容易保持专注并且更加愿意投入学习。这种学习方式也能培养学生的自主学习能力和解决问题的能力，促进他们的批判性思维和创造性思维的发展。

技术的引入在数学教学中发挥着多重作用。首先，技术提升了教学效率与效果。通过数学软件和应用程序的运用，班主任能够以更直观、生动的方式呈现复杂的数学概念，激发学生的学习兴趣，个性化的学习支持更进一步提高了学生的学习效果。其次，技术拓展了教学边界。这就使得教育不再受时间和空间的限制，学生可以随时随地进行数学学习。再次，技术还促进了学习的互动与合作。通过在线讨论论坛和协作工具，学生得以与班主任和同学进行实时互动和合作，共同探讨数学问题，这种合作式学习模式培养了学生的团队合作能力和问题解决能力。最后，技术引领了教学方法的变革。传统的板书和讲述模式正在逐渐被更为互动式、探究式的学习方式取代，这种变革使得数学教学更加生动有趣，激发了学生的学习兴趣和动力。技术在数学教学中的作用不仅是提高了教学效率，更是推动了教育的创新与发展，为未来的数学教育带来更广阔的前景。

二、技术辅助下的数学教学案例分析

技术在教育中的应用已经成为提升教学效果和学习体验的重要手段之一，特别是在数学教育领域，各种技术辅助工具和平台的出现，为班主任提供了丰富多样的教学资源和方法。下面深入分析数学教学中五个具体案例，涵盖了虚拟实验与模拟器应用、多媒体教学资源运用、个性化学习平台实践、在线协作与互动平台应用及游戏化教学实践。这些案例不仅展示了技术在数学教学中的创新应用，也探讨了其对学生学习兴趣、理解能力和合作精神的积极影响。

（一）虚拟实验与模拟器应用

在小学数学教学中，虚拟实验与模拟器的应用是为学生提供实践操作和观察机会，以深化对数学概念的理解。举例来说，通过虚拟实验软件模拟投掷硬币的过程，学生能观察到随着投掷次数增加，硬币正反面出现的概率趋于稳定，从而理解概率分布的概念。再者，利用在线数学模拟器，学生可以探索复杂函数的图像和性质。例如通过函数绘图工具，学生可以直观地观察到不同参数对函数图像的影响，深化对函数变化规律的认识。这种虚拟实验和模拟器的应用不仅增添了学生的学习趣味，也提升了他们对数学知识的理解和掌握水平。

（二）多媒体教学资源运用

多媒体教学资源在数学教学中的应用，为教学提供了全新的可能性。通过数学动画视频，班主任可以展示数学概念的具体应用和变化过程，让学生更直观地理解抽象概念。例如通过展示三角函数的周期性和变化规律，学生可以更容易地理解这些概念，从而提高学习效率。利用在线交互式课件，学生可以参与到课堂互动中来，通过拖拽、点击等方式，增强学习的参与度和专注度。这种互动性不仅可使学生更加专注于学习内容，还能够促进他们的思维发展和问题解决能力提升。多媒体教学资源还可以帮助学生将数学与现实生活联系起来。通过展示数学在现实中的应用场景，如建筑、艺术等，学生可以更好地理解数学在生活中的重要性和实用性。这种联系可以激发学生学习的兴趣，提高他们的学习动力。

（三）个性化学习平台实践

个性化学习平台的实践在教育领域中具有重要意义，这些平台通过智能系统和算法，能够根据学生的学习需求和特点，为其量身定制学习内容和建议，从而提升教学的针对性和效率。个性化学习平台可以根据学生的学习水平和兴趣，为其推荐合适的学习资源和练习题目。通过分析学生的学习历史和偏好，平台能够智能地匹配适合其能力和兴趣的内容，使学习过程更加具有针对性和吸引力。例如对于数学学习，平台可以根据学生的学习进度和兴趣，推荐相关的视频教程、互动练习或在线课程，以促进其对数学知识的理解和掌握。个性化学习平台还能根据学生的学习进度和反馈，生成学习报告和建议。通过监测学生的学习行为和表现，平台可以及时反馈学习情况，并提供了针对性的建议和调整方案。例如如果学生在某个数学概念上表现较弱，平台可以有针对性地推荐相关的辅导材料或练习题目，帮助其加强理解和掌握。

（四）在线协作与互动平台应用

在线协作与互动平台的应用为数学教学带来了新的可能性，有效促进了学生之间的互动与合作，进而提升其学习效果和体验。班主任可以利用在线讨论论坛组织学生进行数学问题的讨论与解决，通过这种形式使学生能够分享彼此的见解和解题思路，相互启发和补充，从而加深其对数学概念的理解。这种学生间的互动交流不仅有助于激发学生的学习兴趣，还能够培养他们的逻辑思维和表达能力。利用在线白板工具，学生可以实时与同学共同解决数学难题，共享解题思路和方法。在这种合作式学习模式下，学生能够相互协作、交流和讨论，从而加深对数学问题的理解和掌握。通过共同参与解题过程，学生还能够培养团队合作精神和问题解决能力，提升自身综合素养。

（五）游戏化教学实践

游戏化教学的实践为数学教学注入新的活力和趣味性，有效地激发了学生的学习兴趣和动力。班主任可以设计数学题目的游戏化解决方案，将解题过程设计成具有游戏关卡的形式。通过这种方式，学生需要通过解题来获得游戏奖励或解锁下一关，从而增加他们对数学学习的投入和积极性。这种游戏化的学习模式能够使学生更加专注于解题过程，提高他们的学习效率和成就感。利用数学竞赛和比赛平台，学生可以参与各种数学竞赛活动，如数学建模竞赛、数学奥赛等。通过参与这些比赛，学生能够在竞争中不断提升自己的数学能力和应试技巧，激发对数学学习的兴趣和热情。比赛过程中的紧张和刺激也能够促进学生的自我挑战精神和问题解决能力的提升。

通过分析可以看出技术在数学教学中的应用已经呈现出多样化和全面化的趋势，虚拟实验与模拟器的应用为学生提供了观察和实践的机会，深化其对数学概念的理解；多媒体教学资源的运用使得数学概念更加生动形象，提高了学习的效率和专注力；个性化学习平台的实践帮助班主任更好地满足学生个性化的学习需求，提高其教学的针对性和效果；在线协作与互动平台的应用促进了学生之间的合作与交流，培养了团队合作精神和问题解决能力；游戏化教学实践激发了学生的学习兴趣和动力，提高学生学习的积极性和效果。技术辅助下的数学教学不仅拓展了教学方法和手段，也丰富了学习方式和体验，为培养具有数学素养的学生提供了更为广阔的空间和可能性。

三、面对技术变革的教学策略调整

随着科技的迅速进步，教育领域也面临着巨大的变革。这种变革不仅影响着学生的学习方式和需求，也对班主任的教学策略和角色提出了新的挑战。在这种背景下，教育者需要不断调整教学方法和手段，提升自身能力，以更好地适应这一变革，确保教学质量和效果。

（一）教学方法与手段更新

随着技术的快速发展和变革，教学方法和手段也需要不断更新和调整，以适应新时代的教育需求。传统的课堂教学模式已经不能够完全满足学生的学习需求，因此班主任需要积极采用新的教学方法和手段，例如引入多媒体教学资源、利用虚拟实验和模拟器进行实践教学、开展在线协作与互动等。举例来说，班主任可以利用在线教学平台组织学生参与实时互动讨论，促进学生之间的交流和合作。通过这种方式，学生不仅能够更深入地理解教学内容，还能够培养团队合作和问题解决能力。

（二）班主任角色与能力提升

随着教育理念的演进和学生需求的变化，班主任的角色正在经历转变。除了传统的管理和关怀职责外，他们现在需要成为教育者和心理支持者。这意味着他们需要不断提升自己的专业素养和能力，以更好地满足学生多元化的需求。举例来说，参加心理辅导培训可以帮助班主任学习与学生有效沟通，倾听和协助他们解决学习和生活中的问题。这种能力的提升不仅有助于班主任更好地理解学生的内心世界，还能够促进他们的心理健康和全面发展。因此，班主任的职责已经不再仅限于管理和照顾学生，而是更加强调教育和心理支持，这也需要他们不断提升自己的专业能力和素养，以更好地引领学生健康成长。

（三）课程设计与资源整合

在当今技术飞速变革的时代，课程设计和资源整合成为班主任必须面对的重要挑战。针对这一挑战，班主任需要灵活地根据学生的实际情况和学习需求，设计和调整课程内容和教学方法。这种灵活性使得课堂更具针对性和吸引力，能够更好地满足学生的学习需求。为了更好地实现这一目标，班主任需要充分利用各种教学资源和工具。举例来说，班主任可以利用在线教学平台上的优质资源，如教学视频、在线课件、交互式学习游戏等。通过整合这些资源，班主任可以设计出更加丰富多样的教学活动和任务，从而激发学生的学习兴趣和参与度。例如一位语言班主任可以在课堂上利用在线语言学习平台的语音识别功能，让学生进行口语练习并获得实时反馈。又如，一位历史班主任可以设计一场虚拟博物馆之旅，让学生通过在线资源了解历史文物的背后故事。这些活动不仅能够增加课堂的趣味性，还可以提高学生的学习动机和效果。

（四）学生参与与反馈机制

建立有效的学生参与与反馈机制对提高教学效果至关重要，班主任可以采取多种方式来促进学生的积极参与，并及时收集他们的反馈意见和建议。第一，课堂讨论是一种有效的方式。它可以激发学生思维，增强他们对学习内容的理解和应用能力。通过组织开放式的讨论，鼓励学生就课程中的问题、观点或案例进行交流和思考，可以促进他们主动参与，提高学习效果。班主任可以倾听学生的讨论，了解他们对知识的理解程度和学习需求，从而及时调整教学策略。第二，小组合作是一种促进学生参与和互动的有效方式。通过组织小组项目、案例分析或问题讨论，可以让学生在团队合作中相互学习、交流思想，并共同解决问题。在小组合作过程中，班主任可以观察学生的表现，了解他们的学习动态，并及时给予指导和反馈，以促进学生的学习和发展。第三，利用在线问卷调查是收集学生反馈意见的有效途径。班主任可以定期组织问卷调查，询问学生对课程内容、教学方法和学习体验的看法和建议。通过分析问卷调查结果，班主任可以了解学生的学习需求和意见，及时调整课程设计和教学方法，以提高教学效果。

（五）教学评价与质量保障

随着教学方法和手段的不断更新，教学评价和质量保障也必须跟上步伐。为全面了解学生的学习情况和水平，班主任可以采用多元化的评价方式。这包括课堂表现评价，通过观察学生的参与度、提问回答情况等来评价他们的学习表现；作业考查评价，通过作业完成情况来评价学生对知识的掌握程度；项目展示评价，让学生展示他们的学习成果和创意，从而评价他们的综合能力和实际应用能力。学校可以建立完善的质量保障体系，以确保教学质量和水平。这包括定期对教学过程和效果进行评估和反馈。通过教学观摩、课程评估、学生问卷调查等方式，学校可以收集师生的意见和建议，发现教学中存在的问题，并及时采取措施加以解决。学校还可以建立班主任培训和发展计划，提升班主任的教学水平和专业能力，进一步提高教学质量。

面对技术变革，教育者需要采取一系列教学策略调整。首先，班主任应当更新教学方法与手段，包括引入多媒体教学资源、利用虚拟实验和模拟器进行实践教学等。其次，教育者需要提升自身能力，特别是班主任角色应向教育者和心理支持者转变。再次，课程设计与资源整合也是关键，班主任应根据学生需求设计课程，并充分利用各种在线资源。然后，建立有效的学生参与与反馈机制至关重要，班主任可以通过课堂讨论、小组合作和在线问卷调查等方式实现。最后，教学评价与质量保障是不可或缺的，学校应建立完善的质量保障体系，定期评估教学效果，以确保教学水平的提高。

第五章　评估与反馈在数学课堂中的应用

第一节　评估与反馈的理论基础

一、教育评估的目的与意义

教育评估是评价教育过程和结果的系统性、客观性过程，旨在帮助教育者了解学生的学习情况和教学效果，从而进一步改进教学方法，提高教学质量。下面将探讨教育评估的目的与意义，以及评估方法与工具，最后分析评估结果的应用。

（一）评估的概念与定义

教育评估是一项系统性、客观性的过程，旨在评价教育过程和结果。它涉及对学生的学习成绩及整个教学活动的全面评价。与简单的学习成绩检查不同，教育评估关注的不仅是学生在考试中取得的分数，还包括对其综合能力、思维方式及情感态度等方面的评估。通过收集、分析和判断数据，教育评估帮助教育者了解教学的有效性和学生的学习状况，为进一步改进教学方法、制订个性化教学计划提供依据。举例来说，一位数学班主任可能通过定期的小测验、作业评定和课堂互动等方式来评估学生的数学技能。然而评估不仅仅局限于学生的数学成绩，还可能包括对其解决问题的能力、沟通技巧及团队合作能力等方面的评估。通过这种综合性的评估，班主任能够更好地了解学生的整体表现，并根据评估结果调整教学策略，帮助每个学生发挥其巨大潜力。

（二）评估的目的与价值

教育评估的价值和目的是多方面的，旨在促进教育体系的改进与发展。评估可以为教学过程提供反馈和指导，帮助班主任更好地理解学生的学习需求和问题，并及时调整教学策略以提高学生的学习效果。通过持续的评估，班主任能够实时地了解教学活动的效果，有针对性地进行教学改进，确保教学质量不断提升。教育评估有助于学校和教育管理部门了解教育质量，为制定教育政策提供科学依据。通过评估教育过程和结果，教育管理部门可以全面了解学校的教学水平、师资力量、教学资源配置等方面的情况，从而发现存在的问题和不足，为教育改革提供数据支持，推动教育体系的持续发展。教育评估还有助于促进教育公平和个性化发展。通过对学生的综合能力、思维方式、情感态度等方面的评估，班主任可以更全面地了解学生的学习特点和需求，为个性化教育提供支持和指导，确保每个学生都能够得到平等的教育机会和个性化的学习支持。

（三）评估方法与工具

评估方法与工具的多样性为教育者提供了丰富的选择，以更全面地了解学生的学习情况和需求。定性评估方法通过观察、访谈和问卷调查等方式，能够深入了解学生的学习态度、思维方式及对学习内容的理解程度。例如在数学课堂中，班主任可以通过观察学生的课堂参与度、解题思路和与同学的互动来进行定性评估，从而获取更具体的学情信息。相比之下，定量评估则更侧重于量化指标和数据的收集与分析，通常通过考试成绩、测验分数等来评估学生的学习成绩和能力水平。在数学教育中，常见的定量评估工具包括小测验和作业考核，这些工具能够帮助班主任客观地了解学生在数学知识和技能方面的掌握情况，为有针对性地教学提供依据。

（四）评估结果的应用

评估结果的应用是教育系统中至关重要的一环，它直接影响到教学质量的提升和教育改革的实施。班主任可以通过分析评估结果，及时调整和改进教学过程。例如如果评估显示学生在某个知识点上普遍存在困难，班主任可以针对这一问题调整教学内容和方法，采取更加生动、有效的教学手段，以帮助学生克服困难，提高学习效果。评估结果也可以为教育管理部门和政策制定者提供重要的参考依据。通过分析学校和教育机构的评估数据，教育管理部门可以全面了解教育质量、师资水平、学生学习成效等方面的情况，发现存在的问题和瓶颈，为教育政策的制定和改革提供科学依据和数据支持。例如评估结果显示某个教学方法在多个学校都取得了显著的教学效果，教育管理部门可以考虑将这种方法推广到更多的学校，以提高整体的教育质量。

教育评估的价值和目的在于促进教育体系的改进与发展。通过评估，班主任可以更好地了解学生的学习需求和问题，及时调整教学策略；学校和教育管理部门可以全面了解教育质量，为制定教育政策提供科学依据；评估还有助于促进教育公平和个性化发展，确保每个学生都能够得到平等的教育机会和个性化的学习支持。因此，教育评估在教育改革和教学过程中起着至关重要的作用。

二、反馈机制在教育中的作用

反馈在教育中扮演着至关重要的角色，它是学生学习过程中的关键环节之一。通过及时、准确的反馈，学生能够更好地了解自己的学习状态，发现并改进学习中的问题，从而不断提升自己的学习效果。下面探讨反馈的概念与类型，以及反馈对学习的影响，进而介绍如何建立有效的反馈机制及在教学实践中采取的相关策略。

（一）反馈的概念与类型

反馈是指在学习过程中向学生提供有关其学习情况和表现的信息，以便其了解自己的学习进展并做出调整。反馈可以是来自班主任、同学或学习环境的，形式多样，包括口头反馈、书面反馈、评估结果等。口头反馈通常是班主任在课堂上直接对学生的表现进行评价和指导，例如提出肯定的鼓励或建议改进的意见。书面反馈则可以是在作业、测验或考试中给予学生的评语和批注，帮助学生了解自己的错误和不足之处。评估结果是通过考试成绩、测验分数等客观数据反映学生的学习成绩和能力水平，也是一种重要的反馈形式。这些不同形式的反馈都能够帮助学生更好地了解自己的学习情况，从而有针对性地调整学习策略和提高学习效果。

（二）反馈对学习的影响

反馈对学习有着深远的影响，有效的反馈可以提高学生的学习动机和积极性。当学生得到积极的反馈时，他们会感到被认可和鼓励，从而更加努力地投入学习，并持续取得进步。反之，如果反馈缺乏及时性或准确性，学生可能会感到挫败和沮丧，导致学习兴趣和动力下降。反馈可以帮助学生更清晰地了解自己的学习状态和存在的问题。通过反馈，学生能够及时发现并纠正学习中的错误和不足，不断提高自己的学习水平。良好的反馈机制还可以促进学生与班主任之间的互动和沟通。通过与班主任和同学的反馈交流，学生可以更好地理解学习目标和要求，形成良好的学习习惯和自我调节能力。

（三）建立有效反馈机制

建立有效的反馈机制是教育中至关重要的一环。反馈的及时性对于学生的学习动力和方向非常关键。想象一下，一个学生在完成作业后得到及时的反馈，可以立即了解自己的优势和不足，从而在接下来的学习中有针对性地改进。相反，如果反馈拖延或不准确，学生可能会失去对学习的积极性和方向感。反馈应该是具有指导性和建设性的，这意味着反馈不应仅仅停留在表面的表扬或批评，而应提供具体的建议和改进方向。例如当学生在写作中存在逻辑不清或语法错误时，班主任可以给予具体的修改建议，如加强段落连接或修正语法错误，以帮助学生理解问题的本质并改进写作水平。建立多元化的反馈渠道也是关键之一。现代技术的发展使得在线平台、电子邮件、即时通信等成为便捷的反馈工具，利用这些工具，班主任可以更灵活地与学生进行交流和反馈。同时，班主任还可以利用小组讨论、同侪评审等方式促进学生之间的合作与学习共享，从而实现更全面的反馈和学习体验。

（四）反馈的实践策略

在实践中，班主任可以运用多种策略来确保反馈的有效性和实用性。首先，定期进行课堂回顾和反思是至关重要的。通过这种方式，班主任可以回顾之前的教学内容，帮助学生巩固知识，同时也可以让学生对自己的学习进行评价和反思，从而更好地认识到自己的优势和不足。其次，利用小组讨论和合作学习是一个非常有效的策略。通过小组合作，学生可以相互交流、讨论和分享想法，从而促进彼此的学习。在小组讨论中，班主任可以起到引导和促进的作用，及时给予学生反馈，帮助他们更好地理解问题和改进学习方法。最后，设计开放式问题和探究性任务也是一种有效的策略。这种任务可以激发学生的思维和创造力，培养他们的解决问题的能力。在学生完成任务后，班主任可以给予及时的反馈和指导，帮助他们发现问题，并提出解决方案。

反馈不仅是教学过程中的一种信息传递，更是学生学习的关键支撑。它能够激发学生的学习动机，帮助他们更好地理解自己的学习状态，并与班主任及同学进行有效的互动。为建立有效的反馈机制，班主任应当注重反馈的及时性、指导性和多样性，并灵活运用各种实践策略，如课堂回顾与反思，小组讨论与合作学习，开放式问题与探究性任务等。班主任通过这些努力，可以促进学生的全面发展，实现教育目标的有效实现。

三、评估与反馈的关系分析

评估与反馈在教学过程中扮演着至关重要的角色，它们不仅相辅相成，而且构成一个密不可分的循环。评估通过检查和评价学生的学习成果和教学效果，为提供有效反馈奠定基础；而反馈则是基于评估结果向学生提供有针对性的信息和建议，帮助他们了解自己的学习状况，发现不足并改进学习方法。教学中的评估与反馈共同构成一个闭环过程，不断推动着学生和班主任的进步和提高。

（一）评估与反馈的联系

评估与反馈是教学过程中密不可分的两个环节，二者相辅相成。评估是对学生学习成果和教学效果的检查和评价，而反馈则是基于评估结果向学生提供有针对性的信息和建议。评估是反馈的基础。通过对学生的学习情况进行评价，班主任可以更准确地了解学生的学习水平和问题所在，从而为提供有效的反馈奠定基础。反馈则是评估的延伸和实践。它帮助学生理解评估结果，发现自己的不足并改进学习方法。例如在一次数学测验后，班主任可以通过评估学生的答题情况来发现哪些概念学生掌握得不够扎实，然后通过书面反馈或口头指导向学生提供相关的解释和建议，帮助他们更好地理解并消化知识。

（二）评估与反馈的循环过程

评估与反馈形成一种教学闭环，其关系紧密而相互促进。评估确定教学目标和标准，为后续教学活动提供清晰的方向。这一阶段，班主任可能会采用各种评估方法，包括测试、作业、项目评估等，以便全面了解学生的学习状况。接下来，根据评估结果，班主任向学生提供反馈。这种反馈应该是及时的、具体的，并且能够反映学生的具体需求和困难。通过反馈，学生能够更好地了解自己的学习状况，知道哪些方面需要改进和加强。然后学生根据这些反馈调整学习策略和方法，以更有效地达到学习目标。这可能会包括更多的练习、寻求额外的帮助或调整学习计划。学生再次参与评估，闭环完成。这种循环过程不仅能帮助学生持续提升自己的学习水平，还能让班主任不断改进教学方法和课程设计，从而实现教育目标的有效实现。

（三）评估反馈在教学中的应用场景

评估反馈在教学中的应用场景多种多样，涵盖了课堂教学、作业布置及考试评价等各个环节。在课堂教学中，班主任可以通过实时观察学生的表现和参与度进行口头反馈。例如班主任提出问题时，可以根据学生的回答情况给予肯定或指导性的反馈，激发学生的思考和参与热情。班主任还可以利用课堂讨论和小组活动的形式，鼓励学生相互交流并提供反馈，促进学生之间的合作与共享。作业布置是评估反馈的另一个重要场景。班主任可以通过批改作业并给予书面反馈的方式，帮助学生了解自己的错误和不足之处。例如在批改作文时，班主任可以对学生的语法错误或逻辑不清进行指正，并给予相应的建议和改进方向，引导学生逐步提升自己的写作水平。考试评价也是评估反馈的重要环节。通过对考试成绩和答题情况的分析，班主任可以为学生提供明确的学习方向和建议。例如当学生在某一知识点上表现较差时，班主任可以有针对性地安排复习任务或提供额外的辅导材料，帮助学生加强薄弱环节，提高学习效果。

（四）优化教学过程与结果

评估反馈不仅是学生学习的关键，也是班主任优化教学过程和结果的利器。通过对学生的学习情况进行全面、准确的评估，班主任能够了解到自己教学中存在的不足和问题。这种了解是班主任进行教学改进的前提和基础。例如班主任发现学生在某一知识点上普遍表现不佳时，可以考虑调整教学方法或加强相关知识点的讲解，以提高学生的学习效果。通过向学生提供有效的反馈，班主任可以激发学生的学习动力和兴趣。积极的反馈可以让学生感受到被认可和鼓励，从而更加努力地投入学习，并持续取得进步。例如当学生在一次小组项目中表现出色时，班主任可以及时给予肯定和赞扬，激发学生对学习的热情，促使他们保持学习动力，进而取得更好的成绩。

评估与反馈的密切联系体现了教学过程中信息的双向流动，评估为提供有效反馈奠定了基础，而反馈则帮助学生理解评估结果，改进学习方法。它们共同构成一个循环过程，在教学中发挥着至关重要的作用。通过在不同的教学场景中应用评估和反馈，班主任可以不断优化教学过程和结果，促进学生的全面发展和学习目标的有效实现。

四、评估与反馈在数学课堂中的重要性

在现代数学教育中，评估与反馈不仅是衡量学生学习成就的手段，更是促进教学互动与学习效果的重要工具。通过精确的评估和及时的反馈，班主任能够个性化地指导学生学习，提升教学效果，支持班主任的决策，并增强课堂的互动性。下面探讨评估与反馈在数学课堂中的多重作用，展示其在提升学生学习成效和班主任教学质量方面的关键性。

（一）指导学生学习

评估与反馈在数学课堂中扮演着引导学生学习的重要角色。通过评估学生的学习情况，班主任可以了解到每个学生在数学知识掌握上的差异性。例如在一个几何学单元中，班主任可能会发现一些学生对平面图形的性质理解较好，而对立体图形的空间想象能力较差。基于这一评估结果，班主任可以有针对性地向这些学生提供反馈，有针对性地设计教学活动。例如通过引导学生使用立体模型或实物，或者通过多媒体展示，帮助学生更直观地理解立体图形的性质，从而弥补他们的学习差距。这种个性化的反馈和指导有助于每个学生都能够根据自己的学习需求和水平进行有效的学习，从而提高整个班级的学习效果。

（二）提升教学效果

评估与反馈在数学课堂中扮演着提升教学效果的关键角色。通过组织定期的

评估活动，班主任可以全面了解学生对数学知识的掌握情况，从而及时调整教学内容和方法，以更好地满足学生的学习需求。例如在教授三角函数的过程中，班主任可以通过小测验或课堂练习，了解学生对不同类型三角函数的理解程度。基于评估结果，班主任可以有针对性地选择案例进行讲解，或者提供更多的练习题巩固学生的基础知识。通过向学生及时提供精准的反馈，班主任可以帮助他们及时发现和纠正错误，从而提高学习效率和成绩。例如当学生在解题过程中频繁犯错时，班主任可以通过书面反馈或一对一辅导，指出学生的错误，并给予相应的解题建议，帮助他们更好地理解数学概念和方法。这种精准、及时的反馈有助于激发学生的学习动力，促使他们更加专注和努力地投入到数学学习中，从而提升整个课堂的教学效果。

（三）促进班主任发展

评估与反馈对班主任的发展具有重要的促进作用。通过定期评估学生的学习情况，班主任可以全面了解班级整体的学习状况和存在的问题。例如通过分析学生的考试成绩和作业表现，班主任可以发现是否有部分学生在数学学习上存在较大的困难，或者是否有整体性的教学问题需要解决。基于这些评估结果，班主任可以及时采取相应的措施，如调整教学策略、加强师资培训或提供个性化辅导服务，以提高整体教学质量和学生成绩。通过向学生和家长提供反馈，班主任可以促进学生与家长进行良好沟通和合作。例如当班主任发现学生普遍在数学学习上遇到困难时，可以通过家长会或家访等方式，向家长说明情况并提出改进建议，与其共同制订促进学生数学学习的方案。这种密切的家校合作有助于加强家长对学生学习的监督和支持，从而有效提升学生的学习动力和成绩。通过评估与反馈的有效运用，班主任能够不断提升自身的教学水平和管理能力，为班级全面发展和学生成长提供更好的支持和指导。

（四）增强课堂互动

评估与反馈的有效运用能够极大地增强数学课堂的互动性。通过定期进行课堂测验、小组讨论和作业布置等活动，班主任能够积极地收集学生的学习表现，并及时对其进行评估和反馈。这种互动不仅可以让学生更加积极地参与到课堂活动中，还能够促进师生之间进行更有效的沟通和交流。例如在解决数学问题的过程中，班主任可以鼓励学生提出自己的思考和观点，然后通过即时的反馈和指导来引导他们更深层次地思考问题。这样的互动过程不仅可以激发学生的学习兴趣，还能够培养他们的批判性思维和解决问题的能力。通过及时给予学生肯定和鼓励，班主任可以增强学生的自信心，使他们更加积极地参与到课堂讨论中。评估与反馈的有效运用能够营造出积极向上的学习氛围，增强师生之间的互动效果，从而提升整个课堂的教学质量。

评估与反馈作为数学课堂中的重要元素，发挥着多方面的作用。它帮助班主任更好地了解学生的学习状态，从而个性化地引导他们学习的过程。通过精准反馈，班主任能够调整教学策略，提升教学效果，使学生在数学学习中取得更好的成绩。评估与反馈也支持班主任的全面发展，帮助他们有效管理班级和与家长合作，共同促进学生的全面发展。最重要的是，评估与反馈能够营造了积极的学习氛围，增强师生之间的互动效果，从而进一步提升数学课堂的教学质量和学生的学习体验。评估与反馈不仅是教学过程中不可或缺的环节，更是推动数学教育持续进步的关键因素。

第二节　数学课堂的评估方法

一、传统评估方法的优劣分析

在学校教育中，评估学生的学习情况是一个至关重要的环节。传统的评估方法，如笔试、口试，作业与小测，期中考试、期末考试及标准化测试，各有其独特的优势和劣势。这些评估方法在不同程度上反映学生的学习水平和能力，为教学提供重要的反馈和指导。下面将对这些传统评估方法进行深入分析，探讨它们的优缺点及在教学实践中的应用情况。

（一）笔试与口试

笔试与口试作为常见的评估方法，在数学课堂中扮演着重要的角色。它们能够全面评估学生的数学知识和能力，从不同角度了解学生的学习情况。通过笔试，班主任可以评估学生的计算能力、推理能力和解决问题的能力，例如通过解题过程评判学生的推理逻辑和运算准确性。而口试则更注重学生的口头表达和思维逻辑，这种方式可以更直观地观察学生的思维过程和表达能力，促进学生的语言交流与思维深度。举例来说，在一次数学笔试中，一道要求学生利用已知条件推导未知数的题目，不仅考验他们的推理能力，同时也考察他们对所学知识的理解程度。然而这些方法也存在一些劣势：过于注重学生的记忆和表达能力，而忽略他们的实际理解和应用水平；有些学生可能在紧张的考试环境下无法充分发挥自己的实际水平，导致评估结果不尽准确；评估周期较长，无法及时发现和纠正学生的学习问题，对教学效果的及时调整有所不足。因此，在评估过程中，需要综合运用多种方法，以更全面地了解学生的学习情况，为个性化教学提供有效支持。

（二）作业与小测

作业与小测在教学评估中扮演着重要的角色。它们可以帮助班主任及时了解学生对课堂内容的掌握情况，发现他们的学习差异，并为个性化指导提供数据支持。作业与小测的优势在于，它们是一种日常性的评估方式，能够频繁地检验学生的学习进度。通过这些任务，班主任可以快速了解学生是否理解课堂所学内容，是否能够独立应用知识解决问题。及时的作业和小测结果可以为班主任调整教学策略提供反馈，使教学更具针对性。然而作业与小测也存在一些劣势：它们的题量和难度通常有限，难以全面反映学生的数学能力；学生可能会过于依赖已有的解题模式，而忽视灵活运用知识的能力；有些学生可能只是应付性地完成作业和小测，只关注如何答对题目，而忽略深层次的理解和应用能力。为克服这些劣势，班主任可以设计更具挑战性和启发性的作业和小测，鼓励学生思考、探索和创新。例如在作业中加入一些综合性的题目，让学生结合所学知识解决实际生活中的问题，这样能够促使他们将数学知识应用于实际情境中，培养他们的综合运用能力。

（三）期中期末考试

期中期末考试在学校教育中扮演着至关重要的角色。它们不仅是对学生学习成果进行全面、系统评价的方式，同时也是检验教学效果的重要指标，为学生未来的学习提供重要参考。优势方面：期中期末考试能够对学生在一段时间内所学知识的掌握情况进行全面评估，通过这种周期性的考核，班主任可以了解学生的学习进度和水平，及时调整教学内容和方法，以提高教学效果；期末考试也为学生提供了一个机会，可以使其系统地回顾和总结所学知识，加深理解，提高记忆和应用能力。然而期中期末考试也存在一定的劣势：由于考试时间和范围相对固定，可能无法充分覆盖学生的所有学习内容；有些重要的知识点可能因时间限制而无法在考试中得到充分考察；有些学生可能会因为考试紧张而发挥失常，无法真实地展现自己的水平。这可能会导致考试成绩不能完全客观地反映学生的实际能力。举例来说，在期末考试中，学生通常需要面对一份包含多个知识点的试卷，涉及整个学期所学的数学知识。例如试卷可能包括对代数、几何、概率与统计等多个领域的考核，从基础知识到应用能力都有所涉及。这样的考试安排能够综合评价学生的各方面能力，但也有可能使学生感到挑压力较大。

（四）标准化测试

标准化测试作为一种客观全面的评估方式，在学校教育中扮演着重要的角色。它能够对学生的学习水平进行客观、综合地评估，并将其与其他学生进行比较，具有较高的可比性和可信度。这种评估方式不受地域、学校差异的影响，为学生提供客观公正的评价，有助于学校和教育部门进行教学质量评估，推动教育水平的提升。然而标准化测试也存在一些劣势。首先，它是一种统一的评估方式，难以针对个体学生的特点和需求进行个性化评价。因为考试内容和形式较为固定，可能无法全面地反映学生的个性化发展和潜力。其次，标准化测试往往偏重考查学生对知识的记忆和应试能力，而忽视对学生综合运用知识能力及创造性思维等方面的评价。这可能导致一些学生在应试技巧上表现出色，却在实际问题解决能力上有所欠缺。举例来说，一些标准化测试可能只注重学生对数学公式的记忆和简单的计算能力，而忽略对数学概念的理解及解决实际问题的能力。这样的评价方式可能无法全面反映学生的数学水平和潜力。

传统的评估方法在评估学生学习情况方面各有利弊。笔试与口试能够全面评估学生的知识和能力，但可能过于注重记忆和表达能力，忽视实际理解和应用水平。作业与小测能够频繁检验学生学习进度，但题量和难度有限，无法全面反映学生能力。期中期末考试能够全面评估学生一段时间内的学习情况，但可能无法覆盖所有学习内容，且受考试环境影响较大。标准化测试具有客观全面的评估优势，但难以针对个体学生进行个性化评价，可能忽视学生的综合运用能力。因此，在教学实践中，需要综合运用多种评估方法，以更全面地了解学生的学习情况，为个性化教学提供有效支持。

二、形成性评估与终结性评估的结果

形成性评估和终结性评估是教育领域中两个重要的评估方法，它们各自具有特点和作用。形成性评估强调学习过程中的持续性反馈与指导，促进学生的个性化发展；而终结性评估则对学生在学习周期末的综合成果进行评价，为教学质量和学生发展提供全面的视角。如何将这两种评估方法有机地结合起来，对于提升教学效果和学生学习成果具有重要意义。下面就形成性评估与终结性评估的特点、意义及整合方式进行深入探讨，并分析评估结果的反馈与调整对教学质量提升的重要性。

（一）形成性评估的特点与作用

形成性评估具有几个显著特点，这使得它成为教育领域中的重要工具。形成性评估是一个持续性的过程，与学习过程同步进行，而非仅在特定时间点进行。这种实时性使得班主任能够及时了解学生的学习进展和困难，并及时进行调整和支持。形成性评估强调的是学习过程而非结果。这意味着班主任关注的焦点不仅在于学生最终的成绩，更在于学生是如何学习的，以及他们在学习过程中面临的挑战和取得的进步。形成性评估注重对学生的个性化支持和指导。通过及时的反馈和指导，班主任可以更好地满足不同学生的学习需求，促进每个学生的个体发展。形成性评估的作用也十分重要，首先，它可以帮助班主任更好地了解学生的学习情况，发现他们的学习困难和需要改进的地方。这种了解可以指导班主任调整教学策略和方法，以更好地满足学生的学习需求。其次，形成性评估可以激发学生的学习动力和积极性。通过及时的反馈和鼓励，学生会感受到自己的进步和成就，从而更有信心和动力去学习。最后，形成性评估还可以帮助班主任和学校进行教学质量的评估和改进。通过分析形成性评估的结果，班主任和学校可以发现教学中存在的问题和不足，从而及时进行改进，提高教学质量。

（二）终结性评估的意义与应用

终结性评估在教育中扮演着至关重要的角色，首先，它为班主任提供了一个全面评价学生学习成果的机会。通过期末考试、项目作业、论文等形式的终结性评估，班主任能够对学生在整个学习周期内掌握的知识、技能和能力进行全面评估，从而更好地了解教学的成效和学生的学习情况。其次，终结性评估有助于学生自我认知和学习规划。通过了解自己在学习中的表现，学生可以清楚地认识到自己的优势和不足，为今后的学习和发展制订合理的目标和计划。这种自我认知的过程对学生的成长和进步至关重要。再次，终结性评估也是评估教学质量的重要手段之一，通过分析学生在终结性评估中的表现，班主任可以评估自己的教学方法和策略是否有效，是否需要做出调整和改进，从而提升教学质量，提高学生的学习效果。最后，终结性评估还为学校管理和决策提供重要的参考依据。学校可以通过终结性评估的结果来评估学校整体的教学水平和学生的学习成果，为学校未来的发展和改进提供指导和建议。

（三）形成性评估与终结性评估的整合

形成性评估和终结性评估的整合是教育评价中的重要实践，通过它们的相互作用可以实现对学生学习过程的全面把握。形成性评估为终结性评估提供宝贵的数据支持和反馈信息。形成性评估通常在学习过程中频繁进行，例如课堂小测、作业评定、课堂讨论等。这些形成性评估的结果能够及时反映学生的学习情况和掌握程度，为班主任提供调整教学策略、帮助学生解决问题的依据。这些数据和反馈信息可以被用来指导和准备终结性评估，以确保学生在最终评价时能够达到预期的学习目标。终结性评估可以对形成性评估的结果进行总结和归纳，形成对学生学习全过程的综合评价。终结性评估通常在学习周期末或阶段结束时进行，例如期末考试、项目展示、学期论文等。通过对学生在一段时间内的学习成果进行综合评价，班主任可以更全面地了解学生的学习情况和表现，同时也能够了解形成性评估在学生整个学习过程中的有效性和准确性。

（四） 评估结果的反馈与调整

评估结果的反馈与调整是教育评价的重要环节，它直接影响到教学质量和学生的学习效果。评估结果的及时反馈可以帮助班主任了解学生的学习情况和表现。通过分析评估结果，班主任可以发现学生的学习困难和不足之处，从而有针对性地调整教学内容和教学方法，帮助学生更好地理解和掌握知识。例如如果评估结果显示学生普遍对某一概念理解不深，班主任可以有针对性地重新讲解并提供更多的练习机会。评估结果的反馈也对学生和家长具有重要意义。通过向学生和家长反馈评估结果，可以使他们清楚地了解学生在学习中的表现和存在的问题，从而更好地配合班主任的教学工作，共同制订学习计划和目标。这种合作与沟通有助于建立良好的学习氛围和家校合作机制，促进学生的学习和发展。评估结果的反馈和调整是一个持续不断的过程，班主任需要根据不同时间点的评估结果，及时调整教学策略和方法，以适应学生的学习变化和需求。学校和教育管理部门也可以通过评估结果进行教学质量的监测和评估，及时发现问题并采取措施加以解决，持续提升教学效果。

形成性评估与终结性评估作为教育评价中的两大支柱，在教学过程中各司其职，相互补充。形成性评估通过实时反馈与指导，促进学生的持续发展；而终结性评估则对学生整体学习成果进行全面评价，为教学质量和学生自我认知提供依据。二者的有机结合，不仅能够更好地把握学生的学习过程和成果，也有助于班主任调整教学策略、促进学生的个性化发展。评估结果的及时反馈与调整，则是保证教学质量持续提升的关键环节，需要班主任、学生和家长共同努力，实现教育的最终目标——促进每个学生的全面发展。

三、多元评估方法的探索与实践

在教育领域，评估学生的学习成果和能力水平是至关重要的。然而传统的考试评价往往只能反映学生的表面知识，而无法全面考察其综合能力和潜在潜能。因此，为更有效地评价学生的学习，教育界不断探索和实践多元化的评估方法。下面探讨小学数学中的多元评估方法，包括项目作业评估、口头表达评估、实践探究评估及个性化评价方法，以期为教育实践提供启示和参考。

（一）项目作业评估

小学数学中的项目作业评估是一种多元化的评价方式，通过让学生完成具体项目来考察其综合能力和创造性思维。在小学数学中，项目作业可以涉及各种实际生活中的数学问题，例如测量、几何、数据分析等方面。举例来说，一个小学数学项目作业可以是关于测量的任务。学生可以被要求在教室或学校周围进行测量活动，比如测量桌子的高度、书架的长度或操场的面积。通过这个项目，学生不仅需要掌握测量的基本技能，还需要应用数学知识解决实际问题，例如选择合适的测量工具、进行准确的测量、记录数据并进行简单的数据分析。他们还需要展现创造性思维，例如想出不同的测量方法或提出改进现有测量方法的想法。

（二）口头表达评估

口头表达评估是一种直接了解学生思想和沟通能力的重要方式。通过观察学生的口头表达内容、表达方式及沟通技巧，评价其综合素质。举例来说，在课堂上，班主任可以组织学生进行小组讨论或演讲，从中评估其语言表达、逻辑思维和团队合作能力。这种评估方式使班主任能够更全面地了解学生的实际能力和交流技巧，而非仅仅依赖于笔头上的成绩。通过这样的活动，学生不仅能够提升自己的口头表达能力，还能够培养自信心和团队合作精神。口头表达评估的重要性在于，它更贴近现实生活中的沟通需求，能够培养学生在不同场景下的应变能力和交流技巧，对他们未来的职业发展和社会融入至关重要。

（三）实践探究评估

实践探究评估是一种注重学生实际操作和问题解决能力的评价方法，在课程中，学生可以通过实验设计和实验操作来深入探究理论知识。举例来说，学生可以设计一个物理实验来验证牛顿第二定律，通过测量物体的质量和加速度，进行数据分析和结论总结。这样的实践探究评估不仅能考查学生的理论掌握程度，还能培养其实验设计和问题解决能力。通过实际操作，学生能够更直观地理解科学原理，并通过分析实验数据得出结论，从而提升实践能力和科学思维。实践探究评估也能够激发学生的学习兴趣，让他们更加积极地参与学习过程中来。因此，实践探究评估在培养学生实践能力和科学素养方面具有重要意义，有助于学生全面发展。

（四）个性化评价方法

个性化评价方法是一种重视学生个体特点和学习需求的评价方式，旨在充分挖掘和发展学生的个性潜能。在小学数学学科中，个性化评价方法可以通过多种途径实现。例如针对数学学习，班主任可以采用不同的教学策略和评价标准，以满足不同学生的学习需求。对于喜欢抽象思维的学生，可以提供更多的数学推理题目和证明练习；对于喜欢实际运用的学生，可以设计更多的数学建模和问题解决任务。个性化评价方法还可以结合技术手段，如在线学习平台和个性化学习软件，根据学生的学习数据和表现，进行个性化的学习跟踪和评价。通过个性化评价，学生可以更充分发挥自己的优势，找到适合自己的学习方式，提升学习动力和成绩。班主任也能更好地了解每个学生的学习情况，及时调整教学策略，促进学生全面发展。因此，个性化评价方法在数学教育中具有重要意义，有助于实现教育的个性化和差异化。

小学数学中的多元评估方法为教育带来新的可能性和机遇。项目作业评估，注重在实践中运用数学知识，培养学生创造性思维和解决问题的能力；口头表达评估，直接考查学生的沟通能力和思维逻辑；实践探究评估，注重学生的实际操作和问题解决能力培养；而个性化评价方法则更好地满足学生个体差异，发挥其潜能。这些方法的综合运用，不仅能够更全面地了解学生的学习情况，还能够促进其全面发展，为教育的个性化和差异化提供重要支持。

四、评估结果的有效利用与改进

评估结果的分析与解读对教育工作者来说至关重要。这一过程不仅能揭示学生学习状态和需求的关键线索，还能为教学改进提供指导方向和行动计划。下面探讨评估结果的有效利用与改进策略，并探讨如何通过这些结果指导学生的学习和促进班主任的专业发展。

（一）评估结果分析与解读

评估结果的分析与解读是教育中不可或缺的环节。它能为班主任提供洞察学生学习状态和需求的重要线索。例如通过口头表达评估，班主任可能会发现一些学生在表达思想时遇到困难，这可能是因为他们缺乏语言表达能力或思维逻辑不清晰。在项目作业评估中，频繁出现的测量误差可能提示学生需要加强测量技能和数据分析能力。通过深入分析这些问题，班主任可以更精准地定位学生的需求，并有针对性地制定教学改进策略，以提升他们的学习效果。因此，评估结果的分析和解读是教学改进的关键一环，它能为班主任提供指导方向和行动计划。

（二）教学改进策略

针对口头表达评估和项目作业评估中发现的问题，制定相应的教学改进策略至关重要。针对口头表达方面，可以开展多样化的口语训练活动，例如模拟演讲、小组讨论等，以帮助学生提升语言表达能力和逻辑思维能力。通过这些活动，学生能够更多地参与到语言交流中，积极表达自己的想法，并从中获得反馈和提升。对于项目作业评估中出现的问题，班主任可以设计更多的实践活动，加强学生的实际操作能力。例如针对测量误差较大的情况，可以组织学生进行更多的实地测量活动，并引导他们认识到测量的重要性和技巧。给予学生充分的指导和反馈，帮助他们逐步改进实践操作的准确度和技能水平。这些教学改进策略的实施可以有效地解决评估中发现的问题，提升学生的学习效果和能力水平。这些策略也有助于激发学生的学习兴趣，增强他们的学习动力，进而推动教育教学工作的不断发展和完善。

（三）学生学习指导

评估结果不仅是为了班主任改进教学，也是为了更好地指导学生学习。根据评估结果，班主任可以量身定制个性化的学习指导方案，帮助学生更有效地提升自己的学习能力和技能水平。例如：针对口头表达能力较弱的学生，班主任可以开设专门的口语训练课程或提供个别辅导，通过练习和指导，帮助他们克服语言障碍，提高表达能力；对于在项目作业中遇到困难的学生，班主任可以提供一对一的指导，帮助他们理清思路，掌握解决问题的技巧。通过这些个性化的学习指导方案，学生能够更有针对性地进行学习，提高学习效率，更好地实现个人学习目标。学生也会感受到班主任的关注和支持，增强学习的自信心和动力。因此，评估结果不仅为班主任提供改进教学的方向，也为学生提供更加有效的学习指导，促进他们的全面发展和个人成长。

（四）班主任专业发展

评估结果不仅对学生的学习有重要意义，也是班主任专业发展的重要指引。通过参与评估结果的分析和解读，班主任可以更深入地了解学生的个体差异和学习需求，从而提升自身的教学水平和指导能力。例如班主任可以积极参与评估结果的分析会议，与其他班主任共同讨论发现的问题，并分享解决方案和经验。这样的交流和合作不仅有助于班主任更全面地认识学生的学习情况，也能从同行的经验中汲取教训，拓展自己的教学思路。班主任还可以主动参与学校组织的专业培训和教研活动，不断提升自己的专业素养和教育水平。通过学习最新的教学理论和方法，班主任可以更好地应对评估中发现的问题，为学生提供更有效的指导和支持。例如学习关于个性化教育的理论和实践方法，可以帮助班主任更好地制订个性化的学习计划和指导方案，满足学生多样化的学习需求。

评估结果的分析与解读是教学改进的关键环节，可帮助班主任更好地了解学生的学习需求。通过制定有针对性的教学改进策略，班主任可以有效解决学生在口头表达和项目作业中遇到的问题，提升他们的学习效果和能力水平。评估结果也可为个性化学习指导提供重要依据，帮助学生实现个人潜力的最大化。评估结果还能为班主任的专业发展提供指导方向，促进其不断提升教学水平和指导能力。通过充分利用评估结果，教育工作者能够更好地实现教育目标，为学生的全面发展和个人成长提供更有效的支持和指导。

第三节　有效反馈的策略与实践

一、即时反馈与延时反馈的结合

在教学中即时反馈和延时反馈都扮演着重要的角色，即时反馈能够在课堂上立即指出学生的优点和不足，提高学习效果；而延时反馈则能够为班主任提供更充分的时间来深入分析学生的表现，并提供更全面的指导和建议。因此，结合即时和延时反馈成为一种有效的教学策略，可以最大限度地发挥两者的优势，提高学生的学习效果。

（一）即时反馈的重要性

即时反馈在教学中扮演着至关重要的角色。通过及时的反馈，班主任能够向学生传达他们的表现质量，无论是积极的还是需要改进的方面。例如在课堂上当学生积极参与讨论时，班主任可以立即给予肯定和鼓励，这不仅可以增强学生的自信心，还能够激发他们的学习兴趣，使他们更加投入到课堂活动中去。另外，当学生出现错误或者不足之处时，即时反馈也能够帮助他们及时纠正错误、改进方法。例如当学生答错了问题，班主任可以立即指出错误之处，并给予正确的解释和示范，从而避免错误的延续和积累。因此，即时反馈不仅能够提高学生的学习效果，还能够增强他们的学习动力和积极性。

（二）延时反馈的优势

延时反馈在教学中具有其独特的优势，通过在一定时间后对学生进行回馈，班主任能够更充分地分析学生的表现，提供更全面和深入的建议。举例来说，在完成一项作业后，班主任可以花时间仔细审阅学生的作品，深入挖掘其中的优点和不足之处。通过详细的批注和评阅，班主任可以为学生提供更具针对性的反馈和改进建议，而不受时间限制或课堂压力的影响。这种延时反馈使得学生能够在更加冷静和深思熟虑的情况下接受反馈，更好地了解自己的不足，并有更多时间思考改进的方法。因此，延时反馈不仅能够帮助学生深入了解自己的学习状况，还能够促使他们更有针对性地学习提高。

（三）结合即时与延时反馈的策略

结合即时与延时反馈是一种有效的教学策略，可以最大限度地发挥两者的优势。在课堂教学中，班主任可以利用即时反馈来激发学生的积极性和自信心。例如当学生做出正确的回答或展现出优秀的表现时，班主任可以立即给予肯定和赞扬，这不仅可以提高学生的学习动力，还能够增强他们的自信心，促使他们更加积极地参与到课堂活动中去。班主任也可以将一些问题留待课后进行更深入的思考和评价。通过延时反馈，班主任可以更加全面地分析学生的表现，提供更加细致和深入的指导和建议。例如在批改作业时，班主任可以仔细审阅学生的作品，找出其中的不足之处，并提供具体的改进方案。这样的结合能够在保证及时性的同时充分发挥延时反馈的优势，为学生提供更加全面和深入的指导，从而提高他们的学习效果。

（四）反思反馈时间点的选择

在教学中选择合适的反馈时间点至关重要，班主任需要根据具体情况进行反思和把握，以确保反馈的有效性和实用性。有时，需要立即对学生的表现进行反馈，特别是在需要及时纠正错误或强调关键概念时。例如在一场课堂活动中，如果学生的回答存在严重错误，及时的反馈能够避免错误地传播和深化，同时帮助学生及时调整思路。然而在某些情况下，延迟反馈可能更为适合。例如对一些复杂的概念或任务，班主任可以留待课后或下次课程进行反馈，以便学生有更多的时间思考和总结。这样的延时反馈有助于学生更深入地理解知识，提高对学习内容的长期记忆和理解。在选择反馈时间点时，班主任还应考虑学生的接受能力、任务的性质及教学的目的等因素。综合考虑这些因素，班主任可以更准确地确定合适的反馈时间点，以达到最佳的教学效果。

班主任可以通过即时反馈来激励学生的积极性和自信心，在课堂上及时指出他们的优点和不足；也可以通过延时反馈来提供更深入、更具针对性的指导和建议，帮助学生全面提升。选择合适的反馈时间点是至关重要的，班主任需要综合考虑学生的接受能力、任务的性质及教学的目的等因素，以确保反馈的有效性和实用性。通过结合即时与延时反馈的策略，班主任可以为学生提供更加全面和深入的指导，从而达到最佳的教学效果。

二、具体化与建设性的反馈意见

在小学数学教学中提供具体化和建设性的反馈是帮助学生提高数学能力的关键。通过具体化的反馈内容和建设性的指导，班主任可以帮助学生深入理解数学概念，发现和改正错误，并提供有针对性的建议，促进他们的学习进步。利用示例来强化反馈效果也是提高教学效果的有效方法。下面探讨如何在小学数学教学中提供具体化和建设性的反馈，以及如何利用示例来加强反馈效果。

（一）反馈内容的具体化

在小学数学教学中，具体化的反馈内容可以涵盖学生在解题过程中的各个方面。例如当学生完成一道加法题时，具体化的反馈可以包括多个方面。首先，班主任可以具体指出学生计算过程中的正确步骤，如对齐数字、逐位相加等，以便学生了解自己在数学运算方面的正确表现。其次，班主任可以指出学生在理解题目、提取信息方面的表现，如是否正确理解题目要求、是否准确提取关键信息等。再次，班主任可以具体指出学生在解题策略上的优点和不足，如是否采用适当的算法、是否能够灵活运用各种解题方法等。最后，班主任可以就学生在解题过程中可能出现的错误或困惑进行具体化的反馈，如是否出现计算错误、是否理解题目中的隐含条件等。

（二）建设性反馈的特点

在小学数学教学中建设性反馈具有多个特点。首先，建设性反馈具有指导性。班主任在给予反馈时会指导学生如何改进和提高，而不是仅仅简单地指出错误。例如当学生在解题过程中出现错误时，班主任会告诉他们正确的解题方法，并示范如何正确解答问题。其次，建设性反馈具有鼓励性。班主任在反馈中会积极地鼓励学生，肯定他们的努力和进步。例如当学生在解题中有正确的想法或方法时，班主任会给予肯定，增强学生的自信心。最后，建设性反馈具有针对性。班主任会根据学生的具体情况和需要，提供有针对性的建议和指导。例如针对不同学生的不同问题，班主任会提供不同的解决方法和学习策略，以帮助他们更好地学习数学。

（三）利用示例强化反馈效果

利用示例来强化反馈效果是一种有效的教学方法，具体的例子使学生可以更直观地理解他们的错误及正确的解题方法。例如当班主任发现学生在加法计算中出现错误时，应该通过一个简单的示例来说明正确的解题步骤。班主任可以选取一个与学生熟悉的情景，如购物计算，来示范正确的加法计算过程。通过实际的数字和情境，学生能够更容易地理解加法的含义和应用。班主任也可以逐步展示正确的计算步骤，包括对齐数字、逐位相加等。通过这个示例，学生可以清晰地看到自己错在哪里，以及如何修正错误。除了示范正确的解题步骤外，班主任还可以与学生一起进行互动式的解题过程。通过和学生一起合作解决类似的问题，班主任可以及时纠正他们的错误，并引导他们掌握正确的解题方法。这样的实践过程能够加深学生对数学概念和方法的理解，提高他们的解题能力和自信心。

（四）提供改进方向的建议

在小学数学教学中为帮助学生更好地改进自己的表现，班主任应该给出具体的改进方向和建议。首先，班主任可以建议学生加强基础知识的学习。数学是一个渐进的学科，良好的基础知识是成功学习更高级数学概念的基础。因此，班主任可以建议学生通过做更多的练习题或参加额外的补习班来巩固基础知识。其次，班主任可以建议学生注重解题过程的思考和方法。数学学习的重点不仅仅是答案的正确与否，更重要的是解题的过程和思考方式。因此，班主任可以建议学生在解题时多思考不同的解题方法，培养他们的逻辑思维和问题解决能力。再次，班主任可以建议学生多加练习和实践。数学是一门需要不断练习和实践的学科，通过做更多的数学题和参与数学竞赛等活动，学生可以提高解题的速度和准确性，加深对数学知识的理解。最后，班主任可以建议学生积极寻求帮助和反馈。如果学生在学习过程中遇到困难或者有不明白的地方，他们应该及时向班主任或同学请教，以便及时纠正错误并改进学习方法。

在小学数学教学中，具体化的反馈内容涵盖学生解题过程的各个方面，包括计算步骤、理解题目、解题策略等。建设性的反馈具有指导性、鼓励性和针对性，能够有效地指导学生改进和提高。利用示例强化反馈效果能够使学生更直观地理解错误和正确的解题方法，促进他们的学习。提供改进方向的建议包括加强基础知识学习，注重解题过程思考，多加练习和实践，以及积极寻求帮助和反馈。这些建议将有助于学生更好地理解数学知识，提高解题能力，取得更好的学习成绩。

三、反馈中的激励与引导策略

在教育实践中，激励和引导学生是班主任日常工作的核心任务之一。通过激励学生的积极性和引导他们进行深入思考，班主任可以促进学生的学习成就和个人发展。下面探讨激励学习积极性及引导学习思考的策略，同时强调赞扬与肯定的重要性及建立目标导向的有效性。

（一）激励学习积极性

激励学习积极性对学生的学习成就至关重要，班主任在实施这一策略时，可以采取多种方式来激发学生的学习热情和动力。及时而充分地表扬学生的努力和进步是非常重要的。当学生在解题过程中付出额外的努力，或者在学习中取得进步时，班主任可以公开赞扬他们的表现，让他们感受到被认可和鼓励，从而激发他们学习的积极性。例如当一个学生克服了困难，勇敢地尝试解题时，班主任可以对他的勇气和努力表示赞赏，这样的肯定将增强他的学习动力。设立明确的学习目标和奖励机制也是激励学生的有效方法。通过和学生共同制定学习目标，并为实现这些目标设立相应的奖励，可以激发他们的学习兴趣和动力。例如班主任可以和学生一起设定每周的学习目标，如完成一定数量的练习题或掌握某一特定知识点，然后为实现这些目标设立奖励，如额外的学习时间、小礼品或表扬信。这样的奖励机制可以激发学生的主动性和积极性，使他们更加努力地学习。

（二）引导学习思考

引导学习思考是教育中的一项关键任务，它有助于培养学生的独立思考和解决问题的能力。班主任在引导学习思考时，可以采用一系列策略来激发学生的思维深度和广度。班主任可以提出开放性的问题，激发学生的思考和探索欲望。这些问题通常没有固定的答案，鼓励学生运用自己的知识和逻辑推理去探索解决方案。例如当班主任在教授数学课程时，可以提出一个实际生活中的数学问题，如何设计一个最有效的公交路线，让学生思考并讨论可能的解决方案。班主任可以鼓励学生提出自己的疑问和观点，促进他们积极参与到学习过程中。通过建立一个开放、包容的学习环境，学生会更愿意分享自己的想法和看法，从而促进思维碰撞和知识交流。例如在讨论一个数学概念时，班主任可以鼓励学生提出关于该概念的问题或他们对该概念的理解，然后与他们一起探讨并寻找答案。班主任可以引导学生进行合作学习和问题解决，培养他们的批判性思维和解决问题的能力。通过小组讨论、合作解决问题等形式，学生可以共同思考、交流意见，从而拓展思维和深化理解。例如在解决一个复杂的数学问题时，班主任可以让学生分成小组，共同思考和讨论解题方法，然后将各组的解决方案进行比较和分析，从中学习和总结经验。

（三）赞扬与肯定

赞扬与肯定是教育中非常重要的积极激励手段。班主任通过及时、恰当地对学生的表现进行肯定和赞扬，能够增强他们的自信心、提高其学习动力，并激发他们更加积极地投入到学习中。班主任在实施赞扬与肯定策略时，应该注重以下几点。班主任应该及时发现学生的优点和进步，并给予积极的反馈和肯定。当学生在解题中展现出创造性思维、解题技巧或者表现出其他优秀特质时，班主任应该及时给予公开的表扬和肯定，让学生感受到被认可和鼓励。例如当一个学生在课堂上提出了一个特别有见地的观点或者解决了一个复杂的问题时，班主任可以当场表扬他的聪明才智和努力，让他在同学面前感到自豪和自信。班主任可以鼓励学生互相赞扬和支持，营造积极向上的学习氛围。班主任通过鼓励学生彼此之间进行积极的交流和合作，可以促进他们之间的团队精神和友好关系，从而建立良好的学习氛围。例如班主任可以在小组活动中鼓励学生相互表扬和鼓励，以及在班级集体活动中公开表彰表现突出的同学，这样的做法不仅可以激发学生的学习动力，还可以促进他们的成长和发展。

（四）建立目标导向

建立目标导向是教育中的一项重要策略，有助于帮助学生明确学习目标并努力实现。在实施这一策略时，班主任可以采取一系列措施来指导学生建立明确的学习目标，并提供支持和指导以实现这些目标。班主任可以与学生共同制定学习目标。通过与学生进行沟通和协商，了解他们的学习需求和目标，班主任可以帮助他们制定具体、可行的学习目标。例如班主任可以与学生一起讨论并确定每个学期的学习目标，然后根据这些目标制订相应的学习计划和任务清单。班主任可以为实现学习目标提供相应的支持和指导。一方面是班主任可以向学生介绍适合他们的学习方法和技巧，帮助他们提高学习效率和成绩。另一方面是班主任可以在学习过程中给予学生必要的指导和反馈，帮助他们及时发现和解决问题，确保他们朝着目标稳步前进。班主任应该定期跟踪学生的学习进度，并及时调整学习策略。通过定期检查学生的学习情况和成绩，班主任可以了解他们是否在实现学习目标的道路上遇到困难或需要调整方向。在这种情况下，班主任可以根据学生的实际情况和需求，灵活调整学习计划和任务安排，为他们提供更好的支持和指导。

激励学生的积极性和引导学习思考是教育工作中至关重要的策略，班主任可以通过及时赞扬和设立明确的学习目标来激励学生，同时通过提出开放性问题和鼓励合作学习来引导学生深入思考。赞扬与肯定的积极影响和建立目标导向的指导作用也是不可忽视的。这些策略的有效实施将有助于培养学生的学习兴趣、自信心和解决问题的能力，从而促进他们的全面发展。

四、妥善处理学生的负面反馈

处理学生的负面反馈是班主任工作中至关重要的一环。倾听、理解、积极回应及提供有效解决方案，是建立良好师生关系和推动学生全面发展的关键步骤。下面探讨如何有效地应对学生的负面反馈，以及如何通过这一过程促进学生的成长和发展。

（一）倾听与理解

在面对学生的负面反馈时，倾听与理解是建立有效沟通的重要一环。班主任须保持开放心态，愿意倾听学生的意见和感受。当学生表达不满时，可能是因为他们感到挫折、无助或对学习失去兴趣。这时，班主任应给予他们足够的尊重和关注，通过他们的表达理解他们的需求。举例来说，当学生反映课程内容乏味时，班主任可以主动与他们交流，探讨他们感兴趣的话题，并据此调整课程内容，使之更贴近学生的实际需求，提高教学的吸引力和有效性。通过倾听与理解，班主任不仅能够建立起良好的师生关系，还能够更好地满足学生的学习需求，推动教学工作的持续改进。

（二）积极回应

积极回应学生的负面反馈是建立信任和改进教学质量的关键步骤。一旦班主任倾听并理解了学生的意见和感受，接下来的行动至关重要。积极回应意味着班主任要以积极的态度对待学生的反馈，并采取实际行动来解决问题。举例来说，假设学生对某项作业的布置方式提出意见，班主任可以首先感谢他们的反馈，并表达理解。然后班主任可以考虑重新审视作业的设计，听取学生的建议，并根据实际情况做出相应调整，例如给出更清晰的说明要求、提供更具体的指导，或者延长作业的截止日期。班主任也可以主动与学生沟通，提供额外的辅导和支持，确保他们能够顺利完成任务。通过积极回应学生的反馈，班主任不仅能够解决问题，还能够增强学生的参与感和满意度，从而建立起更加积极和融洽的师生关系，促进教学质量的持续提升。

（三）指导情绪调节

指导学生有效地调节情绪是帮助他们更好地处理负面反馈的重要一环。班主任要意识到负面反馈往往会引起学生的情绪波动，因此需要给予他们适当的情绪支持和指导。班主任可以与学生一起探讨负面情绪的根源，帮助他们认识到情绪的来源和影响。例如当学生因为成绩不如预期而感到沮丧时，班主任可以与他们一起分析可能的原因，例如学习方法是否得当、时间管理是否合理等。班主任可以鼓励学生采取积极的方式来面对和处理负面情绪。这可能包括制订具体的改进计划，寻求帮助和支持，或者寻找放松身心的方式，如运动、艺术创作等。班主任要给予学生充分的信心和支持，鼓励他们勇敢面对挑战，并相信他们有能力克服困难。通过指导情绪调节，班主任可以帮助学生更好地理解和处理负面反馈，从而培养他们的情绪智慧和适应能力，促进他们的全面发展。

（四）提供有效解决方案

为学生提供有效的解决方案是班主任工作的关键之一。当学生表达负面反馈时，班主任不仅需要倾听和理解，还需要主动寻找解决问题的途径。班主任可以与其他教职员工和学校管理人员合作，共同探讨如何改进教学方法和改善学习环境，以更好地满足学生的需求。例如如果学生反映课堂时间安排不合理，班主任可以与其他教职员商讨，重新规划课程安排，确保每个环节都有足够的时间来深入探讨和理解知识点。班主任可以提供额外的支持和资源，帮助学生克服困难并提高学习效果。例如班主任可以组织额外的辅导班或课外活动，为学生提供更多的学习机会和资源，以补充课堂教学的不足。班主任还可以与学生和家长积极沟通，共同探讨解决问题的方法，建立起师生家长之间良好的合作关系，共同促进学生的健康成长和发展。通过提供有效的解决方案，班主任可以帮助学生克服困难，提高学习成绩，同时也加强学校和家庭之间的合作和交流，为学生的全面发展打下坚实的基础。

面对学生的负面反馈，班主任需要以开放的心态倾听和理解学生的意见和感受。通过积极回应，班主任可以采取实际行动解决问题，增强学生的参与感和满意度。指导学生有效地调节情绪，帮助他们更好地处理负面反馈，培养情绪智慧和适应能力。最重要的是，班主任需要提供有效解决方案，与其他教职员工和家长合作，共同促进学生的健康成长和发展。通过这些努力，班主任可以建立起良好的师生关系，提升教学质量，为学生的未来奠定坚实的基础。

第四节　利用评估与反馈优化数学教学

一、根据评估结果调整教学策略

在教学中调整教学策略是确保学生学习效果的重要环节，而这一调整过程的核心在于通过评估学生的学习情况和表现来确定适当的教学方向和方法。下面探讨如何根据评估结果调整教学策略，涵盖从数据分析到个性化教学的全面过程。

（一）分析评估数据

分析教学评估数据是了解学生学习情况的关键步骤，评估数据包括学生的成绩、答题情况、理解程度及各类测试和考试结果等。通过仔细审视这些数据，班主任可以全面了解学生的学习水平和存在的问题。例如通过分析成绩和答题情况，班主任可以确定学生在哪些知识点上存在困难，对哪些知识点掌握较好。而通过观察学生的理解程度，班主任可以了解到他们对课堂内容的掌握程度和学习态度。常规测试和考试结果则提供一个更加客观的评价，帮助班主任评估教学效果和学生的整体表现。通过分析评估数据，班主任可以更清晰地把握学生的学习状况，为后续的教学策略调整提供有力的依据。

（二）识别学生需求

通过评估数据分析的结果，班主任能够更准确地识别学生的学习需求，从而有针对性地调整教学策略。这需要班主任深入了解学生的不同水平、学习风格和学习困难。一方面，评估数据可能显示一部分学生在某个数学概念上存在困惑，这表明他们需要更多的解释和示范，以加深对概念的理解。针对这部分学生，班主任可以提供更多的案例分析、实例演练，或者使用图形化工具来帮助他们理解概念，从而提高他们的学习效果。另一方面，评估数据也可能显示另一部分学生已经掌握基本的数学概念，需要挑战更高难度的题目来拓展他们的学习。对于这些学生，班主任可以提供更深入、更复杂的问题，鼓励他们探索和思考，以激发他们的学习兴趣和提高他们的学习能力。

（三）调整课程内容和方法

根据评估结果和学生需求的分析，班主任需要对课程内容和教学方法进行有针对性的调整，以更好地满足学生的学习需求。如果评估数据表明一部分学生对几何概念理解不够透彻，班主任可以通过增加实例演练或引入视觉化工具来加强他们的理解。例如可以设计一些生动有趣的几何问题，让学生通过实际操作和观察来理解几何概念，从而提升他们的学习效果。如果评估数据显示一部分学生喜欢通过小组合作学习，班主任可以调整教学方法，增加小组讨论和合作项目。通过小组合作，学生可以相互交流、共同探讨问题，从而激发学习兴趣和合作精神，提高参与度和学习效果。

（四）个性化教学

评估结果的重要性在于帮助班主任实施个性化教学，以满足不同学生的学习需求。通过评估，班主任可以更好地了解每个学生的学习状态和需求，从而为他们提供个性化的支持和指导。对于那些需要额外帮助的学生，班主任可以采取一对一的辅导或提供额外的练习题目。通过与这些学生进行个别沟通和指导，班主任可以更好地帮助他们理解困难的概念，填补学习上的漏洞，从而提高他们的学习成绩和自信心。而对于那些学习速度较快的学生，班主任可以提供更具挑战性的任务，以满足他们的学习需求。通过给予他们更深入、更复杂的学习任务，班主任可以激发他们的学习兴趣和潜力，帮助他们不断挑战自我，实现更高水平的学习成就。

（五）监测调整效果

调整教学策略后，班主任需要持续监测和评估其效果，以确保教学的有效性和适应性。这可以通过多种方式进行，包括定期的小测验、作业、课堂表现等。定期的小测验可以帮助班主任评估学生对新知识的掌握程度和理解水平。通过比较调整前后学生的测验成绩，班主任可以了解教学策略调整是否对学生的学习产生积极影响。如果发现学生在调整后的学习表现有所提升，那么说明调整策略是有效的。作业和课堂表现也是评估教学效果的重要指标。观察学生完成作业的质量和课堂上的参与情况，可以帮助班主任判断他们对教学内容的理解和掌握程度。如果发现学生在调整后更积极地参与课堂活动，作业质量也有所提高，那么说明调整策略对激发学生学习兴趣和提高学习效果起到积极作用。通过不断监测学生的学习进展和评估教学效果，班主任可以及时发现问题并做出调整。如果发现调整后的教学效果并不如预期，班主任可以进一步分析原因，并尝试采取不同的教学策略，以更好地满足学生的学习需求。

教学策略的调整是一个动态的过程，需要不断地根据学生的需求和反馈进行变动和优化。班主任通过分析评估数据，识别学生的需求，调整课程内容和方法，并实施个性化教学，可以更好地满足学生的学习需求，提高他们的学习效果。持续监测和评估调整后的教学效果，则能及时发现问题并做出进一步的改进，从而不断提升教学质量，促进学生的全面发展。

二、利用反馈提升学生的学习动力

在教育中提升学生的学习动力是一个至关重要的目标。有效的反馈机制可以激发学生的学习兴趣和积极性，帮助他们更好地投入学习并取得进步。下面探讨如何利用积极正面反馈、建立明确的学习目标、提供具体的学习指导、激发自主学习意识及建立学习反馈机制来提升学生的学习动力。

（一）积极正面反馈

积极正面反馈是教育中至关重要的一环。当学生表现出优异成绩或者取得进步时，班主任及时给予肯定和鼓励，能够有效地增强他们的学习动力和自信心。举例来说，假设学生在数学考试中取得高分，班主任可以在课堂上公开表扬他们的努力和成绩，让整个班级都为他们的成绩感到骄傲。这种积极的肯定不仅让学生感受到被认可和尊重，还能够激发他们对学习的积极性和动力，进而更加努力地投入到学习中去。这种正面反馈不仅是简单的奖励，更是一种激励和鼓励，使学生增强建立良好的学习积极性和信心。

（二）建立学习目标

建立清晰明确的学习目标是激发学生学习动力的关键之一。学生需要知道他们正在为什么而学习，以及学习的目标是什么。例如班主任可以与学生一起制定短期和长期的学习目标。短期目标可以是完成某次作业、掌握某个数学概念，长期目标则可以是提高学科成绩、进入理想的大学等。在学习过程中，班主任应不断强调这些目标的重要性和实现方法。通过明确的学习目标，学生能够更清晰地认识到自己的学习方向，从而增强他们的学习动力。学习目标的设立也有助于激发学生的学习热情和自我管理能力，让他们能够更有条理地规划学习进程，更加有效地完成学习任务。

（三）提供具体指导

提供具体的学习指导是帮助学生提升学习动力的重要途径之一。学生需要清楚地了解如何达到他们的学习目标，而这通常需要班主任给予具体的指导和建议。例如在写作业时，班主任可以仔细审阅学生的作业，针对其中存在的不足之处提供具体的修改建议和改进方法。这可能包括指出错误的部分、提供正确的解决方法，或者就相关概念进行解释和示范。通过这样的指导，学生能够更清晰地了解自己的学习不足，并且知道如何加以改进。这不仅有助于提升他们的学习水平，还能增强他们的学习动力和信心。因为学生在得到具体的指导后，会感到自己有能力克服困难，从而更加积极地投入到学习中去。这种个性化的指导也能体现班主任对学生的关心和支持，有助于建立良好的师生关系，进一步促进学生的学习动力。

（四）激发自主学习意识

激发学生的自主学习意识对提升他们的学习动力至关重要。学生需要意识到自己是学习的主体，需要主动参与到学习过程中。班主任可以采取一系列措施来激发学生的自主学习意识。例如班主任可以鼓励学生积极提出问题，促使他们思考、探索解决问题的方法。这种鼓励不仅能够培养学生主动学习的意识，还能够增强他们的求知欲和学习动力。班主任还可以为学生提供自主学习的机会和平台，比如组织小组讨论、开展课外研究项目等，让学生有更多的机会自主选择学习内容和学习方式。通过这些活动，学生能够更好地发挥自己的主观能动性，培养自主学习和解决问题的能力，从而增强他们的学习动力。最重要的是，班主任要给予学生足够的支持和鼓励，让他们在自主学习的过程中感受到成就和乐趣，从而不断激发他们的学习热情和动力。

（五）建立学习反馈机制

建立有效的学习反馈机制对提升学生的学习动力至关重要。通过及时的反馈，班主任能够了解学生的学习情况，及时发现他们的学习问题和困难，从而调整教学策略，帮助他们更好地学习。班主任可以采取一系列措施来建立学习反馈机制。例如定期组织学生进行学习小组讨论或举办学习反馈会议，让学生分享自己的学习心得和困难。在这些讨论或会议中，学生可以互相交流、相互借鉴，共同解决学习中的问题，从而能够共同进步和成长。班主任还可以通过作业批改、课堂测验等方式及时对学生的学习情况进行反馈，指导他们及时调整学习方法和学习策略。通过这些反馈机制，学生能够更清晰地了解自己的学习状况，及时调整学习方向，提高学习效果。这种及时的反馈也能够增强学生的学习动力，让他们感受到自己的学习得到认可和关注，从而更加积极地投入学习中去。

积极正面的反馈可以使学生能够感受到被认可和尊重，从而增强学习动力和自信心；建立明确的学习目标有助于学生认清学习方向，增强学习动力和自我管理能力；提供具体的学习指导可以帮助学生克服困难，增强学习信心；激发学生的自主学习意识能够培养其学习主动性和解决问题的能力；建立学习反馈机制能够使班主任及时发现学生的学习问题和困难，调整教学策略，提高学生学习效果。综合利用这些方法，可以有效提升学生的学习动力，推动其取得更好的学习成绩和发展。

三、评估与反馈在数学教学改进中的作用

在小学数学教学中，评估与反馈是教学改进的关键环节之一。通过对学生学习情况和教学效果的评估与反馈，班主任能够深入了解学生的学习需求和困难并且及时调整教学方法和内容，以提升教学质量。下面探讨评估与反馈在数学教学改进中的作用，从诊断学生学习困难、促进教学持续优化、改善教学资源配置、促进班主任专业成长及推动课程持续更新等方面进行阐述。

（一）诊断学生学习困难

评估与反馈在数学教学改进中起着至关重要的作用，其中之一就是诊断学生学习困难。通过及时的评估和反馈，班主任可以了解到学生在数学学习中遇到的问题和困难，并且可以有针对性地进行帮助和支持。例如在一次数学测验中，班主任发现许多学生在理解几何图形的性质方面存在困难。通过分析学生的答题情况和错误类型，班主任发现学生对角度概念的理解不够深入。于是，班主任可以有针对性地开展教学活动，如通过实物模型展示角度，通过实际问题让学生应用角度概念等，以帮助学生克服这一困难，提高他们的数学学习水平。

（二）促进教学持续优化

评估与反馈在数学教学中扮演着不可或缺的角色，它们不仅是帮助班主任了解学生学习情况的重要工具，还是持续优化教学的关键机制。通过收集学生的学习表现和教学效果的数据，班主任可以深入了解学生的学习需求和困难，从而有针对性地调整教学方法和内容。举例来说，假设一位班主任在课堂上使用一种新

的解题方法，但学生们的表现并不理想，出现许多错误。通过评估这种方法的效果并收集学生的反馈，班主任可以及时发现问题并调整教学策略，可能转而采用更直观、更易理解的方法。这种反馈循环有助于班主任不断改进教学，确保其与学生需求保持一致。因此，评估与反馈不仅能提高教学效果，还能为持续优化教学提供重要的指导和支持。

（三）改善教学资源配置

评估与反馈在数学教学中的作用不仅限于了解学生学习情况，还包括指导班主任更有效地配置教学资源，以满足学生的学习需求。通过收集和分析学生的学习表现，班主任可以识别出学生在特定领域或概念上的弱点和挑战。一方面，如果评估结果显示学生对实际问题求解的能力较弱，班主任可以增加相关的实际问题练习题和案例分析，以帮助他们提高应用数学知识的能力。这些实践性的练习能够使学生更好地将抽象的数学概念与实际问题结合起来，提高他们的学习效果。另一方面，如果评估显示学生对抽象概念的理解能力有待提高，班主任可以增加具体的示例和实物模型来帮助学生更深入地理解数学概念。班主任利用实物模型、图形演示或交互式工具等教学资源，可以让学生通过触摸、观察和操作更直观地理解抽象概念，从而加深学习体验和理解程度。

（四）促进班主任专业成长

参与教学评估和反馈是班主任专业成长的重要途径之一。通过评估了解班主任在数学教学中的问题和不足，这有助于学校更好地指导和支持班主任。例如学校可以针对班主任的教学方法和效果提出建议，提供教学技巧和策略的培训，以帮助班主任提高教学水平和专业能力。班主任还可以通过反馈机制收集学生和家长的意见，了解他们对教学质量和班级管理的看法，从而及时调整教学策略和管理方式。通过不断参与评估和反馈，班主任可以积累丰富的教学管理经验，并逐步提升自己在数学教学管理方面的能力。他们可以学习和借鉴其他班主任的成功经验，不断改进自己的教学方法和管理技巧。班主任还可以通过评估和反馈机制建立起与学生和家长之间的良好沟通和合作关系，共同促进班级的数学学习和发展。

（五） 推动课程持续更新

评估与反馈在数学课程持续更新方面发挥着至关重要的作用。通过分析学生的学习情况和教学效果，班主任可以及时发现数学课程中存在的问题和不足之处。举例来说，假设班主任发现学生在理解某一数学概念时出现普遍困难，可能会意识到教学方法或课程内容的设计不够清晰或生动。通过收集学生的反馈和评估数据，班主任可以对课程内容进行调整，可能加入更具体的示例、实际应用或交互式教学方法，以更好地满足学生的学习需求。评估与反馈还可以帮助班主任识别出课程中需要改进或更新的部分。如果评估显示某一教学资源或教学活动效果不佳，班主任可以考虑寻找更适合的替代方案，或者对现有资源进行更新和改进。这种持续的评估和反馈循环使数学课程能够与时俱进，不断适应学生的需求和教育发展的变化。

评估与反馈在数学教学中扮演着多重角色，为教学改进提供了有力支持。它们能够帮助班主任及时诊断学生的学习困难，从而有针对性地进行教学支持和帮助。评估与反馈也是持续优化教学的重要机制。通过收集学生的学习表现和反馈意见，班主任能够不断调整教学策略，提高教学效果。评估与反馈还能够指导班主任更有效地配置教学资源，促进班主任的专业成长，推动课程的持续更新和改进。评估与反馈在数学教学中具有不可替代的作用，是提升教学质量和促进学生学习发展的重要手段。

四、建立长效的评估与反馈机制

建立长效的评估与反馈机制是教育领域持续发展的必然要求。通过制订评估计划、建立多元评估体系、培养评估文化、加强反馈机制及建立持续改进机制，学校可以实现对学生学习情况和教学效果的全面了解，从而不断提升教学质量和学生的学习成效。下面将深入探讨这些关键步骤的重要性和具体实施方法。

（一） 制定评估计划

制订评估计划是确保长效评估与反馈机制有效运行的基础。在这一步骤中教育机构或学校领导与班主任团队须密切合作，以明确定义评估的目标、内容、时间和责任人。评估计划应该涵盖各个方面的评估活动，并明确安排评估的时间节点，以确保对学生学习情况和教学效果的全面了解。例如可以规定每学期末或每学年末进行综合评估，同时也可以安排定期的课堂观察和教学反馈会议。通过这些安排，学校可以及时了解学生的学习进展，识别教学中的问题，并采取相应的改进措施，从而提高教学质量和学生学习成效。

（二）建立多元评估体系

建立多元评估体系是确保评估全面性和客观性的关键步骤。传统的考试和测验虽然是评估学生学习成绩的重要手段，但单一依赖这些方式可能无法全面反映学生的学习情况和能力水平。因此，引入课堂表现、项目作业、小组讨论、口头答辩等多种评估方式至关重要。这些方式能够更贴近实际学习情境，从不同角度评估学生的学习能力和素养。举例来说，学校可以设计开放性问题的作业，要求学生展示他们对数学概念的理解和应用能力，而不仅仅是机械记忆和计算。通过小组合作项目，学生需要协作解决现实生活中的数学问题，培养团队合作和解决问题的能力。而口头答辩则能够锻炼学生的表达能力和思维逻辑，让他们能够清晰地阐述自己的观点和见解。

（三）培养评估文化

培养评估文化是确保长效评估与反馈机制成功实施的核心要素。这种文化使评估不再是一项孤立的任务，而是整个教育机构的一种共同价值观和行为准则。从领导层到班主任团队、学生和家长，每个人都需要参与其中共同认识到评估对提升教育质量的重要性，并且积极支持和配合评估工作的开展。为培养评估文化，学校可以开展一系列的评估与反馈的专题培训和研讨会。这些培训和研讨会可以邀请专家学者分享评估的理论知识、实践经验和成功案例，帮助班主任和管理者深入了解评估的目的、方法和意义，提升其评估意识和能力。这也是一个促进班主任之间交流与学习的平台，让他们可以分享评估经验、探讨问题，并且相互启发，共同进步。学校还可以通过宣传教育和示范引导，逐步形成评估文化。例如可以组织评估文化主题的校园活动，制作宣传海报和宣传册，向师生家长宣传评估的重要性和价值；可以通过校园广播、校报等媒体渠道，不断强调评估在教育中的作用，并且分享评估的成果和好处。

（四） 加强反馈机制

加强反馈机制是确保长效评估与反馈机制运作有效的关键步骤。评估结果只有在及时有效地反馈给相关人员并得到采纳和应用于教学实践中，才能发挥最大的作用。学校可以采取一系列措施来加强反馈机制。首先，可以建立在线反馈平台，让班主任、学生和家长可以随时随地提交反馈意见和建议。这样的平台可以快速收集各方的反馈信息，并及时进行整理和分析，为后续改进措施提供有力支持。其次，定期组织教学反馈会议也是加强反馈机制的有效方式。这些会议可以是班主任内部的讨论会，也可以是班主任与学生、家长的沟通会。在会议上，班主任可以分享教学经验，以及遇到的问题和困难，得到同行和领导的建议和支持，共同探讨改进措施，促进教学的持续改进。最后，学校还可以建立定期的教学观摩和评课活动，让班主任之间相互学习、借鉴经验，同时接受同行和专家的评估和反馈，帮助他们不断提升教学水平和能力。

（五） 持续改进机制

建立持续改进机制是确保长效评估与反馈机制不断提升和适应教育发展需要的重要环节。这一机制旨在通过定期评估和调查，收集各方的意见和建议，从而不断改进和完善评估与反馈的方式和内容。学校可以定期对评估与反馈机制进行评估和调查，通过问卷调查、座谈会或小组讨论等形式，收集班主任、学生、家长等相关人员的反馈意见和建议。他们的反馈可以涉及评估方式的有效性、反馈机制的及时性、改进措施的实施情况等方面，为评估与反馈机制的改进提供重要参考。学校需要根据收集到的反馈结果，及时采取行动，不断改进和完善评估与反馈机制。学校可以组织专门的工作组或委员会，负责分析和研究反馈意见，提出改进建议，并制订相应的改进计划和措施。这些改进措施应当具体、可操作，并且要有明确的落实责任人和时间节点。学校还应建立起持续的监测和评估机制，对改进措施的实施效果进行跟踪和评估。通过收集数据、定期汇报和总结经验教训，学校能及时发现问题和不足之处，从而进一步调整和完善评估与反馈机制，实现持续改进的目标。

　　长效的评估与反馈机制的建立不仅需要学校领导、班主任团队的密切合作，更需要全校师生和家长的共同参与与支持。通过明确的评估计划、多元化的评估体系、积极的评估文化、强化的反馈机制及持续改进的机制，学校可以不断完善教育质量管理体系，推动教学工作的持续改进与提升，为学生成长和发展提供更有力的支持和保障。

第六章 培养学生数学思维与问题解决能力

第一节 数学思维的培养策略

一、数学思维的定义与重要性

在小学阶段，数学思维的培养是教育的重要任务之一。数学思维不仅仅是培养学生简单的计算与记忆能力，更注重培养其逻辑推理能力、抽象思维能力及问题解决能力。引导学生从具体问题中抽象出普遍规律，培养他们的独立思考和创造性解决问题的能力，可以为他们未来的学习和职业发展奠定坚实的基础。下面探讨数学思维的内涵、重要性、培养目标及其与跨学科能力的关系，以及小学数学思维的发展路径。

（一）数学思维的内涵

数学思维在小学阶段的内涵丰富多彩，它超越了单纯的记忆和运算，更侧重于培养学生的逻辑推理能力。逻辑推理是数学思维中至关重要的一环，它要求学生能够理清问题的逻辑脉络，准确地运用所学知识进行推断和证明。抽象思维也是数学思维的重要组成部分，学生需要从具体问题中抽象出普遍规律和模式，并能够将其应用到其他问题中。问题分析与解决则是数学思维的核心，学生需要学会通过分析问题的特点和条件，运用合适的方法和策略来解决问题，培养自主思考和创造性解决问题的能力。数学思维还包括对模式、规律和结构的敏感性，这意味着学生能够发现事物背后的隐藏规律，并能够将这些规律运用到解决问题中。深刻理解数学概念和方法也是数学思维的关键，学生需要通过不断实践和思考，建立起对数学概念和方法的深层理解，从而为未来的学习奠定坚实的基础。举例来说，当学生学习加法和减法时，不仅要掌握算法，还要理解其背后的数学原理，比如加法的交换律和结合律，以及减法的逆运算等，这样才能更好地运用这些知识解决实际问题。

（二）数学思维的重要性

数学思维在小学阶段的培养至关重要，它不仅是学习数学的基础，更是人们在日常生活和工作中必不可少的能力之一。数学思维的培养有助于提高学生的数学学习成绩。通过培养学生的逻辑思维能力，他们能够更好地理解数学概念和方法，从而更轻松地掌握数学知识和技能。数学思维的培养可以促进学生的创新能力。数学是一门富有创造性的学科，通过解决数学问题，学生可以锻炼自己的创造力和想象力，培养解决问题的独立思考能力。数学思维还可以提升学生的逻辑思维能力。数学问题往往需要学生进行严密的推理和分析，能够培养他们的逻辑思维能力，有助于他们在其他学科和实际生活中更加理性地思考和分析问题。数学思维也是其他学科学习和职业发展的基础。许多领域，如科学、工程、经济学等，都离不开数学的应用，具备良好的数学思维能力可以为学生未来的学习和职业发展打下坚实的基础。因此，小学阶段就应该重视数学思维的培养，为学生的综合素质发展提供有力支持。

（三）培养数学思维的目标

培养小学生数学思维的目标是多方面的，旨在全面提升他们的认知水平和问题解决能力。重要的目标之一是使学生具备独立思考和解决问题的能力。这意味着学生不仅能够理解班主任所教授的数学知识，还能够主动运用这些知识去解决实际生活中的问题，而不是机械地依赖班主任或教材的指导。目标也包括培养学生灵活运用数学知识和方法解决实际问题的能力。数学知识的应用需要灵活性，学生应该能够将所学的数学知识与实际问题结合起来，提出合适的解决方案。目标还包括具备持续学习与探索的意识和能力。数学是一门不断发展的学科，学生应该具备不断学习、不断钻研的意识，积极主动地探索数学的未知领域，从而不断提升自己的数学思维水平。培养数学思维的目标也在于使学生成为具有创造性、批判性和合作性的终身学习者。这意味着学生应该具备创新思维，能够独立思考并提出新颖的数学问题解决方案；他们也应该具备批判性思维，能够对所学的数学知识进行客观分析和评价；他们还应该具备合作精神，能够与他人共同探讨问题、交流想法，共同促进数学学习的进步。培养小学生数学思维的目标是多维度的，旨在全面提升学生的数学素养和综合能力。

（四）数学思维与跨学科能力

小学数学思维与跨学科能力息息相关，它不仅对数学学科的成功至关重要，还在其他学科领域的学习和应用中发挥着重要作用。在自然科学领域，数学思维常常被用来分析问题、建立模型和预测结果。例如物理学中的运动规律、化学中的化学反应速率等都可以通过数学模型来描述和解释。在工程技术领域，数学思维被广泛运用于设计和优化工程方案。工程师们需要运用数学方法来计算结构的强度、流体的流动等，从而确保工程项目的顺利进行。在社会科学领域，数学思维也扮演着重要角色。经济学家利用数学模型来分析市场行为和经济走势，社会学家运用统计方法来研究人群行为和社会现象。小学数学思维的培养不仅可以帮助学生在数学学科中取得成功，还可以为他们在其他学科领域的学习和应用提供支持，使他们成为具有综合能力的终身学习者。

（五）数学思维的发展路径

小学数学思维的发展路径是一个渐进的过程，旨在逐步培养学生的逻辑思维和问题解决能力。通过启发式教学，班主任可以提出具有挑战性和启发性的问题，引导学生主动思考和探索。这些问题可以涉及日常生活、实际场景或趣味数学题目，激发学生的兴趣和好奇心，促使他们主动运用所学知识去解决问题。问题导向教学是培养数学思维的重要手段之一。班主任可以设计一系列的问题情境，引导学生逐步分析问题，提出假设，进行推理和验证，从而培养他们的逻辑思维和推理能力。通过解决问题的过程，学生不仅能够加深对数学知识的理解，还能够培养自主思考和探究的能力。探究式学习是促进数学思维发展的有效途径。在探究式学习中，学生被赋予更多的自主权和探索空间，可以根据自己的兴趣和需求选择问题，并通过实验、观察、总结等方式积极探究解决问题的方法。通过这样的学习过程，学生不仅能够掌握数学知识，还能够培养解决问题的能力和创新精神。小学数学思维的发展路径是一个由浅入深、由易到难的过程，通过启发式教学、问题导向教学和探究式学习等，学生的数学思维可以得到有效发展。

小学数学思维的培养是一个多维度的过程，旨在全面提升学生的数学素养和综合能力。学生通过逻辑推理、抽象思维、问题分析与解决等方面的训练，可以提高数学学习成绩，促进创新能力的培养，提升逻辑思维能力，并为其他学科领域的学习和应用提供支持。培养小学生数学思维的目标包括使其具备独立思考和解决问题的能力，灵活运用数学知识解决实际问题的能力，持续学习和探索的意识和能力，以及成为具有创造性、批判性和合作性的终身学习者。通过启发式教学、问题导向教学和探究式学习等，学生的数学思维可以得到有效发展，助益他们在数学学科和其他学科领域取得成功。

二、逻辑思维与抽象思维的培养

在小学数学教育中，逻辑思维和抽象思维的培养是至关重要的。通过适当的教学方法和练习，学生可以逐步提高他们的逻辑推理能力和抽象思维能力，从而更好地理解和运用数学知识。

（一）逻辑思维能力的培养

逻辑思维能力的培养是小学数学教育中至关重要的一环。通过适当的教学方法和练习，学生可以逐步培养出自己的逻辑思维能力。例如班主任可以设计一些逻辑推理题目，要求学生根据给定的条件进行推理，找出正确的结论。这样的练习可以帮助学生理清问题的逻辑脉络，锻炼他们的推理能力。逻辑思维能力的培养还可以通过解决复杂问题来实现。班主任可以设计一些多步骤的问题，要求学生分析问题、提出解决方案，并逐步验证推理过程，这样可以促使学生形成系统性的思维方式，培养他们的逻辑思维能力。

（二）抽象思维能力的培养

抽象思维能力在小学数学教育中扮演着至关重要的角色。通过抽象思维能力的培养，学生能够更好地理解抽象概念，并且能够将这些概念应用到解决实际问题中去。班主任在培养学生抽象思维能力时，可以采用多种教学方法。其中之一是设计具有抽象性质的数学问题。例如班主任可以给学生展示一系列几何图形的变换，如平移、旋转和对称等，然后要求学生总结出这些变换的共同特点和规律。通过这样的练习，学生可以逐步理解抽象概念，并且能够将这些概念应用到解决其他类似的问题中去。班主任还可以引导学生进行模式识别和归纳总结，让他们从具体问题中发现普遍规律，培养他们的抽象思维能力。例如班主任可以给学生一系列数字序列，要求他们找出其中的规律，并给出下一个数字。通过这样的练习，学生可以逐渐培养出从具体到抽象的思维模式，提高他们的数学问题解决能力。

（三）问题分解与组合能力

问题分解与组合能力是解决复杂问题的关键。为培养学生的这一能力，班主任可以设计一些复杂的问题，要求学生将其分解为若干个较简单的子问题，并逐个解决，最后将各个子问题的解合并起来得到最终的解决方案。例如班主任可以给学生提供一个复杂的数学应用问题，要求他们首先分析问题的各个方面，然后将问题分解为几个较简单的部分，逐步解决，最终得到整体的解决方案。通过这样的练习，学生可以培养出解决复杂问题的能力，提高他们的问题分解与组合能力。

（四）实践与应用锻炼

实践和应用是巩固和提高逻辑思维和抽象思维能力的关键。班主任可以通过设计一系列与实际生活或其他学科相关的数学问题来实现这一目标。例如在购物结账方面，班主任可以给学生提供一张购物清单和价格表，要求他们计算总金额、找零等，这涉及逻辑思维和数学运算能力。班主任还可以引导学生思考如何优化购物方案，如何根据预算做出最佳选择，从而培养学生的抽象思维能力。时间计算也是一个可以锻炼逻辑思维和抽象思维的领域。班主任可以设计一些时间管理的场景，例如列车时刻表、课程安排等，要求学生计算到达时间、花费时间等，并且提出有效的时间管理建议。这样的练习不仅可以帮助学生应对日常生活中的时间安排，还可以培养他们的逻辑推理能力和抽象思维能力。

（五）跨学科整合

跨学科整合是培养学生综合能力的重要途径。在小学数学教育中将数学思维与其他学科知识相融合，有助于学生更全面地理解和运用所学知识。在自然科学领域，班主任可以设计一些与物理或化学相关的实验，并要求学生运用数学知识来解决问题。例如通过物理实验测量物体的质量和体积，然后使用数学方法计算密度。这样的练习不仅可以让学生理解数学在实际科学研究中的应用，还可以培养他们观察、测量和数据处理的能力。在社会科学领域，班主任可以设计一些与经济或社会调查相关的问题，要求学生运用数学方法进行分析和解决。例如学生可以利用数学统计方法分析调查数据，了解人口分布、经济增长等问题。这样的练习不仅可以让学生理解数学在社会科学研究中的作用，还可以培养他们的数据分析和推理能力。

逻辑思维能力的培养包括设计逻辑推理题目和解决复杂问题，抽象思维能力的培养涉及设计具有抽象性质的数学问题和进行模式识别与归纳总结。问题分解与组合能力的培养，以及实践与应用锻炼也是培养学生综合能力的关键。跨学科整合可以促进学生将数学知识与其他学科知识结合起来，提高他们的综合能力和实际应用能力。

三、创新思维与批判性思维的激发

在当今信息爆炸的时代，培养学生创新思维和批判性思维已成为教育的重要任务。特别是在小学数学教育中，创新思维和批判性思维的培养不仅是学习数学知识的需要，更是培养未来社会人才的关键。下面探讨如何通过激发学生的创新思维和批判性思维，推动小学数学教育的发展。

（一）创新思维的培养

创新思维的培养是小学教育的重要任务之一。班主任可以通过激发学生的好奇心和探索欲望来培养他们的创新思维。例如班主任可以设计一些开放性的探究性任务，让学生自由地提出问题、寻找答案，并展示他们的成果。在数学课堂上，班主任可以引导学生通过探索性学习方法，发现数学规律和性质，从而激发他们的创造力。班主任还可以鼓励学生尝试不同的解决方法，培养他们勇于尝试新思路的能力。通过这样的教学方式，学生将更加乐于接受新的知识和挑战，从而培养出创新思维。

（二） 问题解决能力的培养

在小学数学教育中，培养学生的问题解决能力是至关重要的。班主任可以通过设计一些开放性的数学问题，激发学生的思维，促进他们运用所学知识和技能解决实际问题的能力提升。例如在教学中可以提出一些与日常生活相关的数学问题，如购物计算、时间管理等，要求学生运用所学的数学知识进行解决。在购物计算方面，班主任可以给学生提供一些购物清单和价格表，要求他们计算购买商品的总金额、找零等。通过这样的练习，学生不仅能够巩固所学的加减乘除运算知识，还能够将数学知识应用到实际生活中去解决问题。

（三） 批判性思维的培养

在小学数学教育中，培养学生的批判性思维是至关重要的。班主任可以通过引导学生分析数学问题的各个方面，质疑并进行合理的评价，从而培养他们的批判性思维能力。例如在解决数学问题时，班主任可以鼓励学生不仅仅是求解答案，而是思考问题的提出、解决方法的合理性及结果的可信度。通过这样的实践，学生可以逐渐培养出审视问题、质疑假设的习惯，从而提高他们的批判性思维水平。班主任还可以引导学生分析数学概念的定义和性质，从而培养他们的逻辑推理和批判性思维。例如在学习数学定理时，班主任可以要求学生理解定理的证明过程，并思考其中每一步的合理性和必要性。通过对定理的逐步推导和分析，学生可以培养出辨别逻辑漏洞和错误推理的能力，从而提高他们的批判性思维水平。

（四） 多元视角与创新

在小学数学教育中，多元视角是培养学生创新思维的关键。班主任可以通过引导学生从不同的角度思考问题来促进他们的创造性思维。例如在教授几何概念时，班主任可以引导学生从几何图形的不同属性和特征出发，探索它们之间的联系和规律。通过比较和分析不同类型的图形，学生可以发现它们之间的共同点和差异，从而培养出灵活运用几何知识解决问题的能力。在数学问题解决中，班主任可以鼓励学生尝试不同的解题方法和策略。例如在解决一个复杂的数学问题时，学生可以尝试利用画图、列式、建立模型等多种方法来解决，从而培养他们的创新意识和解决问题的能力。通过接触和尝试不同的解题方法，学生可以逐渐形成自己的解决问题的风格，并且在实践中不断提升自己的创新能力。

（五）　实践与反思

实践与反思在小学数学教育中扮演着重要角色，是培养学生创新思维和批判性思维的有效途径之一。班主任可以设计一些实践性的数学任务，让学生在实践中应用所学知识，并在完成后进行反思和总结。例如班主任可以组织学生参与数学游戏或数学建模活动，在数学游戏中学生可以通过解决趣味性的数学问题或参与数学竞赛，锻炼他们的逻辑思维和解决问题的能力。在数学建模活动中，学生可以选择一个真实的问题，运用所学数学知识建立数学模型，并通过计算和分析得出解决方案。在实践过程中，学生将直接感受到数学知识的实际应用，从而激发他们的学习兴趣和创新意识。

创新思维与批判性思维的培养是小学数学教育的重要任务。班主任可以通过：设计开放性的探究性任务，激发学生的创新意识；提出实际问题，培养学生的问题解决能力；引导学生分析问题、质疑假设，促进批判性思维的发展。班主任还可以通过多元视角和实践与反思的方式，拓展学生的思维边界，使其能够在未来的学习和生活中更加灵活、创新地运用所学的数学知识。这些方法的综合运用将为学生打下坚实的数学基础，也为他们未来的学习和工作奠定扎实的思维基础。

第二节　问题解决能力的训练方法

一、问题解决能力的构成要素

问题解决能力在小学数学教育中扮演着至关重要的角色。它不仅仅是为了解决数学问题，更是为了培养学生的批判性思维、创新能力和自主学习能力。问题解决能力的构成要素包括问题识别与定义，信息获取与分析，解决方案的生成，方案实施与调整，以及结果评估与反思。下面将对这些要素进行详细探讨。

（一）问题识别与定义

问题识别与定义是问题解决能力的重要组成部分。学生在面对复杂情境时，需要具备准确识别和清晰定义问题的能力。以园艺项目中发现植物生长异常为例，假设一株植物叶子出现黄化现象。学生需要意识到这是一个问题，并明确定义问题的范围和要求。他们需要确定问题的核心，即植物生长异常的原因。然后他们需要明确问题的具体表现，如黄化叶子的程度、影响范围等。他们还需要确定问题的关键因素，如植物的种类、生长环境、管理措施等。通过准确识别和清晰定义问题，学生可以为后续的信息获取、解决方案生成提供明确的方向和指导。因此，问题识别与定义是问题解决能力的关键步骤，也是学生培养批判性思维和创新能力的重要基础。

（二）信息获取与分析

信息获取与分析是问题解决过程中至关重要的一环。一旦问题被准确识别和定义，学生就需要积极收集相关信息，并对这些信息进行深入分析。在小学数学教育中，这一过程可以通过观察、实验、调查等方式进行。学生可以通过观察问题所涉及的数学对象或现象，收集相关数据和信息。例如在学习几何图形时，学生可以通过观察周围的环境，收集不同形状的图形，并记录它们的特征和性质。学生可以进行简单的实验或活动，以获取更多的信息。例如他们可以使用简单的几何工具或教具，探索图形的变换、旋转等特性，并观察这些变化对图形性质的影响。学生还可以通过调查同学或家庭成员的意见和观点，获取更广泛的信息。例如他们可以就某个数学问题或数学概念进行问卷调查，了解不同人对于该问题的理解和看法。

（三）解决方案的生成

解决方案的生成是问题解决能力中至关重要的一步。在小学数学教育中学生需要基于对问题的理解和对信息的分析，提出切实可行的解决方案。学生可以运用已学的数学知识和技能，尝试使用不同的方法解决问题。例如在解决一个数学题目时，他们可以考虑使用算术运算、图形分析、模型建立等不同的方法来求解，并比较这些方法的优劣，选择最合适的解决方案。学生可以借鉴他人的经验和思路，探索他人提出的解决方案，并在此基础上进行改进和创新。例如他们可以参考班主任或同学提供的解题思路，结合自己的理解和想法，提出更加全面和有效的解决方案。学生还可以运用创造性思维，尝试从不同的角度思考问题，并提出新颖的解决方案。例如他们可以运用图形的变换和组合，探索数学问题的多种解决途径，并发现其中的规律和特点，从而提出创新的解决方案。学生需要对提出的解决方案进行评估和调整，确保其可行性和有效性。他们可以通过模拟实验或实际运用，检验解决方案的效果，并根据反馈信息对方案进行调整和改进，以确保问题得到有效解决。

（四）方案实施与调整

方案实施与调整是问题解决过程中至关重要的一环，尤其在小学数学教育中。一旦学生确定解决方案，就需要将其付诸实施，并在实施过程中不断进行调整和改进，以确保问题得到有效解决。学生需要将所选方案具体化并按照计划开始实施。例如在解决一个数学问题时，如果选择使用图形分析的方法，学生就需要准备好所需的绘图工具，并按照所学的图形性质和分析方法开始绘制图形，进行进一步的计算和推理。学生需要密切关注实施过程中出现的问题和挑战，并及时进行调整和改进。例如如果在绘制图形的过程中发现计算有误或图形不符合预期，学生就需要及时纠正错误，并调整实施方案，以确保问题得到正确解决。学生还需要灵活运用所学的数学知识和技能，解决实施过程中遇到的各种问题。例如如果在解决一个几何问题时遇到困难，学生可以尝试运用几何推理、图形变换等方法，寻找问题的突破口，并采取相应的措施解决问题。学生需要对实施过程进行及时的反馈和总结，以便及时发现问题并改进方案。例如他们可以通过观察实施过程的结果，比较实际情况与预期目标的差距，分析问题的原因，并思考如何改进实施方案，提高问题解决的效率和质量。

（五）结果评估与反思

结果评估与反思是问题解决过程中至关重要的一环，在小学数学教育中也是如此。学生在完成问题解决任务后，需要对解决方案的效果进行全面评估，并进行反思和总结。学生可以对解决方案的正确性进行评估，他们需要检查所得结果是否符合问题的要求，并比较实际解决方案与预期目标之间的差距。例如在解决一个数学问题时，学生可以核对计算结果是否准确，图形是否符合要求，以确保解决方案的正确性。学生可以对解决方案的效率和可行性进行评估，他们需要考虑实施过程中所耗费的时间、精力和资源，以及解决方案所带来的实际效果。例如他们可以比较不同方法的解题速度和复杂程度，评估其对问题解决的贡献和价值。学生还可以对解决方案的创新性和适用性进行评估，他们需要思考所选方案与传统方法的不同之处，以及其在解决实际问题中的应用前景。例如他们可以考虑所选方案是否具有普适性和可推广性，是否能够解决类似的问题，并从中获取启示和经验教训。学生需要进行反思和总结，从中获取经验教训并为未来的问题解决提供指导。他们可以思考在解决问题过程中遇到的困难和挑战，以及如何克服这些困难，改进解决方案。通过反思和总结，学生不仅可以提高问题解决的效率和质量，还可以培养自我管理和自我调整的能力，为未来的学习和生活做好准备。

问题解决能力的构成要素涵盖问题解决的全过程，学生通过准确识别和定义问题，积极获取和分析信息，提出创新的解决方案，将方案付诸实施并灵活调整，最后对解决方案的效果进行评估和反思。这一过程不仅帮助他们解决具体的数学问题，更重要的是培养他们的思维能力和解决问题的自信心，为未来的学习和生活奠定坚实的基础。

二、通过例题讲解训练问题解决能力

通过例题讲解可以有效地培养学生的问题解决能力，特别是在小学数学教育中，选择性例题的设计对学生的数学理解和解决能力有着重要的影响。通过一个良好设计的例题，学生能够掌握基础的数学运算，并逐步培养起解决问题的能力。在解题过程中，示范解题，引导学生参与，反馈和讨论，以及衍生问题拓展等环节都起着重要的作用，可以帮助学生更好地理解问题、掌握解决问题的方法，并培养他们的思维能力和创新能力。

（一） 选择性例题的设计

在小学数学中，一个设计良好的选择性例题可以是关于加法和减法的问题，以便学生在基础数学运算上得到练习和理解。以下是一个例题的设计：

小明有 5 个苹果，他买了 3 个橙子，请问他一共有多少个水果？

这个例题涉及加法和计数的概念，适合小学生学习。它考查学生对数学问题的理解和解决能力，同时又不会太过复杂，容易让学生接受和理解。对于能力较强的学生，可以设计更复杂的问题，如涉及两步运算或多个数的加减法问题，以提供更大的挑战。而对于能力较弱的学生，则可以设计更简单的问题，如只涉及单个数字的加减法，以帮助他们建立起基本的数学概念和技能。

（二） 示范解题过程

在解决小学数学问题时，示范解题过程可以分为以下步骤：

第一，班主任需要理解问题。在上个例题中，班主任知道小明有 5 个苹果，他又买了 3 个橙子，问题是求他一共有多少个水果。第二，班主任进行问题分析。这是一个加法问题，班主任需要将小明拥有的苹果和橙子的数量相加来求得总数。第三，班主任执行解决方案。根据题目，班主任将 5 个苹果和 3 个橙子相加：$5+3=8$。所以，小明一共有 8 个水果。第四，班主任进行实施与调整。在这个例子中没有实施和调整的步骤，因为这是一个简单的加法问题，解决方案已经明确了。第五，班主任进行结果评估与反思。班主任检查计算结果，确保班主任的答案是正确的。在这个例子中，班主任再次确认小明一共有 8 个水果，没有发现错误。

（三） 引导学生参与

在引导学生参与解题过程中，班主任可以采取多种方法。班主任应该激发学生的兴趣，通过引入趣味性的故事情景或生动形象的例子来吸引学生的注意力，让他们对问题产生好奇心，进而乐于参与到解题过程中来。班主任可以提出问题，激发学生的思考。在学生开始解题之前，班主任可以问一些启发性的问题，引导他们思考问题的本质和解决方法，从而激发他们的求知欲和思维活跃度。班主任可以给予适当的提示和指导。在学生尝试解题过程中，班主任可以及时给予帮助和指导，引导他们找到解题的关键点和思路，帮助他们克服困难，更好地理解和解决问题。班主任还可以鼓励学生尝试不同的解决方法。在解决数学问题时，往往有多种解题方法，班主任可以鼓励学生尝试不同的方法，培养他们的灵活性和创造力，帮助他们发展多样化的解决问题的能力。

（四）反馈和讨论

解题结束后班主任可以组织学生进行反馈和讨论，以促进他们的思维交流和共同学习。这种讨论不仅有助于学生巩固所学知识，还能培养他们的团队合作意识和批判性思维能力。班主任可以邀请学生分享他们的解题思路和方法，让其他同学通过听取不同学生的解题过程，了解到多样的解题方式和思考路径，拓展他们解决问题的视野。班主任可以引导学生比较不同的解题方法，并讨论它们的优缺点。通过比较和讨论，学生可以更深入地理解每种解题方法的特点和适用范围，进而培养他们的分析和评价能力。班主任可以鼓励学生提出问题和疑惑，并给予解答和解释。在讨论过程中，学生可能会遇到一些困惑或疑问，班主任可以及时给予解答和解释，帮助他们理清思路，解决困惑，加深对问题的理解。班主任还可以邀请学生总结解题过程中的经验和教训。通过总结和反思，学生可以发现解题中的成功经验和不足之处，从而更好地指导今后的学习和实践，提高问题解决能力和学习效果。

（五）衍生问题拓展

为进一步激发学生的思维，班主任可以提出一些衍生问题，让他们探索更多的解决途径和可能性，拓展他们的思维空间。一个衍生问题："如果花砖是长方形，且花园的总面积为 100 平方米，每块花砖的面积为 1 平方米，那么应该如何确定花砖的长和宽，以便最有效地铺满花园？"进而探讨长方形和正方形在铺设花砖时的差异和联系。另一个衍生问题：如果花园的形状不是矩形而是其他几何形状，例如圆形、椭圆形或不规则形状，那么如何铺设花砖？这个问题可以让学生思考如何根据花园的形状和面积要求来设计合适的花砖铺设方案，从而拓展他们对几何形状和空间关系的理解。班主任还可以提供更具挑战性的衍生问题：如果要在花园中留出一个中心区域不铺设花砖，那么应该如何设计花砖的铺设方案？这个问题可以让学生思考如何在保证花砖铺设的整体美观性和实用性的前提下，满足留出中心区域的要求，从而培养他们的创造性思维和解决问题的能力。

通过例题讲解训练问题解决能力，不仅可以帮助学生掌握基础的数学知识和技能，还能够培养他们的思维能力和解决问题的能力。良好设计的例题可以引导学生逐步理解问题、掌握解决问题的方法，并通过示范解题，引导学生参与，反馈和讨论等环节，促进学生之间的思维交流和共同学习。班主任通过让学生提出衍生问题拓展其思维空间，可以进一步激发他们的求知欲和创造性思维，从而提高他们的学习效果和问题解决能力。

三、实践中的问题解决案例分析

在教学实践中，遇到意外情况并及时解决问题是每位班主任都会面临的挑战。下面探讨在小学数学课堂上的一个真实场景案例，展示如何通过多样化的案例设计和灵活的问题解决方法，促进学生对数学概念的全面理解和运用能力的提升。

（一）真实场景案例引入

在一所小学的数学课堂上，班主任提出了以下问题：小明有 5 个苹果，他买了 3 个橙子，请问他一共有多少个水果？这是一个简单的加法问题，旨在帮助学生理解加法概念和基本计数技能。然而在课堂上，一位学生提出了一个意外的问题："班主任，如果小明有 5 个苹果，但他吃掉了 2 个，然后又买了 3 个橙子，那他现在一共有多少个水果？"这个意外情况使班主任不得不思考如何引导学生解决这样的问题，从而更全面地理解数学运算。

（二）案例分析与讨论

案例引发了课堂上一场意想不到的讨论。学生们开始思考不同的解决方法，一些学生选择先计算小明手中的水果总数，再考虑吃掉的水果数量，最后加上新买的水果数量；而另一些学生则选择先计算吃掉的水果数量，再加上新买的水果数量，最后得出总数。通过这样的讨论，学生们不仅理解了加法和减法的关系，还学会了灵活运用不同的解决方法来解决复杂的数学问题。

（三）多样化案例涵盖

在小学数学课堂上，班主任还引入了其他多样化的案例。例如：如果小明不仅买了 3 个橙子，还买了 7 个香蕉，那他一共有多少个水果？或者如果小明每天吃掉一半的苹果，那他吃掉所有苹果需要多少天？这些多样化的案例涵盖了不同的数学概念和技能，能够帮助学生全面理解数学知识并灵活运用于实际问题解决中。

（四）案例实施与效果评估

在课堂结束后，班主任对学生的表现进行了评估。通过仔细观察学生在解决问题时的思维过程和采取的解决方法，班主任发现大多数学生展现出了出色的表现。他们能够灵活地运用所学的数学知识，对复杂问题进行分析和解决。学生们还展现出了较强的问题解决能力，能够应对意外情况并提出合理的解决方案。这些案例的实施有效地促进了学生的思维发展和数学技能提升。通过参与各种多样化的案例讨论和解决实践，学生们不仅加深了对数学概念的理解，还培养了批判性思维和创造性解决问题的能力。因此，这种实践方法在提高学生的学习效果和能力方面取得了显著的成效。

（五）案例总结与经验分享

这些经验总结和教训是教学实践中的宝贵财富。多样化的案例设计确实是激发学生学习兴趣和思维的有效途径。引入不同类型、不同难度的案例，可以满足不同学生的学习需求，同时促进他们思维的多样性和创造性。及时引导学生解决意外情况下的问题，是培养学生解决问题能力和创造性思维的关键一环。在现实生活中，解决问题往往需要灵活应对，而这种及时的引导可以帮助学生培养应变能力，提高他们解决问题的效率和质量。定期对学生的表现进行评估和反馈，是保证教学效果持续提升的重要手段。通过评估和反馈，班主任可以及时了解学生的学习状况，发现问题并采取有针对性的措施加以解决，从而不断调整教学策略，提高教学效果。这些经验不仅对班主任在教学实践中具有指导意义，也对学生的学习有积极的促进作用。因此，将这些经验融入今后的教学实践中，班主任能够更好地提高教学质量，促进学生的全面发展。

通过案例分析与讨论，班主任发现多样化的案例设计有助于激发学生的兴趣和思维，而及时引导学生解决意外情况下的问题则可培养他们的问题解决能力和创造性思维。在实施案例并评估效果后，班主任得出结论：定期对学生的表现进行评估和反馈，有助于及时发现问题并加以解决，进一步提高教学效果。这些经验和教训为今后的教学实践提供了有益的借鉴和指导。

四、评价学生的问题解决能力

评价学生的问题解决能力是教学过程中至关重要的一环。为全面了解学生在解决问题过程中的表现，班主任需要考虑多个指标并采用多样化的考察方法。及时地反馈和鼓励学生进行自我评价，以及个性化指导，都是促进学生问题解决能力发展的关键手段。下面探讨综合评估指标、考察方法多样性、反馈及时性、鼓励自我评价和个性化指导这五个方面，以帮助班主任更好地评价和引导学生的问题解决能力。

（一）综合评估指标

综合评估学生的问题解决能力是教学过程中的一项关键任务，评价时需要考虑多个指标，这些指标共同描绘出学生在解决问题过程中的全面表现。首先，评估学生解决问题的方法是否合理和有效。这意味着学生选择的解决路径是否符合问题的要求，是否能够正确应用数学原理和概念。其次，评估解决问题的速度和准确性。这包括学生在解答问题时所花费的时间及他们答案的正确性，体现他们的数学技能水平和处理问题的能力。再次，还需要评估学生是否能够灵活运用所学知识解决新问题。这一能力显示学生对数学概念的理解程度及他们在实际应用中的适应能力。最后，评估学生解决问题时展现的批判性思维和创造性也很重要。这包括学生是否能够进行深入的问题分析、提出有力的解决方案及在面对未知情况时如何灵活应对。例如在小学数学课堂上，班主任可以通过观察学生的解答过程和策略来评估他们的问题解决能力。一些学生可能会选择较为传统的解决方法，并且能够确保解答正确；而另一些学生可能会尝试更为创新或复杂的解题方式，可能时间花费更长，但在解答的准确性和深入性方面有所体现。这种评估不仅可以帮助班主任了解每个学生在数学学科中的表现，还能够帮助班主任调整教学策略，更好地促进学生的学习和发展。

（二）考察方法多样性

在评价学生的问题解决能力时，采用多样化的考察方法至关重要。不同的方法可以提供不同的视角，从而让班主任更全面地了解学生的表现和能力。个别测验可以帮助班主任了解每个学生在解决问题时的独立能力和思维过程，而小组项目则能够观察学生在协作中的表现和团队解决问题的能力。课堂讨论则提供了一个展示学生问题解决思路和逻辑推理能力的平台。通过与同学交流和辩论，学生可以从不同的角度思考问题并吸收他人的见解。实际情景模拟也是考查学生问题解决能力的有效方法之一。通过模拟真实场景或生活中的问题，学生可以将所学的知识应用到实际情境中，从而培养他们的解决问题的实践能力。这种情境化的学习方式不仅能够激发学生的兴趣，还能够提高他们的学习主动性和创造性。

（三）反馈及时性

及时的反馈在学生问题解决能力的培养过程中扮演着至关重要的角色。它不仅能够及时指引学生的学习方向，还有助于纠正错误、提供改进建议，从而促进他们的持续成长。在教学中，班主任应该在学生完成问题解决任务后，尽快给予反馈。这种及时反馈的机制有助于学生更准确地了解自己的表现，并及时调整学习策略。反馈内容应当具体而有建设性，不仅指出错误，还要提供改进的方法和建议。通过有针对性的反馈，学生能够更快地纠正错误，改进学习方法，提升问题解决能力。及时的反馈也能够增强学生的学习动力和自信心，激发他们对学习的积极性。因此，班主任建立起及时反馈的机制，对学生问题解决能力的提升至关重要。

（四）鼓励自我评价

鼓励学生进行自我评价是培养其问题解决能力的重要策略之一。自我评价能够激发学生的自主学习意识，促使他们在解决问题的过程中更加主动和深入地思考。通过自我评价，学生可以审视自己的解决策略和方法，评估其有效性和适用性，进而发现潜在的偏差或不足之处。这种自我认知的过程有助于学生深入理解问题解决的本质，加深对所学知识的理解和运用。自我评价还能够培养学生的批判性思维能力。在评价自己的解决过程时，学生需要进行客观、全面的分析，发现并反思问题解决中可能存在的疏漏或错误。这种批判性思维能力是问题解决的关键之一，能够帮助学生更好地理解问题、分析问题，并提出有效的解决方案。自我评价还有助于学生建立自信心。通过不断审视自己的表现并发现改进的空间，学生能够逐渐提高对自己能力的认知，增强自信心，更有勇气面对新的挑战和困难。

（五）个性化指导

个性化指导是促进学生问题解决能力发展的关键手段之一。由于每位学生的学习方式、思维习惯和解决问题的策略都有所不同，因此个性化指导能够更有效地满足不同学生的需求。个性化指导可以通过定期与学生进行一对一的交流和反馈来实现。在这种交流中，班主任可以深入了解学生的学习情况、问题解决过程中的困难和挑战，从而有针对性地提供指导和建议。这种定制化的反馈和指导能够帮助学生更好地理解自己的问题解决能力水平，发现并克服自己的学习障碍。个性化指导也可以在课堂上根据学生的反应和表现进行调整。班主任可以根据学生的实际情况，采用不同的教学方法和策略，以更好地满足他们的学习需求。例如对于那些在解决问题中思维灵活但在准确性上有所欠缺的学生，可以重点训练其精确性，引导他们更加注重细节和逻辑推理；而对于那些在速度上表现较慢但解决方法较为系统的学生，则可以鼓励其提高解题速度的同时保持方法的有效性。

在评价学生的问题解决能力时，综合评估指标、采用多样化的考察方法、及时的反馈、鼓励自我评价及个性化指导都至关重要。这些方法和策略共同构成一个完整的评价体系，有助于班主任更全面地了解学生的表现，更有效地指导他们的学习。通过这些努力，班主任可以帮助学生提高问题解决能力，培养他们的批判性思维、创造性思维和自主学习能力，从而更好地适应未来的学习和生活挑战。

第三节　数学思维与问题解决能力的结合

一、数学思维在问题解决中的作用

在小学数学学习中，数学思维在问题解决中扮演着至关重要的角色。从逻辑推理到实践验证，每个环节都能为学生提供丰富的思维工具和解决问题的方法。通过培养逻辑思维、模型构建、抽象思维、创新思维及实践验证和结果推断等能力，学生不仅能够更好地理解数学知识，还能够提高解决问题的能力，为未来的学习和生活奠定坚实的基础。

（一）逻辑推理与问题分析

在小学数学学习中，逻辑推理与问题分析是培养学生问题解决能力的关键环节。逻辑推理帮助学生建立正确的思维框架，使他们能够理清问题的逻辑关系，并从中找出解决问题的线索。例如当面对一个简单的加法问题时，学生需要首先理解加法运算的基本原理，然后分析题目中给出的数值关系，明确问题的需求。通过逻辑推理，他们能够根据已有的数学知识，正确地运用加法运算法则，逐步推演出正确的答案。这种思维过程不仅是解决数学问题的有效途径，也是培养学生逻辑思维和问题分析能力的重要途径。通过不断训练和实践，学生可以逐渐提升逻辑推理和问题分析的水平，更加灵活地运用数学知识解决各种问题，为今后的学习打下坚实的基础。

（二）模型构建与解决方案设计

在小学数学学习中，模型构建和解决方案设计是培养学生解决实际问题能力的重要环节。通过将问题抽象为数学模型，学生可以更系统地思考问题，并利用数学工具进行解决。例如在解决一个实际生活中的问题时，分配苹果给学生。学生可以先将每个学生需要的苹果数量表示为一个变量，再建立一个简单的方程来表示总的苹果数量与学生人数和每人分配的苹果数量之间的关系，接着他们可以利用这个方程来计算出总的苹果数量，然后根据分配规则设计相应的方案，最后确保每个学生都能得到适量的苹果。这个过程涉及数学建模、方程求解及问题解决方案设计等多个方面的技能，培养学生的逻辑思维和创造力。通过这样的实践，学生不仅能够更好地理解数学知识的实际应用，还能够培养解决问题的能力，为将来的学习和生活打下坚实的基础。

（三）抽象思维与问题概括

抽象思维和问题概括在小学数学教育中扮演着至关重要的角色。抽象思维是指将具体的实物或情境抽象为一般性的概念或规律的能力。通过抽象思维，学生能够将一个具体的数学问题或情景，比如一个几何图形的形状或一个算术题的运算过程，抽象为普遍适用的数学规律或概念，使问题变得更加通用和普适。举例来说：当学生计算一个三角形的面积时，他们可以通过抽象思维将这个具体的三角形抽象为几何学中的普适概念，如面积公式；然后他们可以利用这个抽象概念和相关的数学原理，如底乘高除以二，来解决具体的问题，而不必针对每个具体的三角形重新推导面积公式。问题概括则是指将一个具体的问题归纳、概括为一个更为普遍适用的模式或规律。通过问题概括，学生能够发现问题之间的共性，从而更好地理解问题的本质和解决方法。

（四）创新思维与问题解决方法

小学数学教育不仅是传授学生基础知识的起步阶段，更是培养他们的创新思维和问题解决能力的重要阶段。创新思维在此过程中扮演着关键的角色，它鼓励学生勇于尝试新的方法和途径，挑战传统的思维模式，以创造性的方式解决问题。学生在解决数学问题时，常常有多种解题方法可供选择。通过培养创新思维，学生可以尝试不同的解题思路，挖掘数学问题的多种解决路径。例如当面对一个简单的算术题目时，学生可以通过传统的列竖式计算，也可以尝试使用分解法、逆向思维等方法，以更快、更有效地得出答案。这种灵活性和创造性的思维方式不仅能够提高问题解决的效率，也能够激发学生的学习兴趣和动力。创新思维还鼓励学生在解决问题时大胆尝试，敢于提出新的想法和观点。他们可以通过思考问题的不同角度，运用所学的数学知识和技巧，探索解决问题的新方法。这种探索性学习不仅能够丰富学生的思维方式，还能够培养他们的自信心和创造力，为他们未来的学习和工作打下坚实的基础。

（五）实践验证与结果推断

在小学数学思维中，实践验证和结果推断是巩固学习成果、提高问题解决能力的关键环节。学生在解决数学问题后，通过实际操作和验证，对自己的解决方案进行检验，以确保其正确性和有效性。实践验证通常包括对所得结果的实际运用和检查，学生可以将他们的解决方案应用到具体情境中，看其能否解决实际问题或是否符合给定条件。例如在解决一个简单的几何问题后，学生可以使用尺子或量角器测量各边长度或角度，以验证他们的计算是否准确。通过这种实际操作，学生能够直观地了解自己的解决方案在实际情况下的适用性，并发现其中可能存在的错误或不足之处。结果推断则是指根据已有的数学知识和问题条件，推断出解决方案的合理性和可行性。学生可以通过分析问题的特点和解题过程，推断出所得结果是否符合逻辑、是否与已知条件相符。例如在解决一个算术题后，学生可以回顾问题的条件和解题过程，推断出所得结果是否与问题要求相符，从而判断解决方案的正确性。

小学数学思维的发展涉及多个方面，包括逻辑推理、模型构建、抽象思维、创新思维及实践验证和结果推断等。逻辑推理帮助学生建立正确的思维框架，模型构建和抽象思维使问题更具普适性和通用性，创新思维激发学生尝试新方法解决问题的勇气，而实践验证和结果推断则是巩固学习成果、提高问题解决能力的关键环节。这些数学思维能力的培养不仅有助于学生在数学学习中取得更好的成绩，更能够为他们未来的学习和生活打下坚实的基础。

二、通过问题解决培养数学思维

在小学阶段培养学生的数学思维是教育的重要目标之一。通过问题解决，学生可以运用所学的数学知识解决实际问题，这不仅有助于加深他们对数学的理解，还能培养其分析和解决问题的能力。下面围绕实践案例引导数学思维、问题解决过程中数学概念的应用、问题解决能力与数学知识的结合、数学建模与实际问题解决及问题解决任务的设计与评价等方面，探讨如何通过问题解决培养小学生的数学思维。

（一）实践案例引导数学思维

在小学阶段通过实践案例引导学生运用数学知识解决实际问题是培养数学思维的重要途径。例如让学生解决一个简单的购物问题，如购买文具或零食，可以激发他们对数学的兴趣和应用。通过这个案例，学生需要考虑如何合理安排预算，根据物品的价格和数量进行计算，以确保在预算范围内购买所需物品。他们可以运用基本的数学概念，如加减法来计算总预算和每个物品的花费，并通过比较不同方案来选择最优的购物方案。这个过程不仅帮助学生将抽象的数学知识应用到实际生活中，还能培养他们分析问题、制订解决方案的能力。通过实践案例，学生可以更深入地理解数学知识的实际意义，同时也能增强他们解决实际问题的信心和能力。

（二）问题解决过程中的数学概念应用

在解决问题的过程中，数学概念的应用是至关重要的。以几何问题为例，学生在处理图形时需要理解和运用诸如角度、长度等几何概念。他们可能需要计算图形的周长或面积，这涉及长度的概念，比如如何正确使用公式计算矩形、三角形或圆的周长和面积。对于角度的应用，学生可能需要计算图形内部的角度之和，或者通过已知条件解决相似三角形的角度比较问题。这需要他们理解角度的概念，并能够运用角度的性质来解决问题。在解决几何问题的过程中，学生不仅是在计算数字，更是在应用数学概念来理解和描述空间关系。例如当他们分析一个复杂的几何图形时，需要将所学的概念如直角三角形、平行线、相似性等运用到实际情境中，从而推导出所需的结果。这种过程不仅要求学生熟练掌握数学概念，还需要他们具备逻辑思维和问题解决能力，因为他们需要将这些概念组合起来，形成全面的解决方案。

（三）问题解决能力与数学知识结合

在小学阶段培养数学思维，问题解决能力与数学知识的结合至关重要。举例来说，在处理一个复杂的排列组合问题时，学生需要综合运用他们已学的排列组合知识，如阶乘、组合公式等。然而单靠这些知识是不够的，他们还需要发挥逻辑推理和问题分析的能力，以确定解题方法。学生需要审题分析，理解问题所涉及的条件和要求。然后他们需要运用排列组合的知识，例如确定是排列还是组合问题，计算可能的组合或排列数量。在这个过程中，他们需要灵活运用已学的知识，如计算阶乘、应用组合公式等，从而找到解题的切入点。学生需要进行逻辑推理，考虑不同解题路径的可行性和有效性。他们可能需要尝试不同的方法，比较其优劣，选择最合适的解题策略。这个过程需要他们运用逻辑思维，分析每个步骤的逻辑关系，并推断出最终的解决方案。

（四）数学建模与实际问题解决

在小学阶段引入数学建模的概念有助于培养学生的数学思维。数学建模是将现实生活中的问题抽象为数学模型，然后利用数学方法进行求解的过程。例如当学生面对一个关于时间和距离的问题时，他们可以将问题中的各个因素抽象成数学符号，并建立相应的数学模型来描述问题的关系。这个过程不仅要求学生深入理解问题的本质，还需要他们将所学的数学知识灵活运用，从而找到解决问题的方法和策略。数学建模的过程涉及问题的分析、模型的建立和求解等步骤。首先，学生需要仔细分析问题，理解问题的背景和条件，确定问题的关键因素。其次，他们需要将问题抽象为数学模型，选择适当的数学方法来描述问题，建立数学方程或不等式。最后，学生需要运用数学技巧和方法，求解建立的数学模型，得出问题的解答，并对解答进行验证和解释。

（五）问题解决任务的设计与评价

设计有效的问题解决任务对促进小学生的数学思维发展至关重要。一个有益的设计是提供开放性的数学问题，让学生自主选择解题方法和路径。例如可以设计一个与日常生活相关的问题，如何在有限的预算内购买最多的书籍或玩具，让学生思考并提出解决方案。这样的任务不仅可以激发学生的兴趣，还可以培养其创新思维和解决问题的能力。设计任务时应考虑学生的年龄和水平，确保问题的难度适中，能够激发学生的思考，但又不至于过于困难。评价问题解决任务的效果可以从学生的解题过程和结果中进行。首先，班主任可以观察学生的解题思路和方法，看他们是否能够合理地应用所学的数学知识，是否能够进行逻辑推理和问题分析。其次，班主任可以评估学生的解题结果，看他们是否能够得到正确的答案，并对答案进行解释和论证。最后，班主任还可以评价学生的解题过程中是否展现出合作、创新、批判性思维等能力。通过综合评价学生的解题过程和结果，班主任可以全面了解他们的数学思维发展情况，以及解决问题的方法和策略是否得当。

问题解决不仅是一种学习方法，更是培养数学思维的一种有效途径。班主任借助实践案例引导、数学概念应用、问题解决能力与知识结合、数学建模和实际问题解决及任务设计与评价等方式，可以全面提升学生的数学思维水平。在这个过程中，学生不仅仅是在学习数学知识，更是在培养解决实际问题的能力，为未来的学习和生活奠定坚实的数学基础。

三、数学思维与问题解决能力的相互促进

数学思维与问题解决能力在小学生数学学习中相互促进，构成数学教育的核心。数学思维强调逻辑推理、抽象思维和系统化思维，为学生解决问题提供关键的思维工具。而问题解决能力则是数学思维的重要组成部分，通过不断解决问题，学生可以提升逻辑推理和问题分析的能力，进而促进数学思维的发展。下面探讨数学思维与问题解决能力的相互关系，以及在实践案例中的作用，同时讨论跨学科整合和教学策略对数学思维和问题解决能力的促进作用。

（一）数学思维对问题解决的启发

小学数学思维在问题解决中起着至关重要的作用。数学思维强调逻辑推理、抽象思维和系统化思维，这些能力在解决问题时发挥着关键作用。例如当学生面对一个复杂的数学问题时，需要运用逻辑推理能力分析问题的结构和逻辑关系，从而找到解决问题的方法。数学思维还强调抽象思维，帮助学生将具体的问题抽象成数学模型，从而更好地理解问题的本质和规律。例如在解决几何问题时，学生需要将具体的图形抽象成几何概念，如点、线、面等，从而应用几何知识解决问题。因此，数学思维能够启发学生分析问题、理清思路，从而更有效地解决各种问题。

（二） 问题解决能力对数学思维的提升

问题解决能力是数学思维的重要组成部分，它在学生数学学习中起着至关重要的作用。随着解决问题能力的提升，学生不仅能够更加灵活地运用所学的数学知识，还能够培养出较强的逻辑推理和问题分析能力。例如当学生面对一个抽象的数学问题时，他们需要深入理解问题的本质，通过探索不同的解题方法和策略寻找最佳解决方案。在这个过程中，学生不断地思考、分析，逐步提高对问题的理解和解决的能力。通过持续解决问题，学生不仅能加深对数学知识的掌握，还能培养解决复杂问题的能力，从而促进数学思维的全面发展。

（三） 实践案例中的相互作用

实践案例中数学思维和问题解决能力相辅相成，共同促进小学生的数学学习和思维发展。以购物问题为例，学生需要运用所学的数学知识，如基本的加减法和比较大小，计算预算和物品价格。这要求他们能够将抽象的数学概念与实际情境结合起来，理解数学在日常生活中的应用。解决购物问题还需要学生发挥问题解决能力，分析问题的要求，比较不同购物方案的优劣，并做出最佳选择。这一过程不仅能锻炼学生的逻辑思维和推理能力，还能培养他们解决实际问题的能力。通过实践案例，学生不仅能加深对数学知识的理解，更能培养将数学运用于实际生活中解决问题的能力，从而促进其数学思维的全面发展。

（四） 跨学科整合与共同发展

小学数学思维和问题解决能力的发展离不开跨学科的整合与共同发展。数学作为一门综合性学科，与其他学科密切相关，其发展需要与语言、科学、社会等学科相互交融。语言学科为数学思维的表达提供基础，学生需要通过语言来描述问题、解释解决方案，并与他人交流讨论。因此，语言能力对数学思维的发展至关重要。在数学教学中，班主任可以引导学生用准确清晰的语言表达数学概念和解决思路，同时鼓励他们通过语言交流，彼此分享思考。科学学科与数学密切相关，共同促进问题解决能力的培养。科学探究过程中需要观察、实验、推理，这与数学解决问题的思维方式有相似之处。通过科学实验，学生可以培养观察问题、提出假设、验证假设的能力，这与数学问题解决的思维过程相呼应。社会学科为学生提供实践机会，促进其数学思维的应用与发展。社会问题常常需要数学分析和解决，比如资源分配、经济发展等，这为学生提供将数学知识应用于实际问题解决的机会，加深其对数学思维的理解和应用。

（五）教学策略与方法探讨

在培养小学生的数学思维和问题解决能力时，教学策略和方法的多样化至关重要。启发式教学法是其中一种有效的方法。班主任通过提出引导性问题或情景，激发学生的好奇心和求知欲，引导他们主动思考、探索解决问题的方法。例如通过给出一个实际生活中的情境，让学生自己提出问题并寻找解决方案，从而培养他们独立思考和解决问题的能力。另一种方法是采用合作学习和探究性学习。在合作学习中，学生通过小组合作，共同探讨问题，分享思路和培养解决方法，从而促进彼此之间的学习和思维碰撞。而探究性学习则是让学生通过实际操作和探索来构建数学概念和解决问题的能力，培养他们的探索精神和实践能力。班主任还应根据学生的实际需求和水平差异，灵活调整教学内容和方式。针对不同的学生，班主任可以采用个性化教学，为他们提供符合其学习需求的学习任务和资源。班主任还可以通过分层教学或差异化指导，满足学生不同层次的学习需求，促进他们的全面发展。

小学数学学习中，数学思维与问题解决能力相互交织，共同推动学生的数学发展。数学思维的逻辑推理、抽象思维和系统化思维为问题解决提供基础，而问题解决能力的提升则促进数学思维的深化和发展。在实践案例中，数学思维和问题解决能力相辅相成，帮助学生将数学知识应用于实际问题解决，并培养他们的综合能力。跨学科整合和教学策略的多样化为学生的数学学习提供丰富的路径和方法，促进他们的全面发展。因此，在数学教育中，班主任应该重视数学思维和问题解决能力的培养，同时探索跨学科整合和多样化的教学策略，共同促进学生数学思维和问题解决能力的提升。

第四节 面对复杂问题的数学思维训练

一、复杂问题的特点与分类

在小学数学教育中，班主任不仅是在教授简单的运算和几何图形，更是在培养学生面对复杂问题时的思维能力和解决能力。复杂问题不仅在于其中的数学内容，更在于问题的特点和分类。这些问题可能涉及多变量与关联性，不确定性与难度等级，实践背景与现实挑战，问题规模与解决复杂度，以及交叉学科与综合性等。下面深入探讨这些复杂问题的特点与分类，以及它们在小学数学教育中的意义和应用。

（一）多变量与关联性

复杂问题中的多变量与关联性是数学思维训练的重要方面。在小学数学教育中，班主任通过探索多变量之间的关系，可以培养学生分析问题、理清思路的能力。举例来说，当学生学习解方程时，他们需要考虑多个变量之间的关系，即如何通过方程将这些变量联系起来，从而找到未知数的值。又如在解决几何问题时，学生需要考虑图形的各个属性之间的关系，即如何通过已知条件推导出未知属性。这些训练不仅有助于学生理解数学知识的深层含义，更重要的是培养他们分析问题、解决问题的能力，为其日后面对复杂问题提供坚实的思维基础。

（二）不确定性与难度等级

在小学数学教育中尽管问题相对简单，但也存在着一定程度的不确定性，这需要学生具备一定的分析和推理能力。例如在解决简单的应用题时，问题可能涉及未知数，而学生需要通过推理和逻辑思维来确定未知数的值。在这个过程中，可能会存在多种可能的解法和答案，学生需要通过分析和比较来选择最合适的解决方法。在解决几何问题时，学生可能会面对多种可能的情况，如图形的位置、大小等，这些不确定因素增加了问题的难度。因此，培养学生面对不确定性问题时的应对能力，包括分析问题，提出假设，进行推理和验证等，是数学教育中的重要任务之一。在小学阶段培养学生解决问题的能力，可以为他们未来面对更复杂的问题打下坚实的基础。

（三）实践背景与现实挑战

小学数学教育中的复杂问题往往源自实践背景，紧密关联着现实生活中的挑战。例如小学生学习货币概念和货币计算时，可能面临着实际生活中的购物场景。他们需要考虑不同商品的价格、购买数量及支付方式等因素，从而进行货币计算并做出合理的决策。这种实践背景下的数学问题既能激发学生的学习兴趣，又能培养他们在现实生活中解决问题的能力。另一个例子是解决小学数学中的几何问题，如计算图形的面积和周长。这些问题常常与日常生活中的建筑、园艺等实际场景相关联。例如在设计花园布局时，学生需要计算不同花坛的面积以确定所需的植物数量；或者在铺设地板时，学生需要计算房间的面积以确定所需材料的数量。这些实际背景下的几何问题不仅能帮助学生将数学知识应用于实际情境，还能培养他们解决现实挑战的能力。

（四）问题规模与解决复杂度

尽管小学数学中的问题相对简单，但某些问题的规模和复杂度也可能不一般。例如解决一个简单的应用题可能涉及多个步骤和多个变量。考虑这样一个问题：小明有一些苹果，他将其中一半分给了小红，然后又将剩下的苹果的一半加上 2 个分给了小华，最后他手上还剩下 5 个苹果，请问一开始小明有多少个苹果？解决这个问题需要考虑苹果的总数量、每次分给别人的数量及最终剩下的数量等多个变量，并通过逐步推理和计算来找到答案。这个过程虽然在数学上并不复杂，但涉及多个步骤和多个变量，增加了问题的规模和解决的复杂度。在学习几何图形的性质和计算时，问题的规模和复杂度也可能增加。例如计算一个由多个不规则图形组成的区域的总面积时，需要将每个图形的面积分别计算，并将它们相加得到最终结果。这种问题的解决涉及多个图形、多个数值和多个计算步骤，因此具有较大的规模和解决的复杂度。

（五）交叉学科与综合性

在小学数学教育中，复杂问题往往与其他学科领域有着密切的交叉，需要进行跨学科的综合分析和解决。例如解决一个涉及地理、数学和社会学的问题可能需要学生综合运用这些学科的知识和技能。考虑一个问题：某城市规划师需要设计一个新的社区，以解决城市交通拥堵问题。在这个设计过程中，需要考虑到社区的地理位置、人口分布、交通状况等因素。数学知识可以帮助规划师分析人口密度、交通流量等数据，从而确定社区的规模和布局；地理知识可以帮助规划师了解地形地貌，选择合适的建设场地；社会学知识可以帮助规划师了解居民的需求和生活习惯，从而设计出符合社区居民生活方式的便利设施和交通系统。通过综合运用数学、地理和社会学等学科知识，规划师可以设计出更加科学合理的社区方案，从而解决城市交通拥堵问题。

小学数学教育不仅是为了让学生掌握基本的数学知识和技能，更是为了培养其解决问题的能力和思维方式。通过面对多变量与关联性、不确定性与难度等级、实践背景与现实挑战、问题规模与解决复杂度及交叉学科与综合性等各种复杂问题，学生不仅能够深入理解数学知识的应用，还能够培养其分析问题、解决问题的能力，为将来面对更大挑战打下坚实基础。因此，小学数学教育应该注重培养学生的综合素养和跨学科思维能力，使他们成为未来复杂问题的有力应对者。

二、针对复杂问题的数学思维策略

解决复杂问题需要深入的数学思维策略，这些策略涉及系统性的建模，分解与模块化处理，优化算法与搜索策略，数据分析与模型验证，以及数学工具与技术的支撑。通过这些策略的应用，班主任能够更加有序地解决复杂问题，从而为各种领域的挑战找到创新的解决方案。下面深入探讨这些数学思维策略的应用及其在解决复杂问题中的重要性。

（一）系统建模与参数设定

系统建模与参数设定是解决复杂问题的关键步骤之一。在面对一个复杂问题时，首先需要将问题抽象成数学模型，并确定其中的各种参数和变量。例如考虑一个生态系统的稳定性问题，班主任可以将生态系统的各种因素和相互关系建模成一个数学方程组，其中包括生物种群的数量、生物之间的相互作用及环境因素等。然后班主任需要设定这些参数的数值，这需要基于现有的数据或经验知识来进行。例如班主任可以根据过去几年的生态调查数据来设定各种生物种群的增长率和相互作用强度，以及环境因素的影响程度。通过系统建模和参数设定，班主任可以更好地理解问题的本质，并为后续的分析和解决提供基础。

（二）分层分解与模块化处理

面对复杂问题时，分层分解与模块化处理是一种有效的思维策略。这种方法先将一个复杂问题分解成多个层次或模块，然后对每个层次或模块分别进行分析和处理，最后再将结果整合起来。例如考虑一个制造业的生产优化问题，班主任可以将整个生产过程分解成原材料采购、生产加工、产品质量控制等多个模块，然后分别对每个模块进行优化。通过这种分层分解和模块化处理，班主任可以更加清晰地理解问题的结构和各个部分之间的关系，从而有针对性地进行分析和解决。

（三）优化算法与搜索策略

在解决复杂问题时，优化算法和搜索策略是常用的数学思维工具。这些方法通过搜索问题的解空间，寻找最优解或近似最优解。例如考虑一个工程项目的资源分配问题，班主任可以利用优化算法（如遗传算法、模拟退火算法等）来寻找最优的资源分配方案，使得项目的成本最小或效益最大。又如在解决旅行商问题时，班主任可以采用搜索策略（如深度优先搜索、广度优先搜索等）找到旅行商的最短路径。通过这些优化算法和搜索策略，班主任可以高效地解决复杂问题，并找到满足特定条件的最优解。

（四）数据分析与模型验证

数据分析与模型验证是解决复杂问题的关键步骤之一。在建立数学模型后，班主任需要利用现有的数据进行分析和验证。例如在解决金融风险管理问题时，班主任可以利用历史交易数据分析市场波动性和相关性，从而评估不同投资组合的风险水平。又如在解决医疗诊断问题时，班主任可以利用大量的医疗数据来验证模型的准确性和可靠性。通过数据分析和模型验证，班主任可以更加客观地评估问题的解决方案，并对其进行优化和改进。

（五）数学工具与技术支撑

在解决复杂问题时，小学数学工具和技术的支持至关重要。这些工具包括简单的计算器、尺规、圆规、图形模型等。例如考虑一个建筑设计问题，使用尺规和圆规可以帮助工程师绘制精确的图纸，确保建筑结构的准确性和稳定性。又如在解决数学优化问题时，计算器可以快速进行数值计算，帮助研究人员验证和调整模型，找到最优解。这些小学数学工具不仅可以简化复杂问题的处理过程，还可以提高解决问题的效率和准确性。班主任通过培养学生对这些数学工具的熟练应用，可以提升他们的问题解决能力和数学思维水平，从而为未来面对更加复杂的问题奠定良好的基础。

面对复杂问题，小学数学思维策略是解决难题的有效工具。从系统建模与参数设定开始，到分层分解与模块化处理，再到优化算法与搜索策略的运用、数据分析与模型验证的重要性、数学工具与技术的支持，每个步骤都扮演着关键的角色。这些策略的综合运用，可以帮助班主任更好地理解问题、找到最佳解决方案，并在解决复杂问题的过程中不断提升数学思维能力和创新能力，为未来的挑战做好准备。

三、通过复杂问题提升数学思维品质

在小学数学教学中，提升学生的数学思维品质是班主任长期以来的追求。班主任通过解决复杂问题，培养学生的抽象思维、逻辑推理、创新思维及跨学科整合能力，可以有效地提升他们的数学思维水平。下面探讨如何通过复杂问题的解决来促进小学生的数学思维品质提升。

（一）抽象思维与问题转化

抽象思维是解决复杂问题的基石，它赋予班主任将具体问题抽象成数学模型的能力，从而更有效地理解和处理问题。以一个简单的例子来说明，考虑一个日常生活中的问题：小明有一些零花钱，他希望用来购买苹果和香蕉，但他又要考虑到预算限制和对两种水果的喜好程度。这个问题可以被抽象成数学模型：设苹果的价格为 x 元/kg，香蕉的价格为 y 元/kg，小明的预算为 N 元，他对苹果的喜好程度为 A，对香蕉的喜好程度为 B。然后班主任可以建立一个数学方程，比如：Ax+By≤N，表示小明的预算约束；另一个方程可以表示小明的偏好，例如：A≥B，表示小明更喜欢苹果。通过这样的抽象，班主任将原始问题转化为一个数学优化问题，可以利用数学方法求解最优的购买方案，从而在有限的预算内满足小明的口味偏好。这个简单的例子展示了抽象思维如何将复杂的现实问题转化为可计算的数学模型，从而为问题的解决提供了清晰的路径。

（二）逻辑推理与方案优化

逻辑推理在解决复杂问题时至关重要，它是分析问题、推断结论的基础。以小学数学为例，考虑一个复杂的数学问题：一群小学生要在学校操场上排队，要求按照身高从低到高排队，同时每个同学的年龄也有一定要求，如何找到一种排队的方案使年龄和身高都符合要求？在解决这个问题时，班主任首先需要逻辑推理。班主任可以根据问题的条件，先按照身高进行排队，然后再根据年龄进行调整。这就是逻辑推理的过程：根据已知条件，按照一定的逻辑顺序进行推理，最终得到合理的结论。在这个例子中，逻辑推理帮助班主任确定了一个符合要求的排队方案，从而优化了问题的解决方案。逻辑推理不仅在数学问题中有用，在日常生活中也是至关重要的，它帮助班主任理清思路，合理分析问题，最终找到最优的解决方案。

（三）创新思维与解决策略

创新思维对解决小学数学中的问题至关重要。考虑一个数学教学中常见的问题：如何让学生更好地理解加法和减法的概念？传统方法可能是通过纸上练习和口头解释来教授。但是，创新思维可以为班主任带来更具启发性的解决方案。例如可以通过引入互动游戏或实物模型，让学生在真实的场景中体验加减法的应用。通过这种方式，学生不仅能够理解抽象的数学概念，还能够将其与实际生活联系起来，从而更加深入地掌握知识。利用现代科技手段，如教学软件或在线课堂，也可以为学生提供更多元化的学习体验。这些创新思维的教学方法，不仅能够激发学生的学习兴趣，还能够提高他们的学习效果。因此，创新思维在解决小学数学教学中的问题时，能够为班主任带来更加丰富和有效的解决方案。

（四）实践经验与反思总结

在小学数学教学中，实践经验和反思总结是不可或缺的。通过实际问题的解决，学生能够更深入地理解数学概念，提高数学思维品质。例如考虑一个关于几何图形的教学案例：班主任设计了一个活动，让学生通过观察周围的环境，找出并描述不同几何图形的特征。在这个过程中，学生不仅能够通过实践感受到几何图形的存在，还能够理解几何概念在现实生活中的应用。尔后，班主任可以引导学生总结归纳，将实践经验转化为对几何概念的深入理解。通过反思总结，学生可以发现其中的规律和特点，进一步提高数学思维水平。实践经验和反思总结也可以激发学生的学习兴趣和主动性。在解决实际问题的过程中，学生会感受到数学知识的实用性和重要性，从而更加积极地参与学习。因此，实践经验和反思总结在小学数学教学中扮演着重要的角色，能够有效提升学生的数学思维品质。

（五）跨学科整合与思维提升

跨学科整合在小学数学教学中具有重要意义。它能够帮助学生将数学知识与其他学科结合起来，拓展他们的思维边界，提升他们的解决问题的能力。例如考虑一个有关数学与自然科学的跨学科整合案例：班主任设计了一个实验活动，让学生通过观察植物的生长过程来学习数学中的数据统计和图表分析。学生首先记录植物在不同条件下的生长数据，如生长速度、高度等，然后利用这些数据制作统计图表，并分析不同因素对植物生长的影响。通过这个实验，学生不仅能够学习到数学中的统计方法和图表分析技巧，还能够了解植物生长的科学原理和影响因素。这种跨学科整合的教学方法不仅能够提高学生对数学的兴趣和理解，还能够培养他们的观察力、实验能力和分析能力。因此，跨学科整合在小学数学教学中能够为学生的思维提升提供有益的途径，帮助他们更好地理解和运用数学知识。

在小学数学教学中，抽象思维的培养让学生能够将具体问题抽象为数学模型，并运用数学方法解决问题；逻辑推理能力使学生能够合理分析问题并找到最优解决方案；创新思维则为学生提供更丰富有效的解决策略，激发他们的学习兴趣和主动性；实践经验和反思总结则是将学生在实际问题解决中的经验转化为对数学概念的深入理解的关键；跨学科整合则能够帮助学生将数学知识与其他学科结合起来，拓展思维边界，提升解决问题的能力。这些方法共同作用，为小学生的数学思维品质提升提供多元化、全面化的途径和策略。

四、引导学生面对复杂问题保持积极态度

在当今快速发展的社会中，面对复杂问题的能力成为学生必备的素养之一。教育者和班主任的责任之一就是引导学生积极面对挑战，培养其解决问题的能力。下面探讨如何引导学生在面对复杂问题时保持积极态度，并提供一些教学方法和策略，以帮助学生克服困难，勇于探索未知领域。

（一）问题意识与挑战接受

在面对复杂问题时，培养学生的问题意识和接受挑战的能力至关重要。班主任可以通过激发学生对问题的好奇心和求知欲，引导他们主动思考、提出问题，并鼓励他们接受挑战，勇于面对困难。例如当学生遇到数学难题时，班主任可以启发他们思考问题背后的逻辑和规律，引导他们从不同角度思考解决方案。通过这样的引导，学生能够建立积极的问题意识，将复杂问题视为成长和学习的机会，从而更加乐于接受挑战，勇敢探索未知领域。

（二）错误容忍与反馈修正

在对复杂问题的解决过程中，错误是难以避免的。因此，班主任需要教导学生容忍错误，并学会从错误中汲取经验和教训。班主任可以为学生创造一个安全的学习环境，鼓励他们敞开心扉，勇于尝试和犯错。及时提供有效的反馈和指导，帮助学生识别错误，并引导他们进行修正和改进。例如当学生在解决数学问题时犯错，班主任可以指出错误的地方，并引导学生分析错误原因，找出正确解决方法。通过这样的过程，学生能够逐渐建立正确地解决问题的思维方式，提高

自己的问题解决能力。

（三）团队合作与资源共享

面对复杂问题，团队合作和资源共享可以发挥重要作用。班主任可以组织学生分组合作，让他们共同思考问题、交流想法，并集思广益地寻找解决方案。班主任可以引导学生学会主动分享自己的知识和经验，借助他人的帮助来解决困难。例如在进行数学项目研究时，班主任可以让学生分成小组，每个小组负责研究不同的方面，然后通过团队讨论和合作，综合各组的成果，得出最终的解决方案。通过这样的团队合作，学生能够相互借鉴、共同进步，更有效地解决复杂问题。

（四）实践探究与自主学习

面对复杂问题，实践探究和自主学习是获取解决问题能力的重要途径。班主任可以鼓励学生主动参与实践活动，通过亲身实践探索问题的解决方法。班主任还可以引导学生主动查阅相关资料，利用各种学习资源，自主学习和积累知识。例如当学生遇到关于数学建模的复杂问题时，班主任可以鼓励他们利用图书馆、互联网等资源，查找相关资料，深入了解数学建模的方法和技巧，并尝试将所学知识应用到实际问题的解决中。通过这样的实践探究和自主学习，学生能够提高自己的问题解决能力和创新能力。

（五）成功经验与激励鼓励

在小学数学教学中，实践探究和自主学习是培养学生解决问题能力的关键。班主任可以设计一系列富有趣味性的数学实践活动，让学生通过亲身实践来探索数学知识和解决实际问题。例如班主任可以组织学生进行数学游戏、手工制作等活动，让他们在游戏和实践中感受数学的乐趣，培养数学思维和解决问题的能力。班主任还可以鼓励学生主动查阅数学故事书、数学启发性视频等资料，引导他们通过阅读和观看来积累数学知识，拓展数学视野。通过这样的实践探究和自主学习，学生能够更加深入地理解数学知识，提高解决问题的能力，并且在学习过程中培养出主动探索、自主学习的良好习惯。

在教学实践中培养学生面对复杂问题时保持积极态度是至关重要的。班主任可以通过激发学生的问题意识和挑战接受能力，教导他们容忍错误并从中学习，引导他们进行团队合作和资源共享，以及促进实践探究和自主学习。通过这些方法的运用，学生将逐渐建立起解决问题的信心和能力，为未来的学习和生活奠定坚实的基础。

第七章　班主任如何与家长沟通合作

第一节　家校沟通的重要性与方式

一、家校沟通对学生发展的影响

在当今教育环境中，家校沟通已成为学生全面发展的重要环节。通过家校之间的紧密合作与有效沟通，班主任不仅可以更深入地了解学生的个性化需求，为其提供更贴合的教育指导，还能够与家长共同营造一个支持性和激励性的学习环境。家校沟通涵盖多个层面，从学生全面发展的促进、学习动力的提升到行为规范的加强，再到学习环境的营造和家长对学校活动的参与，每一环节都凸显出家校合作的重要性。下面详细探讨家校沟通对学生发展的影响，揭示其多方面的积极作用。

（一）促进学生全面发展

家校沟通能够促进学生全面发展。通过与家长的密切合作，班主任能更加深入地了解学生的家庭背景、性格特点、兴趣爱好等，从而针对每个学生的个体差异，提供个性化的教育指导。这种有针对性的教育策略能够更好地满足学生的需求，促进他们在知识、技能、情感态度等方面的全面发展。例如对于性格内向、不善表达的学生，班主任可以通过与家长的沟通，了解其家庭环境及成长经历，进而制订适合该学生的教学方案，鼓励他们积极参与课堂讨论，锻炼口语表达能力。班主任还可以与家长共同关注学生的心理健康，及时发现并解决学生面临的心理问题，确保学生的身心健康全面发展。

（二）提升学生学习动力

家校沟通还能有效提升学生的学习动力。通过及时向家长反馈学生的学习情况和表现，班主任能激发家长对子女教育的关注度和参与度。家长的积极参与和支持将给学生带来正面的激励效应，增强他们的学习自信心和动力。班主任还可以与家长共同制订学习计划，明确学习目标，鼓励学生为实现目标而努力学习。这种有目标、有计划的学习方式将使学生更加专注和投入，从而提升学习效果和成绩。例如当班主任发现学生在某一学科上存在薄弱环节时，可以与家长共同商讨制订学习计划，明确学生每天的学习任务和目标。家长可以监督学生的完成情况并给予必要的帮助和支持。通过双方的共同努力和配合，学生的学习动力将得到有效提升。

（三）加强学生行为规范

家校沟通在加强学生行为规范方面发挥着重要作用。通过与家长的紧密合作，班主任可以及时了解学生在家庭和社会环境中的行为表现，对不良习惯或问题行为进行及时纠正。家长作为学生的第一任班主任，他们的言传身教对学生行为规范的形成具有深远影响。班主任通过与家长沟通，能够引导家长正确教育学生，共同制定行为规范，使学生在家中和学校都能遵守社会公德和道德规范。班主任还可以向家长传授一些有效的行为管理方法，让家长在家庭中也能持续加强学生的行为规范教育。这种家校共育的模式，有助于学生养成良好的行为习惯，塑造健全的人格，为他们的未来奠定坚实的基础。例如班主任可以定期与家长进行面谈或电话沟通，了解学生在家的行为表现，对于出现的问题及时给予指导和建议。通过这种方式，家校双方能够共同努力，加强学生行为规范，培养出更加优秀的人才。

（四）营造良好学习环境

在营造良好学习环境方面，班主任发挥着至关重要的作用。班主任应了解学生的兴趣和需求，以此为基础设计有趣、具有挑战性的学习任务，激发学生的学习动机和好奇心。班主任应营造支持性的学习氛围，鼓励学生间的合作与分享，让学生在互助中成长，体验学习的乐趣和成就感。班主任还须注重自身的榜样作用，以积极的态度和坚持不懈的精神影响学生，促进他们形成良好的学习习惯和自我激励能力。班主任还应设定明确的课堂规则和期望，确保课堂秩序井然，为学生的学习提供有力的保障。通过这些举措，班主任可以有效营造一个积极、有序，富有挑战性和支持性的学习环境，为学生的全面发展奠定坚实基础。

（五）促进家长参与学校活动

促进家长参与学校活动在教育实践中具有重要意义。家长是学生学习和成长的重要支持者和监督者，他们的参与不仅能够为学生提供更多的学习资源和动力，还能够加强学校与家庭之间的联系和沟通。为促进家长参与学校活动，学校可以组织多样化的活动，如家长会、家长开放日、亲子运动会等，让家长能够亲自了解学校的教学环境、课程内容和学生的学习情况。通过这些活动，家长能够更深入地了解学校的教育理念和教学方法，从而更好地支持和配合学校的教育工作。同时班主任作为家校沟通的重要桥梁，应该积极与家长保持密切联系，定期向家长反馈学生的在校表现和进步，征求家长的意见和建议，共同促进学生的发展和成长。班主任还可以利用互联网和社交媒体等现代沟通工具，加强与家长的交流和互动，提高家校沟通的效率和质量。

家校沟通在学生教育中占据举足轻重的地位。通过加强家校之间的沟通与合作，可以显著促进学生的全面发展，从知识技能的提升到心理健康的维护，学生都能得到更为周到的关注。这种沟通方式还能有效提升学生的学习动力，加强学生的行为规范，营造良好的学习环境，促使家长更积极地参与学校活动。家校沟通不仅对学生个体成长至关重要，也是提升整体教育质量不可或缺的一环。通过家校双方的共同努力和配合，班主任可以为学生打造一个更加全面、系统的教育环境，助力他们成长为社会的栋梁之才。

二、传统与现代家校沟通方式的比较

随着时代的进步和科技的发展，家校之间的沟通方式也在不断地演变。传统的家访、家长会等面对面交流方式，虽然能够建立深厚的信任与共识，但受到时间和空间的限制。而现代科技如电话、短信、电子邮件，以及微信和各类教育App 的涌现，极大地提高了信息传递的效率。然而这些现代沟通方式也带来了新的挑战，如信息安全和隐私保护等问题。因此，如何在新时代背景下，有效地结合传统与现代沟通方式，提高家校沟通的效率和质量，成为教育领域亟待探讨的问题。

（一）传统沟通方式的特点

传统的家校沟通方式，如家访和家长会，以其独特的面对面交流形式，为班主任和家长提供了一个直接、深入的沟通平台。在这些场合中，双方能够在亲切、放松的氛围里畅所欲言，这不仅有助于增进彼此的了解，还能为双方建立坚实的信任和共识打下基础。家访，作为其中的一种形式，具有特殊的意义。通过家访，班主任能够身临其境地了解学生的家庭环境和成长背景，这对学生个性化教育的实施至关重要。班主任可以依据所获得的第一手资料，为学生量身定制更合适的教育方案。但不可否认的是，传统沟通方式也存在一定的局限性，特别是受到时间和空间的双重限制。由于需要双方都在场，协调和安排沟通时间可能会成为一项挑战，从而影响沟通的效率。

（二）现代沟通技术的应用

科技的快速发展为家校沟通带来了革新，现代沟通技术如电话、短信、电子邮件，以及微信、教育 App 等，极大地方便了班主任和家长之间的联系。这些现代工具不仅打破了时间和空间的束缚，还大幅提升了信息传递的速度和效率。以微信群为例，它已成为当下非常流行的家校沟通平台。班主任可以通过微信群即时发布学生的作业、学校的通知及班级的活动信息，确保每位家长都能迅速获得最新资讯。微信群也为家长提供了一个便捷的反馈渠道，他们可以随时向班主任提出问题或建议，促进双方的互动交流。这种高效的沟通方式，不仅加强了家校之间的合作，还有利于家校共同关注学生的成长，实现教育的共赢。现代科技的应用，无疑让家校沟通迈上了一个新的台阶。

（三）互联网时代的沟通挑战

互联网时代为家校沟通带来了前所未有的便捷性，同时也伴随着一系列新的挑战。信息安全和隐私保护问题尤为突出，成为这个时代不可忽视的难题。例如在班级微信群等社交媒体平台上，家长和班主任的言论若不加注意，很容易引发争议。一些无心的言辞或误解，在网络的放大镜下，可能会导致不必要的冲突和矛盾。网络信息传播速度极快，一些敏感或不当的信息，如学生成绩、行为问题等，一旦在网络上曝光，可能会给学生带来额外的心理压力和困扰。因此，在互联网时代，班主任需要更加谨慎地处理家校沟通，确保信息安全，尊重学生的隐私，避免不必要的误解和冲突。班主任也要加强对学生网络素养的教育，培养他们正确、安全地使用社交媒体的能力。

（四）传统与现代方式的结合

为最大限度地利用传统与现代沟通方式的优势，班主任应当根据实际沟通需求进行灵活搭配。传统的面对面交流，如家长会，能够提供深入、细致的沟通环境，有助于班主任和家长之间建立真挚的信任和理解。而现代的网络平台，则以其高效、便捷的特点，成为日常信息发布和反馈收集的理想选择。例如班主任可以通过定期的家长会，与家长进行面对面的深入交谈，讨论学生的具体情况和教育方案。利用微信群或教育 App，班主任可以及时发布作业、通知等信息，并快速收集家长的意见和反馈。这种传统与现代方式的巧妙结合，不仅能确保沟通的全面性和深入性，还可大大提高沟通效率。这种综合性的沟通策略，有助于班主任和家长共同为学生的成长提供更全面、更个性化的支持。

（五）沟通方式选择的因素

在选择家校沟通方式时，班主任需要综合考虑多种关键因素。信息的紧急性和重要性是决定沟通方式的主要考量。对于紧急且重要的通知，如学生的突发情况或临时变动，班主任应选择能够迅速传达信息的方式，如电话或短信，以确保家长能立即得知并做出响应。家长的偏好和习惯也不容忽视。有些家长可能更偏好传统的面对面交流，而有些家长则习惯于通过网络平台接收信息。再者，学生的个性和需求也会影响沟通方式的选择。对于某些性格内向或需要特别关注的学生，班主任可能需要选择更为私密、个性化的沟通方式。例如对于一般性的日常信息，微信群等社交媒体平台则是一个高效且广覆盖的传达途径。班主任在选择沟通方式时，应全面权衡各种因素，以提供最适合的沟通渠道，同时也要尊重家长的意愿，确保信息能够准确、及时、有效地传达。

在当今互联网时代，家校沟通的方式日趋多样化，既有传统的面对面交流，也有现代的网络沟通技术。每种沟通方式都有其独特的优势和局限性，因此班主任在选择沟通方式时，需要综合考虑信息的紧急性、重要性，家长的偏好和习惯，以及学生的个性和需求等多重因素。通过灵活地结合传统与现代沟通方式，班主任和家长能够更高效地传递信息，增进彼此的了解与信任，共同为学生的全面发展提供有力支持。班主任也应警惕互联网时代沟通中的信息安全和隐私保护问题，确保家校沟通在健康、安全的环境中进行。

三、如何建立有效的家校沟通渠道

在当今教育环境中，有效的家校沟通显得越发重要。它不仅是提升教育质量的关键，更是促进学生全面发展的有力保障。为构建这一沟通桥梁，班主任需要从建立信任与合作关系出发，明确沟通的目标与内容，并通过定期的沟通与反馈机制，确保信息的顺畅交流。为满足不同家长的需求，建立多元化的沟通渠道势在必行。班主任还应特别关注那些有特殊需求的学生，与家长共同为他们量身定制最适合的教育方案。通过这些措施，班主任能够更加全面地促进学生的健康成长。

（一）建立信任与合作关系

建立有效的家校沟通渠道，首先要构建信任与合作关系。班主任应该主动与家长建立联系，通过积极互动，用真诚的态度来展示对学生的关心。例如班主任可以定期邀请家长参与学校活动，或进行家访，深入了解学生的家庭环境和成长背景。班主任也要尊重家长的意见和建议，让家长感受到自己的参与是有价值的，从而建立起稳固的信任与合作基础。

（二）明确沟通目标与内容

为确保家校沟通的有效性，班主任需要明确沟通的目标和内容。在每次沟通前，班主任应先确定想要传达的信息和期望达到的效果，以便在沟通过程中更加聚焦。例如在家长会前，班主任可以列出讨论的主题，如学生的学习进展、行为习惯等，并在会议中围绕这些主题进行深入交流。明确的沟通目标和内容有助于提高沟通的针对性和效率。

（三） 定期沟通与反馈机制

定期沟通与反馈机制是建立有效家校沟通渠道的关键环节。班主任应该与家长约定固定的沟通时间和方式，如每月一次的电话交流或每季度一次的家长会。班主任还要及时给予家长反馈，让家长了解学生在学校的表现和进步。例如班主任可以通过微信群定期发布学生的学习情况和活动照片，让家长随时掌握学生的最新动态，从而增强家校之间的互动和了解。

（四） 多元化沟通渠道的建立

为满足不同家长的需求，班主任应建立多元化的沟通渠道。除了传统的面对面交流和电话沟通外，班主任还可以利用网络平台，如微信群、学校官方网站等方式与家长保持联系。这些渠道不仅方便快捷，还能提高信息的传播效率。例如班主任可以通过微信群发布学校通知、作业要求等信息，让家长随时了解学校的最新动态，同时也能提高家长的参与度。

（五） 关注个别学生的特殊需求

在建立有效的家校沟通渠道时，班主任还需要关注个别学生的特殊需求。对于有特殊教育需求的学生，如学习困难、情感问题等，班主任应该与家长进行更为深入的沟通，共同制订个性化的教育方案。例如对于一位患有焦虑症的学生，班主任可以与家长协商制定缓解焦虑的措施，并在学校中给予该生额外的关注和帮助。通过关注个别学生的特殊需求，班主任能够与家长建立更为紧密的联系，共同促进学生的健康成长。

有效的家校沟通渠道的建立是一个多维度、全方位的过程，它不仅需要班主任的主动出击和家长的积极参与，还需要明确的目标、丰富的内容和多元的沟通方式作为支撑。通过定期的沟通与反馈，班主任和家长能够共同把握学生的学习动态，及时解决可能出现的问题。对特殊学生的关注，更能体现教育的人性化和个性化。有效的家校沟通是促进学生全面发展的重要手段，值得班主任和每一位教育工作者深入研究和实践。

四、家校沟通中的常见问题与解决方案

在家校沟通的过程中，尽管班主任都期望能够顺畅、有效地交流，但实际上总会遇到各种各样的问题。这些问题可能源于信息传递的障碍、家长的参与度、文化差异导致的误解，或沟通技巧的缺乏。为确保家校之间的良好合作，共同促进学生的全面发展，班主任需要识别并解决这些沟通中的常见问题。下面探讨家校沟通中常见的几个问题，并提出相应的解决方案。

（一）沟通信息不畅通

家校沟通中常见的问题之一是信息不畅通，这是由于信息传递不及时、渠道不透明或双方信息接收有误差。例如家长可能未能及时收到学校通知，导致错过重要活动或会议。为解决这一问题，学校可以建立统一的信息发布平台，如官方网站、微信公众号等，确保所有家长都能第一时间获取准确信息。班主任也应定期与家长进行个性化沟通，确认信息是否准确传达。

（二）家长参与度不高

有时家长的参与度并不高，这会影响家校合作的效果。例如某些家长可能因工作繁忙或缺乏意识而忽略参与学校活动。为提高家长参与度，学校可以定期组织亲子活动或家长会，增加家长对学校工作的了解和兴趣。班主任也可以通过电话、家访等方式，主动与家长沟通，鼓励他们积极参与到学生的教育中来。

（三）沟通中出现误解

家校沟通中，由于文化差异、表达不清等原因，双方有时会产生误解。例如家长误解了班主任的意图或建议，导致教育上的偏差。为避免误解，班主任在与家长沟通时，应尽量使用清晰、明确的语言，并及时确认双方理解是否一致。若出现误解，应耐心解释，及时消除误会。

（四）应对家长不满或抱怨

面对家长的不满或抱怨，班主任需要冷静应对。班主任要耐心倾听家长的诉

求，理解他们的担忧和期望；要积极与家长沟通，解释学校或班级的相关政策和做法。例如当家长对作业量表示不满时，班主任可以解释作业设计的理念和目的，同时征求家长的意见和建议，共同寻找解决方案。

（五）缺乏有效沟通技巧

有效的沟通技巧对于家校沟通至关重要。一些班主任可能由于缺乏沟通技巧，导致与家长沟通效果不佳。为提高沟通技巧，班主任可以参加相关培训，学习如何更好地倾听、表达和反馈。例如在沟通时保持目光接触、使用开放性问题引导对话、积极回应家长的情感等。这些技巧能够帮助班主任与家长建立更好的沟通关系，促进双方的合作与理解。

家校沟通是教育过程中不可或缺的一环，它直接关系到学生的教育质量和成长环境。然而在实际操作中，班主任经常会遇到沟通信息不畅通、家长参与度不高、沟通中出现误解、家长不满或抱怨，以及沟通效果不佳等问题。通过建立统一的信息发布平台，增加家长对学校活动的了解和兴趣，使用清晰明确的语言进行沟通，冷静应对家长的不满和抱怨，以及提升沟通技巧，班主任可以有效地解决这些问题，从而建立起一个更加和谐、有效的家校沟通环境。这不仅有助于学生的健康成长，也能提升家长和班主任的满意度，进一步促进学校与家庭之间的紧密合作。

第二节 班主任与家长的合作策略

一、明确双方的责任与角色定位

在小学教育阶段，学生的全面发展离不开班主任与家长的紧密合作。双方各自承担着重要的教育责任，而如何明确这些责任、加强沟通与合作，共同为学生的成长提供最佳支持，成为当代教育的重要议题。下面探讨小学班主任与家长之间的合作策略，通过明确双方责任、建立有效沟通机制及鼓励家长参与学校活动等方式，共同促进学生的健康成长。

（一）明确班主任责任

小学班主任作为学生在校期间的主要负责人，其责任不仅在于教书育人，更在于引导学生形成正确的价值观和人生观。例如班主任应当定期关注学生的学业进展，发现学生的学习难点并及时给予指导。班主任也要关心学生的心理健康，发现学生的情绪波动，及时进行心理疏导。班主任还要积极与家长沟通，反馈学生在校表现，从而使家校共同促进学生的全面发展。

（二）明确家长责任

家长是学生的第一任教育者，对学生的成长有着至关重要的影响。家长应当关注学生的学习习惯和生活习惯，积极配合学校的教育工作。例如家长可以监督学生完成家庭作业，引导学生参与社会实践活动，培养学生的独立性和责任感。家长也要与班主任保持密切联系，了解学生在校情况，共同解决学生成长中遇到的问题。

（三）强调合作与互助

小学班主任与家长之间的合作是促进学生全面发展的关键，双方应建立互助关系，共同为学生的成长提供支持。例如班主任可以定期组织家长会，与家长面对面交流，分享教育理念和教育方法。家长也可以积极参与学校的志愿者活动，为学校的教育工作贡献力量。通过合作与互助，班主任和家长能够形成教育合力，为学生的成长创造更好的环境。

（四）建立有效沟通机制

在小学教育阶段，有效的沟通机制对班主任和家长之间的合作至关重要。为确保双方能够及时了解学生的情况，并共同为学生的成长提供支持，班主任和家长需要建立起一个稳定且高效的沟通渠道。为实现这一目标，班主任可以利用现代化的通信工具，如家长信、微信群等，构建一个信息共享平台。通过这个平台，班主任可以定期向家长发布学生在校的学习进度、课堂表现、活动参与情况等信息，让家长能够实时掌握学生在校的动态，同时也能增强家长的参与感和责任感。家长也可以通过这些渠道，及时向班主任反馈学生在家的学习状况、生活习惯，以及遇到的困难和挑战。这种双向的沟通模式有助于班主任更全面地了解学生的需求，从而为他们提供更加个性化的教育支持。家长还可以利用这个平台与班主任分享自己对学生教育的看法和建议，共同探讨如何更好地促进学生的全面发展。这种开放式的沟通氛围不仅能够加深班主任和家长之间的了解与信任，还能够激发双方的教育创新力，共同为学生的成长出谋划策。

（五）鼓励参与学校活动

鼓励家长积极参与学校活动，是加强家校合作、促进家长更深入了解学生校园生活的重要途径。学校举办的运动会、文艺汇演、学术竞赛等活动，都为家长提供了直观感受学生在校表现和成长的机会。从这些活动中，家长可以亲眼看到学生的努力与付出，更能体会教育的意义和价值。参与活动还能让家长之间交流教育经验，共享育儿心得，从而提升自身的教育水平。更为重要的是，通过亲身参与，家长能更深入地理解学校的教育理念和教育方式，这有助于他们在家中更好地配合和支持学校的教育工作，形成家校共育的良好氛围。因此，学校应积极邀请并鼓励家长参与各类活动，共同促进学生的全面发展。

小学班主任与家长的合作对学生的全面发展至关重要。通过明确双方的责任与角色定位、建立有效的沟通机制，以及鼓励家长积极参与学校活动，班主任可以为学生创造一个更加和谐、支持性的学习环境。这些策略不仅有助于增进家校之间的了解与信任，还能激发学生的学习兴趣和潜能，为他们的未来发展奠定坚实基础。因此，班主任应该继续深化家校合作，使家校双方共同为学生的成长贡献力量。

二、共同制订学生数学学习计划与目标

在小学生数学学习的过程中，确定学习目标、制订个性化计划、分阶段设定目标、明确家长的支持方式，以及持续跟踪与调整，这些环节都至关重要。为确保学生能够在数学学科上取得长足进步，班主任、家长与学生需要紧密合作，共同制订出既符合学生实际情况又能激发其学习兴趣的学习计划与目标。通过这样的合作与规划，班主任期望每个学生都能在数学学习的道路上稳步前行，享受探索与发现的乐趣。

（一）确定学习目标

确定学习目标是小学生数学学习的重要环节。班主任和家长应与学生共同参与，根据学生的实际情况，设定明确且可衡量的学习目标。这些目标不仅要具体，还要能够激发学生的学习动力。例如可以设定在本学期末数学成绩达到 90 分以上，这样的目标既具有挑战性，又不会遥不可及。还可以针对学生的薄弱环节，设定更为具体的目标，如掌握某个特定的数学概念或解题方法。明确的学习目标不仅有助于学生在学习过程中保持专注，还能让他们清晰地看到自己的进步，从而增强学习数学的信心和兴趣。因此，班主任和家长在制定学习目标时，应充分考虑学生的个性和需求，确保目标是可实现的，并且能够引领学生走向成功。

（二）制订个性化计划

个性化的数学学习计划对小学生来说至关重要，班主任和家长应根据学生的学习风格和兴趣点，为他们量身打造合适的学习计划。这涵盖合理的学习时间安排，针对重点难点的专项攻克方案，以及选择与学生相契合的学习方法。比如对于喜欢视觉学习的学生，可以利用丰富的图表和图形帮助他们更好地理解抽象的数学概念。而对于那些喜欢动手实践的学生，则可以通过设计富有趣味性的数学游戏或实验，让他们在玩乐中学习和巩固知识。

（三）分阶段设定目标

分阶段设定目标对保持小学生的学习动力和兴趣至关重要。将长期目标细化为短期、可实现的小目标，能够让学生在每个阶段都有明确的任务和追求，并在完成每一个小目标后获得成就感。例如每周设定完成一定数量的数学练习题，或者每个月掌握一个新的数学概念，这样的短期目标既具有挑战性，又是可实现的。每当学生达到一个小目标，都会对他们的自信心和学习热情产生积极影响，激励他们继续向前。通过这种方式，小学生能在不断攻克小目标的过程中，逐渐接近并最终实现长期的学习目标。因此，分阶段设定目标是激发学生学习动力、培养他们学习兴趣的有效方法。

（四）明确家长支持方式

在制订小学生的学习计划时，明确家长的支持方式至关重要。家长在学生的学习过程中扮演着举足轻重的角色。他们可以提供必要的学习资源和良好的学习环境，比如购买适合小学生年龄和认知水平的数学辅导书籍，这些书籍能够辅助学生更好地理解和掌握数学知识。家长应该在家中为学生创造一个安静、无干扰的学习空间，让学生能够专心致志地学习。家长还应定期与学生一起回顾学习进度，了解学生在学习上遇到的困难和挑战，及时给予鼓励和建议。这种定期的回顾不仅能够帮助学生巩固所学知识，还能够增强他们的学习动力。因此，明确家长的支持方式，对于学生的学习成长具有不可忽视的作用。

（五）持续跟踪与调整

持续跟踪与调整是确保学习计划有效性的关键。随着学习的深入，小学生的学习情况和需求会发生变化，因此学习计划不能一成不变。班主任和家长应保持定期沟通，密切关注学生的学习进展，了解他们在学习过程中遇到的困难和挑战。一旦发现学生在某个数学概念上存在困惑，或者在解题方法上有所欠缺，班主任就应及时提醒学生调整学习策略和方法。例如班主任可以增加针对该概念的相关练习题，帮助学生通过实践加深理解；或者寻求专业辅导，为学生提供更有针对性的指导。通过这种持续的跟踪与灵活调整，学习计划能够更好地贴合学生的实际需求，从而帮助他们更高效地学习，最大限度地提升学习效果。

为确保小学生数学学习的有效性，班主任必须从确定明确的学习目标开始，根据学生的个性和兴趣制订个性化的学习计划，并通过分阶段设定目标来保持学生的学习动力和兴趣。明确家长的支持方式，为学生提供良好的学习资源和环境，以及定期的学习进度回顾，都是促进学生学习成长的重要因素。通过持续跟踪与调整，班主任可以确保学习计划始终与学生的实际需求相匹配，从而最大限度地提升他们的学习效果。这一系列的措施，需要班主任、家长和学生共同努力，形成教育合力，为学生的全面发展奠定坚实基础。

三、合作解决学生在数学学习中遇到的问题

在小学生的数学学习中，遇到问题和挑战是不可避免的。为帮助学生有效克

服这些难题，班主任、家长和学生需要紧密合作，共同识别学习障碍，制订解决方案，并提供必要的资源支持。通过鼓励学生自主学习，培养他们的独立思考和解决问题能力，班主任能够为学生打下坚实的基础，助力他们在数学学习的道路上取得更好的成绩。

（一）识别学习障碍

要解决小学生在数学学习中遇到的问题，首先需要准确识别他们的学习障碍。这包括了解学生在学习数学时的难点、疑点及容易犯的错误。班主任和家长应通过观察学生的学习过程、与他们进行定期交流，以及检查作业和测试情况来发现这些问题。例如学生可能在理解抽象概念、进行复杂计算或解决实际问题时遇到困难。只有明确了具体的学习障碍，才能有针对性地提供帮助。

（二）制定解决方案

识别出学习障碍后，接下来需要制订个性化的解决方案。这要求班主任、家长和学生共同参与，根据学生的特点和问题所在，为其量身定制合适的学习方法。例如对于理解抽象概念困难的学生，可以通过使用具体的教学辅助材料或进行实践操作来帮助他们建立直观的认识；对于计算错误较多的学生，则可以通过加强基础练习和提高计算技巧来解决问题。

（三）提供资源支持

在制订了有针对性的学习方案后，为确保学习效果，提供必要的资源支持显得尤为重要。学习资料、辅导书籍和在线课程等都是学生攻克数学难题的得力助手。班主任和家长应携手合作，根据学生的实际需求，精心挑选适合的学习资源，保证学生在学习过程中有足够的参考资料和辅助工具。现代科技为班主任提供了丰富的网络资源，如各类数学教育网站和在线辅导平台。这些资源不仅内容丰富，而且形式多样，能够激发学生的学习兴趣，提升他们的学习效果。通过合理利用这些资源，学生能在数学学习的道路上走得更远、更稳。

（四）鼓励自主学习

自主学习是小学生数学学习中不可或缺的一环。除了班主任和家长的引导，更重要的是激发学生内在的学习动力。班主任和家长应当鼓励学生独立规划自己的学习，帮助他们制订合理的学习计划，并引导他们学会合理安排学习时间。当学生能够独立完成作业，解决学习中的难题时，他们的自信心和学习兴趣会得到极大的提升。为让学生更高效地学习，可以传授一些实用的学习方法，比如如何归纳总结知识点，怎样通过举一反三来加深对数学概念的理解。这样学生不仅能解决眼前的问题，还能逐渐培养出独立思考和解决问题的能力，为将来面对更复杂的学习挑战打下坚实的基础。自主学习不仅是一种学习方式，更是培养学生终身学习能力的关键。

（五）定期评估与反馈

需要定期对学生的学习情况进行评估与反馈，这包括检查学生的作业完成情况、测试成绩与学习态度等方面。通过评估，可以及时了解学生的学习进展和存在的问题，以便及时调整学习计划和方法。班主任和家长还应给予学生积极的反馈和鼓励，肯定他们的进步和努力。这种正面的激励机制能够增强学生的学习动力和自信心，促使他们更加努力地投入到数学学习中去。

通过合作解决学生在数学学习中遇到的问题，班主任不仅能够帮助学生克服当前的学习障碍，还能培养他们的自主学习能力和终身学习习惯。通过识别学习障碍、制订个性化解决方案、提供资源支持、鼓励自主学习，以及定期评估与反馈，班主任为学生创造出一个全方位、多角度的学习环境。这样的合作模式不仅能够提升学生的数学成绩，更重要的是，能够激发他们的学习兴趣和动力，培养其独立思考和问题解决能力，为他们的未来发展奠定坚实的基础。

四、评估家校合作的效果与改进方向

在当今教育体系中，家校合作被视为促进学生全面发展的关键因素之一。为更好地了解学生的成长情况并提升教育质量，家校之间必须建立紧密的合作关系。然而任何合作都需要经过实践的检验，并根据实际情况进行调整和优化。因此，对家校合作的效果进行评估，并明确改进方向，成为小学班主任工作中不可或缺的一部分。通过收集反馈、评估学生表现、分析合作效果及确定改进方向，班主任可以不断完善家校合作模式，为学生的成长创造更加有利的环境。

（一）收集反馈意见

为评估家校合作的效果，班主任首先需要广泛收集来自家长、教师和学生的反馈意见。这可以通过定期的调查问卷、座谈会或个别访谈等方式进行。例如可以设计一份包含多维度问题的问卷，询问家长对班主任沟通、学校活动参与度、学生学习进步等方面的看法和建议。也可以邀请家长和班主任面对面交流，深入了解他们的实际需求和期望。这些反馈意见将为班主任提供宝贵的原始数据，有助于全面评估家校合作的实际情况。

（二）评估学生表现

学生是家校合作成果的最直接体现者，因此班主任需要定期对学生的学业成绩、学习态度、社交能力等方面进行评估。这可以通过标准化测试、班主任评价和学生自评等方式进行。例如可以对比家校合作前后学生的成绩变化，观察是否有显著提升。班主任也可以根据学生的课堂表现、作业完成情况等给予评价。这些评估结果将为班主任提供家校合作的信息支撑，对学生发展产生具体影响。

（三）分析合作效果

班主任在全面收集家长、教师和学生的反馈意见，以及完成对学生表现的细致评估后，接下来的核心任务是深入分析这些数据，从而准确掌握家校合作的真实效果。这一过程中，班主任要深入挖掘反馈中的亮点与不足，比如沟通是否顺畅，合作活动是否受欢迎，资源支持是否到位等。要结合学生的学业成绩、学习态度等方面的变化，综合判断家校合作对学生成长的实际影响。通过科学的数据对比和细致的分析，班主任能够清晰地看到家校合作在哪些方面取得显著成效，又在哪些地方存在不足，亟待改进。这样的分析结果，将为班主任进一步优化家校合作模式，提供更加明确和有针对性的指导。

（四）确定改进方向

经过对家校合作效果的深入分析，小学班主任能够清晰地识别出需要改进的环节。针对家长和班主任之间沟通不畅的问题，班主任可以着手构建更加高效的沟通桥梁，如设立定期的家校联系会议，让双方能面对面交流，或者利用现代的在线教育工具进行实时沟通和信息共享。若学生在特定学科上表现欠佳，则应加强该学科的辅导力度，可以组织专项补习班或邀请专业人士提供指导。还须关注家校合作活动的质量和参与度，确保其既能满足家长需求，又能促进学生的全面发展。确定的改进方向必须直击现有问题的核心，旨在通过实施有针对性的措施，切实提升家校合作的效果，最终促进学生的健康成长和全面发展。

（五）持续改进与完善

家校合作并非一蹴而就，而是一个需要持续努力和优化的过程。为确保合作的深入和有效，班主任必须建立定期评估的机制，对家校合作的各个环节进行全面的检查和分析。这种评估不仅能够帮助班主任发现存在的问题，还能及时纠正偏差，确保合作沿着正确的轨道前进。班主任要积极与家长、教师和学生沟通，鼓励他们为家校合作出谋划策，因为他们的建议和意见是宝贵的资源，能为班主任指明改进的方向。只有不断地倾听、调整和优化，班主任才能确保家校合作始终保持活力和效果，从而为学生的全面发展提供坚实的支撑。这种持续改进的精神，是班主任追求卓越、不断进步的动力源泉。

通过对家校合作效果的全面评估，班主任不仅能够了解合作中的优点和不足，更能明确未来的改进方向。从收集家长、教师和学生的反馈意见，到深入评估学生的表现，再到对合作效果的细致分析，每一步都为班主任揭示家校合作的真实面貌和潜在问题。在确定改进方向后，班主任须以开放的心态，积极采纳各方建议，持续优化和完善合作模式。只有这样，班主任才能确保家校合作始终保持最佳状态，为学生的全面发展提供坚实支撑。这种持续改进的精神，不仅是班主任对教育质量追求的体现，更是班主任对学生未来成长深切关怀和高度负责态度的写照。

第三节　利用家长资源优化数学教学

一、家长资源的种类与特点分析

在小学数学教育中，班主任深知教学资源的多样性和丰富性对提升学生的学习兴趣和实践能力至关重要，而家长资源往往被班主任忽视。实际上，每一位家长都是一个独特的资源库，他们各自的专业背景、时间精力、兴趣爱好及技能特长，都能为班主任的数学教学提供宝贵的补充和支持。通过充分挖掘和利用这些家长资源，班主任不仅可以丰富教学内容，还能更好地促进家校合作，共同为学生的全面发展助力。

（一）专业背景

家长的专业背景是一种宝贵的资源，特别是在小学数学教学中。许多家长在各自的工作领域拥有深厚的数学知识和实践经验，这可以为数学教学提供独特的视角和实例。例如有工程背景的家长可以分享数学在工程中的应用实例，而有金融背景的家长则可以讲解数学在金融领域的具体运用。通过邀请这些家长来学校举办讲座或与学生互动，班主任可以极大地丰富数学教学的内容，提高学生的学习兴趣和实践能力。

（二）时间和精力

家长的时间和精力对于小学数学教学来说是不可或缺的资源。许多家长都非常关心学生的学业，并愿意为此投入大量的时间和精力。班主任可以充分利用这一点，邀请家长参与到数学实践活动中来，如组织数学建模比赛或数学游戏。这些活动能够激发学生对数学的兴趣，提高他们的数学应用能力，更重要的是，这样的活动为家校之间搭建了一个良好的沟通平台。家长们在参与过程中，可以更深入地了解学生在学校的学习情况，同时也能与班主任和其他家长进行更多的交流与合作，共同为学生的成长贡献力量。这种家校共育的模式，有助于形成教育合力，共同促进学生的全面发展。

（三）兴趣爱好

在小学数学教学中，班主任不应忽视家长的兴趣爱好所能带来的积极影响。特别是那些对数学怀有浓厚兴趣的家长，他们的关注点和知识储备往往能为班主任的教学提供新的视角。这些家长可能会热衷于探索数学领域的趣闻轶事，或深入研究数学史上的经典问题。他们的这种热情，无疑是对学生最好的感染和教育。通过邀请这些家长走进课堂，分享他们的数学故事和独特见解，班主任不仅能为学生打开一扇通向更广阔数学世界的窗户，更能激发学生对数学的好奇心和探索欲望。想象一下，当学生听到家长讲述数学在解决实际问题中的神奇应用，或者数学史上那些令人惊叹的发现和证明，他们的眼中会闪烁出对知识渴望的光芒。

（四）技能特长

在家长群体中隐藏着许多特定领域的技能高手，他们拥有的独特技能，如计算机编程、数据分析等，对于数学教学来说是一笔宝贵的财富。这些技能特长不仅能拓宽数学教学的视野，更能帮助学生将抽象的数学知识与实际应用结合起来。擅长计算机编程的家长能够利用他们的专业技能，协助学生更直观地理解算法和编程思维。他们可以设计一些简单的编程任务，让学生通过实际操作感受数学的魅力，并理解数学在现代科技中的重要作用。精通数据分析的家长可以指导学生如何运用数学方法解决实际问题。他们通过分享真实的数据分析案例，教导学生如何将数学知识应用于现实生活中，从而增强学生的实践能力。与这些具有专业技能的家长紧密合作，不仅能让数学教学更加生动实用，更能帮助学生培养综合素质，提升他们解决实际问题的能力。这种家校共育的模式，将为学生打造更加全面、深入的学习环境，助力他们成长为具备实战能力的复合型人才。

家长资源在小学数学教学中具有不可替代的价值：他们的专业背景为教学提供独特的视角和实例；他们的时间和精力是组织数学实践活动的有力支持；他们的兴趣爱好能激发学生对数学的好奇心和探索欲；他们的技能特长则能帮助学生将数学知识与实际应用结合起来。因此，班主任应充分认识到家长资源的重要性，并积极与家长合作，共同为学生的数学教育贡献力量。通过家校共育，班主任能够培养出更多对数学充满兴趣、具备实战能力的复合型人才。

二、家长参与数学教学的方式与方法

在小学数学教育中，家长的参与是不可或缺的一环。他们不仅可以通过多种方式支持学生的学习，还能为数学教学注入新的活力和视角。从辅导家庭作业到组织学习小组，再到参与课堂教学和开展数学游戏，家长的每一种参与方式都能为学生带来不同的学习体验和收获。通过这些丰富多样的活动，学生能在轻松愉快的氛围中提升数学能力，培养团队合作精神和竞争意识，同时加深与家长之间的关系。

（一）辅导家庭作业

家长可以通过辅导学生的家庭作业，更深入地参与到小学数学教学中。在辅导过程中，家长不仅可以帮助学生解决作业中遇到的难题，还能借此机会了解学生在学校的学习进度和掌握情况。例如当学生在解决一个复杂的数学问题时遇到困难，家长可以引导学生思考，帮助他们理清思路，从而培养学生独立解决问题的能力。家长还可以通过家庭作业与学生进行互动，增强亲子关系，让学生在轻松愉快的氛围中学习数学。

（二）组织学习小组

为更好地提升学生的数学能力和学习兴趣，家长可以自发地组织数学学习小组。在这样的学习小组中，学生可以聚在一起，共同研究和探讨各种数学问题。而家长在这个过程中，不仅是组织者，更是学生的学习引导者。他们可以帮助学生制订详细且有针对性的学习计划，确保每个学生都能在学习中得到提升。家长还可以为学习小组提供丰富的学习资料，如经典的数学题目、有趣的数学挑战等，让学生在学习中不断挑战自我，追求卓越。例如当学习小组的主题是"图形的面积计算"时，家长可以引导学生从基础公式出发，通过实际操作和小组讨论，探索各种图形的面积计算方法。通过组织这样的学习小组，学生能够在数学能力上有所提升，更重要的是，他们可以在这个过程中学会团队合作，提升自己的沟通能力。这种学习方式既有趣又有效，是家长可以积极尝试的一种教育方法。

（三）参与课堂教学

课堂教学是学校教育的核心环节，而家长的积极参与能为其增添新的活力和视角。家长可以充分利用自己的专业知识和独特技能，与班主任携手，共同设计并参与到课堂教学中。这不仅能为学生带来全新的学习体验，还能让他们从不同角度理解数学的魅力。想象一下，一位有工程背景的家长走进教室，为学生讲解数学在工程中的实际应用，通过真实的案例让学生感受到数学的实用性。或者，一位擅长计算机编程的家长，通过简单的编程示例，向学生展示数学与编程之间的紧密联系，激发他们对数学世界的探索欲望。家长的参与不仅能丰富课堂教学内容，还能为学生打开一扇扇通往不同领域的大门。在这样的课堂上，学生能够更直观地了解到数学在日常生活和工作中的广泛应用，从而进一步增强他们学习数学的兴趣和动力。这种家校共育的教学模式，无疑将为学生提供更全面的学习资源和更广阔的发展空间。

（四）开展数学游戏

小学数学游戏是一种寓教于乐的学习方式，家长可以通过设计和组织这些游戏，让学生在玩乐中学习和巩固数学知识。例如"数学接力赛"这个游戏，学生分组进行，每组依次派出代表解答数学问题，不仅能考验他们的数学运算能力，还能培养其团队合作精神。而"数字猜谜"则更注重逻辑推理，学生需要根据提示猜出一个数字或数学公式，这样的游戏既有趣又富有挑战性。通过这些游戏，学生不仅能在轻松愉快的氛围中提升数学能力，还能在竞争中锻炼思维敏捷性，增强竞争意识。更重要的是，家长参与游戏，与学生一起互动，能够加深亲子关系，让学生感受到数学的乐趣，从而更加热爱这门学科。因此，开展小学数学游戏是家长参与学生数学学习的一种有效方式，能够让学生在快乐中学习，达到事半功倍的效果。

家长参与小学数学教学的方式与方法多种多样，每一种方式都有其独特的价值和意义。通过辅导家庭作业，家长可以帮助学生解决学习难题，增强亲子互动；通过组织学习小组，学生可以在团队合作中提升数学能力和沟通技巧；家长的课堂教学参与则能为学生带来全新的学习体验，让他们从不同角度感受数学的魅力；开展数学游戏则能让学生在轻松愉快的氛围中巩固数学知识，提升对数学的兴趣。这些方式共同构成家校共育的完整体系，为学生的数学学习提供全方位的支持和助力。

三、利用家长资源进行创新教学实践

在当代教育体系中，家校合作被视为提升学生学习效果的重要途径。特别是在小学数学教学中，利用家长资源进行创新教学实践，不仅可以丰富教学内容，还能有效提升学生的数学兴趣和实践能力。通过主题讲座、校园数学节、科普科技活动及数学家访学计划等多种形式，学校和家长能够携手为学生创造一个更加生动、实用的数学学习环境。这些活动旨在让学生从多个角度感受数学的魅力，培养他们的逻辑思维、实践能力和创新精神。

（一）主题讲座与工作坊

借助家长资源，学校可以策划并邀请从事不同行业的家长来学校开设主题讲座与工作坊，特别是应邀请数学界的专家家长来分享前沿数学知识。通过这些讲座，学生可以接触到数学的最新研究成果和应用领域，从而拓宽他们的知识视野。组织以数学为主题的工作坊活动也非常有益。在工作坊中家长可以引领学生亲自进行数学实验、建模等实践操作。这种亲自动手的学习方式，不仅能够增强学生的实践能力，还能激发他们的创新思维。学生通过亲身参与，可以更加直观地感受到数学的魅力和实用价值，这对培养他们的数学兴趣至关重要。

（二）校园数学节

校园数学节是学校利用家长资源进行创新教学实践的又一个亮点。学校邀请家长们积极参与，共同组织多彩多样的数学竞赛、富有趣味的数学游戏及内容丰富的数学展览等活动。家长可以作为志愿者，协助学校进行活动的筹备和管理，或者提供必要的物资和资金支持，确保活动的顺利进行。校园数学节还为家长提供一个分享的平台，他们可以借此机会讲述自己的数学经验和故事，用亲身经历来激励学生追求数学梦想，勇敢面对数学挑战。这样的分享不仅能增强学生的学习动力，还能为他们树立榜样、指明方向。

（三）科普科技活动

利用家长的科普资源，学校能够筹划并开展一系列引人入胜的科普科技活动。这些活动能为学生打开一扇探索科技世界的窗口。例如学校可以邀请从事科技工作的家长来为学生现场展示数学在科技领域的广泛应用，如数学建模、数据分析等前沿技术。通过这些生动实用的展示，学生能够更直观地了解到数学与科技之间的紧密联系，从而拓宽他们的数学视野，激发他们对科技世界的好奇心。家长还可以组织学生参观科技展览或实验室，让学生亲身感受科技的无穷魅力。在实地参观和学习过程中，学生不仅能够增长知识，还能培养实践能力和创新思维。

（四）数学家访学计划

数学家访学计划代表着家校合作的新模式，它不仅能加深学校与家庭之间的联系，也能为学生提供一个全新的学习视角。在此计划下，学校会邀请那些有意愿并具备相应条件的家长，在其工作场合或温馨的家中接待学生，进行深入的数学学习和交流。例如对于那些从事数学研究或应用的家长，他们可以为学生展示一个真实的数学应用环境，让学生亲身感受到数学在实际工作中的巨大作用。在这样的实地访学中，学生不仅可以更直观地了解到数学的实际应用价值，还能增加他们对家长职业的了解与尊重。这种访学计划还能极大地加强家校之间的沟通与合作，在共同的目标下，家长、学校和学生形成一个紧密的学习共同体，共同促进学生的全面发展。通过这种方式，学生不仅能够获得学术上的提升，还能在人际交往、社会认知等方面得到锻炼，为他们的未来奠定坚实的基础。

利用家长资源进行创新教学实践在小学数学教育中具有深远的意义。通过主题讲座与工作坊、校园数学节、科普科技活动及数学家访学计划等活动，学生能够在亲身参与中感受到数学的趣味性和实用性，从而增强对数学学科的兴趣和热爱。这些实践活动不仅能提升学生的数学素养和综合能力，还能促进家校之间的紧密合作与沟通。因此，班主任应继续探索和深化这种家校共育的教学模式，为学生提供更广阔的学习空间和更丰富的学习资源，共同助力他们的全面发展。

四、家长参与数学教学的效果评估与反馈

随着教育理念的不断更新，家长参与学生的学习过程已经成为教育界的共识。特别是在小学数学教学中，家长的参与不仅能够提供额外的学术支持，还能在培养学生的学习态度和习惯上发挥关键作用。下面从学生学业表现，学习态度和习惯，家校沟通与合作，以及反馈与改进四个方面，深入探讨家长参与数学教学的效果，并评估其对学生全面发展的积极影响。

（一）学生学业表现

家长参与数学教学后，班主任首先从学生的学业表现来评估其效果。对比家长参与前后的学生成绩，可以明显看到学生在数学学科上的进步。例如在家长参与辅导后，学生的数学成绩普遍有所提升，特别是在解题思路和方法的掌握上更加熟练。学生在数学竞赛中的表现也更为突出，多次获得优异成绩。这些成果直接反映出家长参与数学教学的积极影响。

（二）学习态度和习惯

学业成绩之外，学生的学习态度和习惯同样至关重要，它们是评估家长参与数学教学效果不可忽视的维度。在家长的细心陪伴与正确引导下，学生逐渐养成自主学习和主动探究的优秀习惯。这种习惯使他们不再仅仅依赖课堂和班主任，而是能够在课后自我驱动，深入探索数学知识的奥秘。一个明显的转变是学生对数学学习的兴趣显著提升，他们现在更加乐意投入时间和精力去研究和解决数学问题。这种兴趣的激发，不仅提高了学生的学习效果，还培养了学生的专注力和持续学习的能力。学生在解题过程中也展现出更强的自信心，他们不再畏惧难题，而是敢于挑战、勇于探索。这种积极的学习态度是他们在数学学习道路上不断前行的强大动力。家长的有效参与对学生学习态度和习惯的养成起到积极的推动作用。

（三）家校沟通与合作

家长参与数学教学，不仅对学生个体产生积极影响，还极大地促进家校之间

的沟通与合作。班主任通过与家长的定期交流，能够掌握更多学生在家庭环境中的学习状况，包括学习进度、遇到的难题及学习习惯等。这些信息对班主任来说非常宝贵，可以帮助他们更精确地了解每个学生的个性化需求，从而在教学中做到有的放矢，提高教学效率。家长在与班主任的交流中，也逐渐熟悉班主任的教学理念、方法和计划，这使他们能够更加理解和支持班主任的教学工作。家长的这种支持和配合，无疑为班主任创造出更加宽松和有利的教学环境，让班主任能够更专注于教学内容的优化和教学方法的创新。

（四）反馈与改进

为不断完善数学教学实践，班主任积极收集来自家长、学生和教师的反馈至关重要。通过采用问卷调查、座谈会等多样化的方式，班主任能够全面了解各方对于当前数学教学的看法和建议。家长的反馈帮助班主任洞察他们对学生数学学习的期望与满意度，学生的反馈则揭示他们在学习过程中的真实体验和感受，而教师的反馈则提供教学实践中的第一手经验和改进建议。这些宝贵的反馈信息，为班主任提供调整教学策略和方法的重要依据。班主任可以根据反馈中提到的问题和建议，有针对性地优化教学内容，改进教学方式，从而提升教学质量，更好地满足学生的学习需求。班主任也非常鼓励家长提出宝贵的意见和建议，因为他们的参与和反馈是推动数学教学不断改进和发展的重要力量。通过这样持续不断的反馈与改进循环，班主任能够为学生创造一个更加高效、有趣且富有挑战性的数学学习环境。

家长参与数学教学对学生的学业表现、学习态度和习惯，以及家校之间的沟通与合作都具有深远的积极影响。通过对比家长参与前后的变化，班主任明显看到学生在数学学科上的显著进步，除了成绩有所提升，更重要的是，他们的学习兴趣和自信心得到极大的激发。家长的参与也促进了家校之间的紧密合作，为班主任提供更多了解学生个性化需求的机会，从而能够更有针对性地进行教学。通过不断收集家长、学生和教师的反馈，班主任能够及时调整教学策略，不断优化教学实践，为学生创造一个更加高效、有趣，且富有挑战性的数学学习环境。因此，班主任应该继续鼓励并加强家长的参与，与其共同推动学生的全面发展。

第四节　提升家长对数学教育的认识与支持度

一、数学教育的重要性与现状分析

随着时代的进步和科技的发展，数学教育在个人成长和社会发展中扮演着日益重要的角色。它不仅是学生学习其他学科的基础，更是其培养逻辑思维、分析问题和解决问题能力的关键。然而当前数学教育面临诸多挑战，如教学方法的陈旧、教材内容的脱节及学生兴趣的缺乏等。与此对应，社会对数学人才的需求也在快速增长，对数学教育的质量提出更高的要求。下面探讨数学教育的重要性、现状分析、国内外数学教育的发展比较及社会对数学人才的需求，以期为提高数学教育的质量提供参考和启示。

（一）数学对个人发展的重要性

小学数学对个人发展具有极其重要的意义。通过数学学习，学生可以锻炼出严谨的思维方式，学会用逻辑和推理来解决问题。这种能力在学生日后的生活和工作中都将发挥巨大作用。无论是在金融领域进行复杂的数据分析，还是在科学研究中运用数学模型，抑或是在工程设计中进行精确计算，都离不开扎实的数学基础。因此，数学教育不仅是让学生学会算数，更能培养他们的思维能力和解决问题的能力，为他们的未来发展打下坚实的基础，提升个人他们的综合素质，拓宽他们的职业发展的道路。

（二）数学教育的现状与挑战

当前数学教育正面临多方面的挑战，在很多地区和学校，数学教学仍然沿用着传统的教学方法，这种方式往往过于注重理论知识的传授，而忽视对学生实际应用能力的培养。教材内容也常与实际应用相去甚远，导致学生难以将所学知识与现实生活相联系。由于数学的抽象性和复杂性，不少学生对数学产生恐惧感，认为它难以理解且枯燥无味，这也影响他们的学习兴趣和积极性。面对这些挑战，班主任需要积极寻求创新的教学方法，让数学教育更加生动有趣、贴近学生的实际生活。只有这样，才能激发学生的学习兴趣，提高他们的学习效果，培养出更多具备数学素养和实际应用能力的人才。因此，数学教育的改革与创新势在必行。

（三）国内外数学教育发展比较

在对比国内外的小学数学教育时，班主任可以发现明显的差异。国外一些先进的数学教育体系注重培养学生的实践能力和创新思维，强调数学在实际生活中的应用，如通过项目式学习、探究式学习等方式，让学生在实践中学习和掌握数学知识。相比之下，我国的数学教育在某些方面仍较为传统，更侧重于理论知识的传授和应试能力的培养。然而近年来我国也在积极探索数学教育改革，努力引入更多创新性的教学方法和理念，如推广使用数字化教学工具、引入游戏化学习等方式，以激发学生的学习兴趣和积极性，提高他们的数学素养和实际应用能力。

（四）社会对数学人才的需求

随着科技的日新月异和大数据时代的全面来临，社会对数学人才的需求呈现出爆发式增长。人工智能、大数据分析、金融科技等新兴领域的发展，都离不开数学这一强大工具的支撑。这些领域要求从业者不仅具备深厚的数学基础，还需要拥有灵活运用数学知识解决实际问题的能力。因此，提升小学数学教育质量，培养具备数学素养和创新能力的人才，已成为当前社会的迫切需求。这不仅关系到学生个人的职业发展，更对整个社会的科技进步和经济发展具有深远的影响。家长对数学教育的认同感与支持度在这一过程中显得尤为关键。只有家长充分认识到数学的重要性，积极支持并配合学校的数学教育工作，才能与学校共同创造一个优质的数学学习环境，助力学生成为未来社会的栋梁之才。

数学教育在个人发展和社会需求中占据重要地位，它不仅是学习其他学科的基础，更是培养逻辑思维和问题解决能力的重要途径。然而当前数学教育面临诸多挑战，如教学方法的陈旧、教材内容的脱节及学生兴趣的缺乏等。为应对这些挑战，班主任需要从教学方法、教材内容及学生兴趣等多个方面入手，推动数学教育的改革与创新。班主任也需要借鉴国内外先进的数学教育经验，引入更多创新性的教学方法和理念，以提高学生的数学素养和实际应用能力。

二、增强家长对数学教育的认同感与参与度

随着社会对教育质量的日益关注，家长对学生数学教育的认同感与参与度也显得尤为重要。数学，作为基础教育的重要组成部分，不仅关乎学生的学习成绩，更是培养其逻辑思维、分析问题和解决问题能力的关键。因此如何有效传递数学教育理念，建立家校合作机制，加强家长教育与培训以及激发家长对数学教育的兴趣和热情，成为当前教育工作中亟待解决的问题。下面从这四个方面出发，探讨如何增强家长对数学教育的认同感与参与度，以期为提升数学教育质量提供有益的思路和策略。

（一）数学教育理念传递

为增强家长对小学数学教育的认同感，首先需要有效地传递数学教育理念。学校可以通过家长会、家长学校等渠道，向家长普及数学教育的重要性及数学对学生未来发展的长远影响。例如可以组织专家讲座，让家长了解数学不仅仅是计算，更是一种思维方式和解决问题的能力。通过分享成功案例，如数学竞赛获奖者或优秀数学人才的成长经历，让家长看到数学教育的实际效果，从而激发他们对数学教育的认同和重视。

（二）家校合作机制建立

家校合作是提升家长参与度、优化学生学习环境的关键，为建立有效的家校合作机制，学校应首先设立定期的家校沟通平台，如定期召开家长会，让家长能够直接了解学生在学校数学学习的进展和遇到的问题。学校也可以组织家访活动，深入学生家庭，与家长面对面交流，了解学生在家学习的情况，给予有针对性的建议。除了沟通平台，学校还应积极邀请家长参与学校的数学教学活动。例如设立家长志愿者项目，让家长有机会协助班主任开展数学实验、数学游戏等活动。这不仅能让家长更直观地了解学生在学校的数学学习内容和方式，还能促进家长与学生之间的亲子互动，提升学生对数学学习的兴趣。

（三）家长教育与培训

为加强家长对数学教育的认识和支持，学校应积极组织针对家长的数学教育与培训活动。这类活动旨在通过数学基础知识讲座，让家长对数学的基本概念和原理有更深入的了解，从而能够更有效地辅导学生学习。数学学习方法指导也是重要的培训内容。家长可以学习到如何根据学生的特点，采用合适的数学学习方法，提升学生的学习效果。学校还可以邀请数学教育专家或优秀的数学班主任为家长提供咨询和答疑服务。这些专家和班主任能够根据家长的具体问题，提供专业的解答和建议，帮助家长解决在辅导学生学习数学过程中遇到的难题。通过参与这样的培训和咨询活动，家长不仅可以提升自己的数学素养和教育能力，还能更加深入地了解学校的数学教育理念和教学方法，从而更加支持学校的数学教育工作。

（四）激发家长的兴趣和热情

为激发家长对数学教育的兴趣和热情，学校应当策划一系列富有吸引力的数学亲子活动。这些活动旨在将数学学习的乐趣融入家庭生活，让家长和学生共同体验数学的魅力。数学亲子游园会是一个理想的选择。设置趣味数学游戏和实验项目，如数学迷宫、数字拼图等，让家长和学生一起挑战数学难题，共同探索数学的奥秘。这样的活动不仅能让家长感受到数学的趣味性，还能增进亲子间的互动与沟通。数学家庭挑战赛也是一个激发家长兴趣的好方法，学校可以设计一系列适合家庭参与的数学题目，鼓励家长和学生一起合作解决。这种竞赛形式不仅考验学生的数学能力，还锻炼家长的指导能力和团队协作能力，增强家庭数学学习的氛围。通过这些丰富多彩的数学亲子活动，学校能够有效地激发家长对数学教育的兴趣和热情，使家长更加积极地参与到学生的数学学习中来，共同促进学生的全面发展。

通过有效的数学教育理念传递、家校合作机制的建立、家长教育与培训以及激发家长兴趣和热情等策略，班主任可以显著增强家长对数学教育的认同感与参与度。这不仅有助于提升学生的数学学习成绩，更能促进他们全面发展，为未来的学习和生活奠定坚实基础。在这个过程中，学校应发挥主导作用，积极组织各种活动和培训，与家长保持密切沟通，共同为学生营造一个良好的数学学习环境。家长也应积极参与其中，与学校形成教育合力，共同为学生的未来成长助力。

三、为家长提供数学教育支持与指导资源

随着教育理念的更新和数学学科的重要性日益凸显，家长在学生的数学教育中扮演着越来越重要的角色。然而如何有效地辅导学生学习数学，这是许多家长面临的难题。为帮助家长更好地支持学生的数学学习，学校应当提供全面的数学教育支持与指导资源。这些资源不仅能帮助家长理解数学教育的核心目标，还能提供实用的辅导技巧、丰富的教育资源和专业的咨询服务，共同为学生的数学学习保驾护航。

（一）家长数学教育指南

为帮助家长更好地辅导学生的数学学习，学校可以编制家长数学教育指南。该指南应包含数学教育的目标、内容、方法和技巧等方面的信息，以及针对不同年龄段学生的数学学习特点和需求，提供具体的辅导建议。例如在指南中可以详细介绍数学的基本概念、运算规则和应用场景，让家长了解数学学习的重点和难点。还可以提供一些实用的辅导技巧，如何帮助学生建立良好的学习习惯、如何激发学生对数学的兴趣等。

（二）在线教育平台与资源分享

随着互联网技术的发展，在线教育平台为家长提供了丰富多样的数学教育资源。学校可以推荐一些优质的在线教育平台，让家长能够随时随地获取到数学教育的相关资料和课程。这些平台通常包含视频教学、在线测试、互动答疑等功能，让家长能够根据自己的需求选择适合的资源进行学习。学校还可以建立家长之间的资源分享机制，鼓励家长将自己找到的优质资源分享给其他人，形成一个互帮互助的数学学习社区。

（三）专业咨询与辅导服务

在家长辅导学生数学学习的道路上，专业的咨询与辅导服务是不可或缺的。

学校应提供多样化的咨询渠道，如线上咨询平台、电话咨询热线等，让家长能随时随地向数学教育专家或优秀数学班主任请教。这些专家和班主任具备丰富的教育经验和专业知识，能够针对家长在辅导过程中遇到的具体问题，提供有针对性的建议和解决方案。学校还可以设立专门的家长辅导中心或工作站，为家长提供一对一的辅导服务。在这里，家长可以就学生的数学学习情况、学习方法和学习态度等方面与专家进行深入交流，获得更加个性化的指导。这种形式的辅导服务能够帮助家长更加系统地掌握数学教育的技巧和方法，从而更有效地辅导学生的学习。

（四）家庭数学学习环境构建

为让学生在家庭环境中也能有效地进行数学学习，学校可以指导家长构建良好的家庭数学学习环境。这包括为学生提供适宜的学习空间、必要的学习工具以及丰富的学习资源。例如学校可以建议家长为学生设立一个专门的学习区域，保持环境的整洁和安静；为学生准备一些数学学习的书籍、练习册和教具等；学校还可以推荐一些适合家庭进行的数学游戏和活动，如数独、拼图等，让学生在游戏中体验数学的乐趣。通过这些措施，学校可以帮助家长构建一个有利于学生数学学习的家庭环境。

通过为家长提供全面的数学教育支持与指导资源，学校不仅能够增强家长对数学教育的理解和认同，还能帮助家长更好地掌握辅导技巧和方法，为学生的数学学习提供有力支持。从家长数学教育指南的编制，到在线教育平台与资源的推荐，从专业咨询与辅导服务的提供，到家庭数学学习环境的构建，每一步都体现学校对家长和学生的关心与帮助。相信在家长和学校的共同努力下，学生将会取得更加优异的数学成绩。

四、引导家长正确对待学生的数学学习成绩

随着教育理念的进步和深化，家长越来越重视学生的全面发展，而不再单纯以成绩论英雄。尤其在数学学习方面，家长的态度和观念对学生的影响至关重要。为帮助家长更好地理解和支持学生的数学学习，班主任需要引导他们树立正确的教育观念，鼓励与奖励学生的进步和努力，合理评估与反馈学习情况，并关

注他们的全面发展。这样的做法不仅能促进学生的数学成绩提升，更能帮助他们成长为综合素质优秀的人才。

（一）树立正确的教育观念

在引导家长正确对待学生的数学学习成绩时，首先要帮助他们树立正确的教育观念。家长应明白，学习成绩只是评价学生学习情况的一个方面，不能作为唯一标准。每个学生的学习能力和兴趣点不同，家长应关注学生的全面发展，而不仅仅限于数学成绩。家长要认识到数学学习是一个长期的过程，需要持续的努力和耐心。例如当学生的数学成绩不理想时，家长不应过分责备，而应鼓励他们找到问题所在，共同制订改进计划。

（二）鼓励与奖励进步和努力

在学生的数学学习旅程中，家长的鼓励与奖励是不可或缺的。当学生在学习上取得进步，无论大小，家长都应给予及时的肯定和鼓励。这种正面的反馈能极大地增强学生的学习动力，让他们更有信心地面对未来的学习挑战。家长可以设定一些具体的、可衡量的小目标，比如每天独立完成几道数学题目，或者每周掌握一个新的数学知识点。当学生成功实现这些目标时，家长不妨给予一些实质性的奖励，如一本学生喜欢的书籍、一次户外活动等。这样的奖励机制能够让学生明确自己的学习目标，同时也使其感受到自己的努力得到认可。除了设立目标，家长还可以在日常生活中融入数学元素，比如一起玩数学游戏、解决生活中的数学问题等。这样的活动不仅能让学生在轻松愉快的氛围中感受数学的魅力，还能增进亲子关系，让学生更加热爱学习。

（三）合理评估与反馈

家长在评估学生数学学习成绩时，应摒弃唯分数论的观念，转向更全面的评估方法。家长应关注学生在学习过程中的表现，如他们的专注度、思考方式和解决问题的能力。当学生取得成绩时，家长要分析试卷，一起找出错误的原因，这不仅能帮助学生理解自己的不足，还能促进他们反思和改进。家长应与学校保持紧密沟通，及时了解学生在学校的学习情况。通过班主任的反馈和建议，家长能更全面地了解学生在数学学习上的优势与不足。基于这些信息，家长可以为学生提供更具针对性的支持和帮助，如辅导学生加强薄弱环节、鼓励学生拓展优势领域等。这样的合理评估与反馈，有助于学生更好地认识自己，促进他们的全面发展。

（四）关注全面发展

追求学生数学学习成绩的家长必须认识到全面发展的重要性。数学作为学生学习的一部分，固然关键，但绝非唯一。学生的身心健康、道德品质以及兴趣爱好等同样需要得到家长的关注与培养。家长应鼓励学生积极参与体育活动，强健体魄，同时培养团队合作精神；参与文艺表演，激发创造力和表现力；投身社区服务，培养社会责任感和公民意识。这些活动不仅能够丰富学生的课余生活，更能促进他们综合素质的全面提升。家长还要关注学生的情感需求，给予他们足够的关爱和支持。一个充满爱的家庭环境，是学生健康成长的基石。只有在这样的环境中，学生才能无忧无虑地探索世界，发展自己的潜能。因此，家长在关注学生数学学习的同时更应关注他们的全面发展，让学生在快乐中成长。

通过引导家长树立正确的教育观念、鼓励与奖励学生的进步和努力、合理评估与反馈学习情况以及关注学生的全面发展，班主任能够有效提升学生的数学学习效果，并促进他们的全面成长。家长作为孩子成长道路上的重要引路人，他们的态度和行动对孩子的影响深远。因此，班主任呼吁家长以更加开放、包容和理性的态度对待学生的数学学习成绩，关注学生的内心世界和全面发展，共同为他们的未来打下坚实的基础。

第八章　数学课堂的长期规划与持续改进

第一节　数学课堂的教学目标与规划

一、明确数学教学的长期目标

在小学数学的教学中，班主任不仅要关注学生对数学知识的掌握程度，更要致力于培养他们的核心素养、跨学科能力、个性发展及社会责任感和价值观。数学不仅仅是一门学科，更是培养学生逻辑思维、解决问题的能力以及跨学科整合知识的重要工具。通过长期规划与持续改进，班主任将努力构建一个既注重知识传授又关注全面素质培养的数学教学体系。

（一）学科核心能力培养

在小学数学教学中，培养学生的数学核心素养是至关重要的。这包括数学思维能力、问题解决能力和逻辑推理能力等关键技能。为实现这一目标，班主任需要设计富有挑战性的数学问题，激发学生的探索欲望和兴趣，引导学生独立思考、合作交流，让他们在解决问题的过程中锻炼数学思维能力。例如班主任可以设计一些与生活实际紧密相关的数学问题，如购物中的折扣计算、行程中的时间速度关系等，让学生在实践中掌握数学知识，并提升问题解决能力。逻辑推理能力的培养也是数学教学的重点。班主任可以通过数学游戏、数学竞赛等形式，让学生在轻松愉快的氛围中锻炼逻辑推理能力，为他们未来的学习和生活打下坚实的基础。

（二）跨学科综合素养培养

小学数学教育应当突破学科的界限，注重与其他学科的融合，以培养学生的跨学科综合素养。例如在教授数学时，班主任可以融入物理、化学等学科的知识，让学生通过数学工具理解这些学科中的基本概念和原理。这样，学生不仅能够掌握数学的基本知识和技能，还能学会如何运用数学知识解决其他学科的问题。这种跨学科的教学方式不仅能拓宽学生的视野，也能培养他们综合运用知识的能力，为他们未来的学习和工作奠定坚实的基础。

（三）学生个性发展

在数学教学中关注学生的个性发展至关重要。班主任应充分了解每个学生的数学基础和兴趣点，采用个性化教学策略，确保每个学生都能得到适合自己发展水平的指导。对于数学成绩优秀的学生，班主任可以设计富有挑战性的数学问题，以激发他们的求知欲和创新精神；对于基础较弱的学生，则应提供更为细致的基础讲解和额外练习，帮助他们夯实数学基础，逐步建立自信。这种因材施教的方式有助于充分发掘每个学生的数学潜力，实现其个性化的成长和发展。

（四）社会责任与价值观培养

小学数学教育不仅要传授数学知识，更要培养学生的社会责任感和正确的价值观。在教学过程中，班主任可以引入社会实际案例和实践活动，让学生感受到数学在社会发展中的广泛应用，从而培养他们的社会责任感和使命感。班主任应注重品德教育，通过数学教育渗透诚实、公正、合作等价值观，让学生在数学学习中学会做人，形成健全的人格。这样的数学教育，既能够提高学生的数学素养，又能够培养他们的社会责任感和价值观，为他们的未来成长奠定坚实基础。

小学数学教学的长期目标在于培养学生的数学核心素养、跨学科综合素养、个性发展以及社会责任感和价值观，为实现这些目标需要做到以下四点：设计富有挑战性的数学问题，激发学生的探索欲望；通过跨学科的教学方式，拓宽学生的视野；采用个性化教学策略，满足不同层次学生的需求；注重培养学生的社会责任感和正确的价值观。这样的数学教学不仅能够帮助学生掌握数学知识，更能够为他们未来的学习和生活奠定坚实的基础，培养出既有能力又有担当的新时代人才。

二、制订分阶段的教学计划与实施步骤

在小学数学教学的道路上，一个明确而系统的计划是引领班主任走向成功的

关键。制订分阶段的教学计划与实施步骤，不仅有助于班主任更好地把握教学节奏，还能确保每一个教学目标都得以有效实现。通过细致的课程目标拆分、教学内容安排、教学资源准备以及实施步骤与时间安排的规划，班主任能够构建一个既严谨又富有成效的数学教学体系，为学生的学习和发展奠定坚实的基础。

（一）课程目标拆分

在实施数学教学计划时，目标拆分是首要任务。一个学期的长期目标可以细化为多个具体的课程目标，以确保教学的连贯性和有效性。例如针对数学思维能力培养这一总体目标，班主任可以将其拆分为以下阶段性目标：第一阶段，让学生初步理解数学概念，建立数学基础；第二阶段，引导学生掌握基本的解题方法和技巧，提高解题能力；第三阶段，鼓励学生将所学知识应用于实际问题，培养数学应用的实践能力。通过这样的拆分，班主任可以明确每个阶段的教学重点，使教学更具针对性和实效性。

（二）教学内容安排

教学内容的安排应紧密结合已拆分的课程目标。以"分数"单元为例：首先，班主任引入分数的基本概念，如单位"1"的认识、分数的表示法等，为学生打下坚实的基础；接着，班主任逐步展开分数的四则运算教学，从简单的同分母分数加减到异分母分数的运算，再到分数的乘除法，确保学生逐步掌握并熟练运用；然后班主任将分数知识应用于实际问题的解决中，如分数的比较、分数的约分与通分等，使学生能够在实践中巩固所学知识，形成完整的分数知识体系。这样的安排既符合知识的逻辑顺序，又能够帮助学生深入理解分数的概念和运算。

（三）教学资源准备

教学资源是教学计划实施的关键保障。在教授"几何图形"这一章节时，班主任要确保教材的选择与课程目标相契合，内容全面且易于理解。为让学生更直观地理解几何图形的特点，班主任应准备丰富的几何图形模型，如正方体、圆柱体等实体模型，或者利用3D打印技术制作复杂图形模型。利用现代教学软件，班主任可以设计互动性强的练习题目，让学生在游戏中巩固知识，提高学习兴趣。这些教学资源的准备不仅能丰富教学手段，也能为教学计划的顺利实施提供强有力的支持。

（四） 实施步骤与时间安排

为确保教学计划的高效实施，班主任必须明确实施步骤和时间安排。以"分数"单元为例，实施步骤包括：首先，导入新课，激发学生的学习兴趣；接着，详细讲解分数的基本概念和四则运算方法；然后，通过大量练习巩固所学知识；最后，进行总结提升，帮助学生形成完整的知识体系。在时间安排上，班主任应合理分配每个阶段的教学时间，如导入新课占用 10 分钟，知识点讲解占用 20 分钟，练习巩固占用 30 分钟，总结提升占用 10 分钟。通过这样精确的时间规划和步骤安排，班主任能够确保教学计划有条不紊地进行，从而高效实现教学目标。

以上内容详细探讨了制订分阶段数学教学计划与实施步骤的重要性。通过课程目标拆分，班主任将长期的教学目标细化为具体可操作的阶段性目标，使教学更具针对性和实效性。班主任结合课程目标，合理安排教学内容，确保知识的系统性和连贯性。班主任注重教学资源的准备，为教学计划的实施提供有力保障。班主任明确实施步骤和时间安排，确保教学计划的高效实施。通过这一系列的规划和准备，班主任能够更好地指导学生的学习，帮助他们建立扎实的数学基础，培养数学思维能力、跨学科综合素养以及社会责任感和价值观。让班主任携手努力，为学生的数学学习和未来发展创造更美好的明天。

三、平衡教学内容的广度与深度

在小学数学教育中，平衡教学内容的广度与深度是一项至关重要的任务。为确保学生能够全面、深入地掌握数学知识，班主任不仅需要传授学生基础知识与技能，还需要培养学生的拓展与应用能力，同时提供个性化学习支持和跨学科整合与实践活动。这样的教学策略旨在让学生在掌握数学基础知识的同时能够灵活运用数学知识解决实际问题，培养他们的综合素质和创新能力。

（一） 基础知识与技能覆盖

在小学数学教育中，基础知识与技能的全面覆盖是教学的基石。班主任需要确保学生理解并掌握数学的基本概念如整数、分数、小数、比例等，以及基本的定理和公式。学生还需要学会基本的解题方法和技巧，如四则运算、方程的解法等。以"分数"教学为例，班主任需要首先让学生理解分数的概念，包括分子、分母的含义，以及分数的读写方式；接着引导学生掌握分数的四则运算方法，如加法、减法、乘法、除法等，并教授他们如何合并同类项、去括号、移项等技巧。通过这样的教学，学生能够扎实地掌握数学基础知识与技能，为后续的数学学习打下坚实的基础。

（二）拓展与应用能力培养

在小学数学教学进入深化阶段时，培养学生的拓展与应用能力显得尤为重要。为激发学生的求知欲和探索精神，班主任可以设计一系列具有挑战性的数学问题，引导学生运用所学知识进行解答。例如在教授"函数"时，班主任可以结合实际情境，设计诸如"利用函数关系计算成本"或"通过函数图像分析天气变化"等实际问题，让学生在解决问题的过程中，深化对函数知识的理解，并提升应用能力。班主任还可以鼓励学生参与数学竞赛，通过竞赛的锻炼，检验学生的数学能力，并激发他们的学习热情。竞赛不仅是对学生数学水平的检验，更是对他们创造性思维、解决问题能力的一种提升。

（三）个性化学习支持

在小学数学教学中，个性化学习支持是确保每个学生都能得到适当发展的关键。班主任需要深入了解每位学生的学习情况和兴趣爱好，以便为他们提供量身定制的学习计划。对于数学基础薄弱的学生，班主任可以提供额外的辅导和练习，帮助他们巩固基础，逐步提高；而对于数学兴趣浓厚、有潜力的学生，班主任可以推荐适合他们水平的数学读物、数学网站或数学俱乐部，以满足他们进一步探索数学世界的需求。这样的个性化学习支持能够确保每个学生都可在适合自己的学习环境中得到成长和进步。

（四）跨学科整合与实践活动

在小学数学教学中，跨学科整合与实践活动对提高学生的综合素质至关重要。通过将数学与其他学科如美术、生物等进行有机结合，学生能够更直观地理解数学知识的实际应用。例如：在学习"几何图形"时，可以融入美术元素，让学生用几何图形创作独特的艺术作品；在探讨"概率与统计"时，结合生物实验数据进行分析，培养学生的数据分析能力。组织数学实践活动如数学建模比赛、数学游戏等，不仅能增强学生的动手能力和团队协作精神，还能让学生在轻松愉快的氛围中巩固和应用所学知识。这种跨学科整合与实践活动的教学方式，有助于培养学生的综合素质，提高他们的学习兴趣和动力。

在小学数学教育中，平衡教学内容的广度与深度是一项复杂而重要的任务。通过确保基础知识与技能的全面覆盖，班主任能够为学生打下坚实的基础；通过培养学生的拓展与应用能力，班主任能够激发他们的求知欲和探索精神；通过提供个性化学习支持，班主任能够确保每个学生都可在适合自己的学习环境中得到成长和进步；通过跨学科整合与实践活动，班主任能够让学生更直观地理解数学知识的实际应用，培养他们的综合素质和创新能力。这些教学策略的实施，将有助于学生更好地掌握数学知识，提高学习效果，为未来的学习和生活奠定坚实的基础。

四、规划中的灵活性与可持续性考虑

在小学数学教育的规划与实施中，灵活性与可持续性是两个不可或缺的因素。灵活性确保教学计划能够随着教育环境和学生学习需求的变化而适时调整，以满足不同的教学需求；而可持续性则要求教学方案不仅能满足当前的教学需求，还能持续地为学生的成长和发展提供支持。下面探讨在小学数学教育中如何构建灵活调整与反馈机制，促进班主任的持续专业发展，加强家校合作与社区资源整合，以及进行教学创新与实践探索，以推动小学数学教育的进步与发展。

（一）灵活调整与反馈机制

在规划小学数学教学方案时，班主任必须考虑到灵活调整与反馈机制的重要性。随着教育环境和学生学习需求的变化，教学计划需要适时调整以适应新的要求。例如班主任可以通过定期的学生评估了解学生的学习进展和困难，然后根据反馈调整教学策略和进度。学校可以建立班主任间的交流机制，分享成功的教学案例和教学方法，以便及时调整和改进教学计划。这种灵活调整与反馈机制有助于确保教学计划始终与学生的学习需求保持一致。

（二）持续专业发展

为保持教学的可持续性和创新性，班主任需要不断进行专业发展。持续专业发展可以通过多种途径实现，如参加教育培训、阅读专业文献、参与教学研讨会等。例如学校可以做到以下两方面：定期组织班主任参加数学教学的专业研讨会，了解最新的教学理念和方法；鼓励班主任参与在线课程学习，提升自身的教学技能和知识水平。通过持续专业发展，班主任可以不断更新教学观念和教学方法，提高教学效果，为学生的学习提供更有力的支持。

（三）家校合作与社区资源整合

家校合作与社区资源整合是小学数学教学规划中不可忽视的一环。通过加强家校合作，学校可以及时了解学生在家庭环境中的学习情况和需求，为家长提供有针对性的教育建议和支持。学校可以积极整合社区资源，如邀请社区数学家或数学爱好者来校开展讲座或辅导活动，为学生提供更丰富的数学学习体验。例如学校可以组织"数学文化节"活动，邀请家长和社区成员共同参与，通过数学游戏、数学竞赛等形式激发学生的学习兴趣和热情。这种家校合作与社区资源整合的方式有助于丰富学生的学习资源，提高学习效果。

（四）教学创新与实践探索

在教学规划中，教学创新与实践探索是推动教育进步的重要动力。小学数学班主任可以通过尝试新的教学方法和策略，如项目式学习、探究式学习等，激发学生的学习兴趣和主动性。班主任可以结合学生的实际情况和兴趣点，设计具有挑战性的数学问题和任务，让学生在解决问题的过程中提升数学能力和创新思维。例如班主任可以设计一个"数学探秘"项目，让学生分组合作解决一个与现实生活相关的数学问题，如规划一次旅行预算或设计一个公平的抽奖方案等。这种教学创新与实践探索的方式有助于培养学生的探究能力和创新思维，提升他们解决问题的能力。

在小学数学教育的规划与实施中，班主任应强调灵活性与可持续性的重要性。通过构建灵活调整与反馈机制，班主任可以确保教学计划始终与学生的学习需求保持一致，为学生提供个性化的学习支持。班主任的持续专业发展则是保持教学可持续性和创新性的关键。通过不断学习和更新教学观念及方法，班主任可以为学生提供更高质量的教学服务。家校合作与社区资源整合则为学生提供更丰富的学习资源和更广阔的学习空间，有助于提高学生的学习效果和综合素质。教学创新与实践探索是推动教育进步的重要动力。通过尝试新的教学方法和策略，班主任可以激发学生的学习兴趣和主动性，培养他们的探究能力和创新思维。

五、班主任与家长合力激发学生数学学习的内驱力

建立正向的学习氛围与文化是教育工作中的重要任务之一。在数学学习中班主任、教师和家长共同努力，可以激发学生的内在动机与兴趣，促进他们持续进步。下面探讨班主任和家长在这一过程中的角色与责任，以及如何通过有效的教学方法和沟通方式，营造积极向上的学习氛围，培养学生的学习自信心和自我驱动力。

（一）班主任的角色与责任

班主任在数学学习中扮演着至关重要的角色。他们不仅是学生的组织者和管理者，更是他们的引导者和榜样。在数学学习中，班主任可以通过关注学生学习情况，提供情感支持和激励，促使学生建立自信、坚持学习。与数学教师密切合作，班主任能够了解学生的学习需求，协助其制订个性化的学习计划，并通过及时沟通和反馈，与其共同营造积极的学习氛围，激发学生内在的数学学习动力。

（二）家长的支持与参与

家长在学生数学学习中扮演着重要的角色。他们的支持与参与对学生的学习成就和学习态度有着深远的影响。首先，家长是学生最早的教育者，他们的态度和价值观对学生形成数学学习态度和兴趣起着决定性作用。家长的积极支持和鼓励可以激发学生的学习兴趣，培养他们的学习动力。其次，家长可以提供学习资源和学习环境，为学生的数学学习提供必要的支持和条件。与家长进行有效沟通

是促进学生数学学习的关键之一。教师可以通过家长会、家长信、电话等多种途径与家长保持沟通，及时了解学生的学习情况和问题，与其共同寻找解决方案。建立家校合作的良好关系，可以让家长了解学校的教学理念和教学目标，与学校共同关注学生的数学学习情况，共同为学生的发展和成长努力。通过密切的家校合作，家长和教师可以共同关注学生的数学学习情况，共同制订有效的学习计划和策略，促进学生的数学学习。

（三）激发学生的内在动机与兴趣

培养学生对数学学习的内在兴趣和动机是提升其学习效果的关键。教师可以通过生动有趣的教学方式和实例，将抽象的数学知识与日常生活联系起来，激发学生对数学的实际应用和价值的认识，从而增强他们的学习兴趣。教师应该注重学生的学习体验，设计多样化的学习活动和任务，让学生在活动中体验到学习的乐趣和成就感。例如组织数学竞赛、游戏化学习或实践性项目，让学生在实践中发现数学的美妙之处，激发他们的学习热情和探索欲望。教师还应该鼓励学生自主探究和解决问题，培养他们的学习主动性和自我驱动力，让他们在解决问题的过程中体验到成就感，从而增强他们对数学学习的内在动机和兴趣。通过以上方式，教师可以有效地激发学生的学习热情和探索欲望，培养其对数学学习的内在兴趣和动机。

（四）建立正向的学习氛围与文化

营造积极向上的数学学习氛围需要教师和班主任共同努力。教师应该创设一个包容、鼓励和尊重的学习环境，在课堂上鼓励学生勇于提问、发表观点，同时接纳不同的思维方式和解题方法。教师应该注重学生的情感需求，及时给予肯定和鼓励，帮助他们建立积极的学习态度和信心。为培养学生的学习自信心和自我驱动力，教师可以采取多种措施。例如，设立学习目标和挑战，鼓励学生勇于接受挑战并克服困难；提供及时的反馈和指导，帮助学生认识到自己的进步和潜力；鼓励学生树立正确的学习态度，相信自己的能力并持之以恒地学习。教师还可以激发学生的学习兴趣，让他们在学习中感受到快乐和成就，从而增强他们的学习动力和积极性。

小学班主任在数学学习中的角色与责任不仅在于组织管理，更重要的是成为学生的引导者和榜样。家长的支持与参与对学生的学习成就和学习态度有着深远的影响。通过与家长紧密合作，教师可以更好地了解学生的学习需求，共同促进学生的数学学习。培养学生对数学学习的内在兴趣和动机，以及建立积极向上的学习氛围与文化也是至关重要的。通过这些努力，班主任可以帮助学生建立起学习自信心和自我驱动力，从而实现数学学习的持续进步。

第二节　教学过程中的持续改进策略

一、教学反馈的收集与整理方法

在教学活动中，持续改进和不断优化教学策略是确保教学质量和学生学习效果的关键。为实现这一目标，班主任需要一个全面而系统的反馈收集与整理方法。教学反馈不仅能帮助班主任了解学生的学习情况，还能为教学策略的调整和优化提供有力依据。下面从形成性评价工具、问卷调查与反馈会议、观察记录与班主任日志、技术辅助工具及同行评课与专家评估等方面，详细探讨教学反馈的收集与整理方法，以期为班主任提供一套有效的反馈收集策略，促进教学质量的提升。

（一）形成性评价工具

形成性评价工具是教学过程中常用的一种反馈收集方式。班主任可以通过设计小测验、课堂练习和作业等方式，及时了解学生对课堂内容的掌握情况。例如在每节课结束后，班主任可以布置几道与本节课内容紧密相关的练习题，让学生在课后完成并提交。通过分析学生的答题情况，班主任可以发现学生在哪些知识点上存在困惑，从而有针对性地调整教学策略。

（二）问卷调查与反馈会议

问卷调查是另一种有效的收集学生反馈的方式。班主任可以通过设计问卷，了解学生对教学内容、教学方法、课堂氛围等方面的满意度和意见。问卷可以匿名填写，以鼓励学生真实表达自己的想法。定期召开学生反馈会议也是一个好方法。在会议上，学生可以面对面地向班主任提出自己的意见和建议，班主任可以即时解答学生的疑惑并调整教学策略。

（三）观察记录与班主任日志

观察记录是班主任通过课堂观察来收集学生反馈的一种方式。班主任可以关注学生的课堂表现、参与度和互动情况，从而了解学生对教学内容的理解和接受程度。班主任日志也是记录学生反馈的重要工具。班主任可以通过日常观察、与学生交流等方式，了解学生的学习状况、兴趣爱好和成长需求，为教学改进提供有价值的参考。

（四）技术辅助工具

随着科技的发展，越来越多的技术辅助工具被应用于教学反馈的收集与整理中。例如班主任可以通过在线教学平台或学习管理系统收集学生的作业、测验和课堂表现等数据。这些工具可以自动生成数据分析报告，帮助班主任快速了解学生的学习情况和存在的问题。一些智能教学系统还可以根据学生的学习数据提供个性化的学习建议和教学策略，为班主任提供有力的支持。

（五）同行评课与专家评估

同行评课和专家评估是外部反馈的重要来源。班主任可以邀请同行或专家来听课评课，了解自己在教学过程中存在的问题和不足。同行评课和专家评估可以提供客观的反馈和建议，帮助班主任发现自己的盲点和改进空间。通过吸收这些外部反馈，班主任可以不断提升自己的教学水平和教学效果。

在教学反馈的收集与整理过程中，班主任采用多种方法相结合的方式，以确保反馈的全面性和准确性。形成性评价工具为班主任提供实时的学生学习情况反馈，而问卷调查和反馈会议则让班主任更深入地了解学生对教学的满意度和意见。观察记录和班主任日志则为班主任提供学生在课堂上的表现和成长需求，有助于班主任更全面地把握学生的学习状态。技术辅助工具的运用使班主任能够高效地收集和分析大量数据，为教学策略的调整提供有力支持。同行评课和专家评估作为外部反馈的重要来源，为班主任提供客观的评价和建议，有助于班主任发现教学中的不足并加以改进。通过这些方法的综合应用，班主任能够更好地收集、整理和分析教学反馈，为教学质量的持续提升提供有力保障。

二、针对反馈进行的教学策略调整

在教育教学过程中，班主任的核心任务不仅在于传授知识，更在于根据学生的反馈和需要，不断调整和优化教学策略。学生的反馈是教学质量提升的关键驱动力，只有充分理解并回应学生的需求，才能确保教学具备针对性和有效性。下面详细探讨针对反馈进行的教学策略调整，包括个性化指导与辅导、教学方法优化、内容调整与重组、资源更新与补充及教学环境优化等方面，以期为教育工作者提供一些实用的指导和建议。

（一）个性化指导与辅导

针对学生反馈中的个体差异和学习难点，班主任应提供个性化的指导与辅导。例如对于数学基础薄弱的学生，班主任可以制订有针对性的课后辅导计划，帮助他们巩固基础知识，提高解题能力。班主任还可以通过与学生的交流，了解他们的学习兴趣和动力，为他们提供更具吸引力的学习资源和活动。

（二）教学方法优化

教学方法的优劣直接影响到学生的学习效果。在收到学生反馈后，班主任应考虑对教学方法进行优化。例如如果学生反馈课堂讲解过于枯燥，班主任可以尝试引入更多的互动元素，如小组讨论、角色扮演等，以激发学生的学习兴趣和参与度。班主任还可以探索不同的教学模式，如项目式学习、翻转课堂等，以更好地适应学生的学习需求。

（三）内容调整与重组

根据学生的学习情况和反馈意见，班主任应及时对教学内容进行调整与重组。例如如果发现学生对某个章节的内容掌握不够扎实，班主任可以适当增加相关练习和复习，以帮助学生巩固知识。班主任还可以根据学生的学习进度和兴趣点，对教学内容进行适当调整，使其更加贴近学生的实际需求。

（四）资源更新与补充

教学资源对教学质量的影响不容忽视。班主任应根据学生的反馈意见，及时更新和补充教学资源。例如如果学生反馈某个教学案例过时或不够生动，班主任可以寻找更具时代感和趣味性的案例进行替换。班主任还可以利用互联网等渠道，收集更多优质的教学资源，为学生提供更丰富的学习材料。

（五）教学环境优化

教学环境对小学生的学习具有至关重要的影响，针对学生的反馈，班主任应积极营造更加舒适、积极的学习环境。如果收到学生关于教室设施陈旧的反馈，学校应及时检查并更新设施，如更换舒适的座椅、调整照明设备等，以提供更好的学习条件。除了硬件设施的改善，课堂氛围的营造同样关键。班主任可以通过鼓励学生互相合作、分享学习成果、积极参与讨论等方式，打造积极向上的学习环境。这样的环境能够激发学生的学习热情，提高他们的学习效率和效果。因此，班主任应将教学环境优化作为教学策略调整的重要一环，为学生的全面发展创造有利条件。

教学策略的调整是一个持续不断的过程，它需要班主任时刻保持敏锐的洞察力和创新精神。通过个性化指导与辅导，班主任可以更好地满足学生的个体需求，帮助他们克服学习难题；通过教学方法优化，班主任可以使课堂更加生动有趣，激发学生的学习兴趣和参与度；通过内容调整与重组，班主任可以使教学内容更加贴近学生的实际需求，提高他们的学习效率和效果；通过资源更新与补充，班主任可以为学生提供更加丰富和优质的学习材料，拓展他们的视野和知识面；通过教学环境优化，班主任可以为学生创造一个更加舒适、积极的学习环境，激发他们的学习热情。针对反馈进行的教学策略调整是提升教学质量、促进学生全面发展的重要途径。

三、创新教学方法的尝试与效果评估

在当今快速变化的教育环境中，教学方法的创新显得尤为重要。为提升教学质量，激发学生的学习潜能，班主任需要不断探索和尝试新的教学方法。下面探讨创新教学方法的尝试与效果评估，包括教学实验设计、效果评估与数据分析、教学团队合作、学术研究与成果分享及持续改进与创新等方面，期望能为教育工作者提供一些实用的指导和启示，共同推动教育教学领域的创新与发展。

（一）教学实验设计

在教学创新的道路上，设计合理的实验是验证新方法有效性的关键。例如为提高学生的自主学习能力，班主任可以设计一项基于"翻转课堂"模式的实验。在该实验中，学生须在课前通过观看视频、阅读资料等方式自主学习，而课堂时间则用于解答疑惑、小组讨论和深化理解。通过对比实验组和对照组学生的学习表现，班主任可以评估这一新方法的教学效果。

（二）效果评估与数据分析

效果评估是检验教学实验成功与否的关键环节。班主任可以通过多种方式收集数据，如学生作业、测验成绩、课堂参与度等，以全面了解学生的学习情况。利用统计软件对数据进行分析，班主任可以找出教学方法与学生成绩之间的关联，进而评估教学方法的有效性。例如在"翻转课堂"实验中，班主任可以通过对比实验组和对照组学生的平均成绩和成绩分布，评估该实验模式对学生学习效果的影响。

（三）教学团队合作

教学创新往往离不开团队的合作与支持，班主任应积极寻求与同事的合作机会，共同设计教学实验、分享教学资源、交流教学经验。通过团队合作，班主任可以集思广益，共同解决教学中的难题。例如在开发一门新课程时，班主任可以组成课程开发团队，共同研究课程大纲、设计教学案例、制作教学课件等。

（四）学术研究与成果分享

教学创新需要不断学习和借鉴他人的经验，班主任应积极参与学术研究活动，了解最新的教学理念和教学方法。班主任还应将自己的教学经验和成果分享给他人，以促进教学领域的共同进步。例如班主任可以撰写教学论文、参加教学研讨会、开设教学讲座等，将自己的创新教学方法和效果评估结果分享给同行和学生。

（五）持续改进与创新

教学创新是一个持续演进的过程，需要班主任具备开放的心态和不懈的探索精神。随着教育理念的更新和技术的进步，班主任需要不断尝试新的教学方法和策略。通过收集学生的反馈和评估教学效果，班主任可以识别教学中的不足，并据此进行策略调整。以"翻转课堂"为例，面对学生自主学习中的困难，班主任可以灵活调整视频教学资源，增加在线互动和辅导，确保每个学生都能获得有效的学习支持。这样的持续改进和创新不仅有助于提升教学质量，还能激发学生的学习兴趣和动力，实现教育教学的持续发展。

创新教学方法的尝试与效果评估是一个复杂而富有挑战的过程，它需要班主任具备敏锐的洞察力、丰富的实践经验和不懈的探索精神。通过设计合理的教学实验、收集和分析数据、加强团队合作、参与学术研究与成果分享及持续改进与创新，班主任可以不断优化教学策略，提升教学质量，激发学生的学习兴趣和动力。这一过程也有助于促进教育教学领域的整体进步和发展，从而鼓励广大教育工作者积极投身于教学方法的创新与实践中，共同为培养更多优秀人才作出贡献。

四、激发学生的学习动力与兴趣

在培养小学生的数学学习兴趣和动力时，班主任不仅要传授数学知识，更要创新教学方法。通过个性化学习支持、实践与应用导向、激励与奖励机制及多样化教学活动，班主任可以为学生营造一个积极、有趣，且富有挑战性的学习环境。这样的环境不仅能满足学生的个性化需求，还能激发他们的学习兴趣和动力，使数学学习变得更加轻松愉快。

（一）个性化学习支持

为激发小学生的学习动力与兴趣，班主任应提供个性化学习支持。这意味着班主任需要了解每个学生的学习风格、兴趣点和能力水平，并为他们量身定制学习计划。例如：对于喜欢动手实践的学生，班主任可以设计更多实验或项目式学习；对于视觉学习者，班主任可以利用图表、视频等多媒体教学资源。通过个性化学习支持，学生可以感受到自己的需求被重视，从而更加主动地投入学习。

（二）实践与应用导向

实践与应用导向的教学方法是激发学生学习动力的重要途径。它鼓励学生将理论知识与实际应用结合起来，从而深刻体会知识的实际价值。班主任设计各种与实际生活紧密相连的学习任务，使学生能运用所学知识解决真实问题。这种教学方法不仅能够增强学生的实践能力，还能让他们在实践中不断发现新的学习点，从而持续保持对学习的热情和兴趣。例如班主任可以设计一项与建筑设计相关的实践任务，要求学生运用所学的面积、体积等数学知识来规划一个实际建筑项目。这样的任务不仅能让学生感受到数学在现实生活中的应用，还能激发他们的创造力和想象力，使学习过程变得更加有趣和有意义。

（三）激励与奖励机制

在激发学生的学习动力方面，激励与奖励机制扮演着至关重要的角色。班主任可通过设立明确的学习目标，鼓励学生朝着这些目标努力。当学生达到或超越目标时，班主任应及时给予表扬和奖励，如颁发荣誉证书、给予额外的奖励分等。这样的正面反馈能够让学生感受到自己的付出得到认可，从而进一步激发他们的学习热情。为确保激励的公平性，班主任应设计多样化的奖励方式，让每个学生都有机会获得奖励，感受到努力的价值。

（四）多样化教学活动

在小学数学教学中，多样化的教学活动对于激发学生的学习兴趣尤为重要。班主任可以组织各种富有趣味性和挑战性的活动，如数学小游戏、数学竞赛、角色扮演等，丰富学生的学习体验。例如班主任可以设计一个"数学寻宝"游戏，让学生在寻找宝藏的过程中运用所学的数学知识解决问题。这样的活动能够让学生在轻松愉快的氛围中学习数学，提高他们的课堂参与度和学习兴趣。通过多样化的教学活动，班主任可以使数学学习变得更加生动有趣，让学生在快乐中掌握知识。

在培养小学生的数学学习兴趣与动力方面，班主任需要综合运用多种教学方法和策略。个性化学习支持能够让学生感受到自己的需求被重视；实践与应用导向能够让学生深刻体会知识的实际价值；激励与奖励机制能够让学生感受到自己的付出得到认可；而多样化教学活动则能够丰富学生的学习体验，提高他们的学习兴趣。通过这些方法的综合运用，班主任可以使数学学习变得更加有趣、生动和富有挑战性，从而激发学生的学习动力，培养他们的数学素养。

第三节　班主任自我提升与专业发展

一、班主任专业发展的重要性与途径

在当今教育领域中，班主任的角色越发重要。作为班级管理的核心，班主任的专业发展不仅关系到学生的成长和进步，更关系到教育现代化的推动和教育质量的提升。随着教育改革的不断深入，班主任的角色也在不断演变，从单纯的管理者逐渐转变为学生的引导者、教育资源的整合者及家校沟通的桥梁。因此，探讨班主任专业发展的重要性及其途径，对促进班主任个人成长、提高教育质量具有重要意义。

（一）重要性的解读

班主任作为班级管理的核心，其专业发展对提升班级教育质量至关重要。一个专业的班主任能够更好地理解学生需求，更有效地与家长沟通，更科学地规划班级活动。随着教育改革的深入，班主任的角色也在不断演变，从单纯的管理者转变为学生的引导者、教育资源的整合者及家校沟通的桥梁。因此，班主任专业发展不仅是个人职业成长的需要，更是教育现代化的必然要求。

（二）专业发展路径

班主任专业发展路径丰富多样。首先，教育培训是基石。参与各类教育研讨会、工作坊及在线课程，能帮助班主任更新教育观念，掌握前沿教学方法与管理策略。其次，实践经验是宝贵财富。班主任在日常工作中应不断反思与总结，通过实践形成独特的教育理念和风格。再次，阅读专著拓宽视野。阅读教育专著能拓宽视野，汲取前人的智慧与经验。最后，与同行交流同样重要。这不仅能互相学习，还能激发新的思考。这些途径共同助力班主任专业素养的持续提升。

（三）个人职业规划

为实现专业发展，班主任须精心规划个人职业道路。首先，明确职业目标至关重要，如设定五年内成为校级优秀班主任的宏伟蓝图。接着进行自我评估，深入剖析自身能力和资源，了解优势与不足。制订切实可行的实施计划，如定期参加教育培训、积极参与课题研究、撰写教育论文等，不断提升专业素养。还须根据实际情况调整计划，确保职业发展的稳步前进。通过明确目标、自我评估、制订计划并持续努力，班主任将能够逐步实现自己的职业规划，不断迈向更高的职业境界。

（四）学习社群与资源共享

加入学习社群和共享资源是班主任专业发展的有效途径之一。学习社群可以为班主任提供一个交流学习的平台，让他们与同行分享经验、探讨问题、共同进步。社群中的资源共享也可以帮助班主任获取更多的教育资源和信息，如教学案例、课件、试题等。通过加入学习社群和共享资源，班主任可以更加便捷地获取知识和信息，提高自己的专业素养和能力水平。例如班主任可以加入教育论坛或微信群组，与来自全国各地的同行交流经验和心得，共同提高班级管理水平。

班主任专业发展是一个持续不断的过程，需要班主任不断学习、实践和反思。通过参加教育培训、积累实践经验、阅读教育专著及与同行交流等方式，班主任可以不断提升自己的专业素养和能力水平。制订个人职业规划、加入学习社群和共享资源也是实现专业发展的重要途径。这些措施不仅有助于班主任个人职业成长，更能推动教育现代化、提升教育质量。因此，应该高度重视班主任专业发展，为班主任提供更多的支持和帮助，共同推动教育事业的发展。

二、参加专业培训与学术交流的收获与启示

在当今快速变化的教育环境中，小学班主任作为学生成长的引路人和教育资源的整合者，其专业素养的持续提升显得尤为重要。参加专业培训与学术交流成为小学班主任不断提升自我、适应教育变革的重要途径。这些活动不仅为班主任提供专业知识和教学方法的更新机会，更让他们能够在交流中拓宽视野、反思自我，实现个人的职业成长和发展。

（一）专业知识更新

参加专业培训与学术交流，为班主任带来专业知识的更新。在这些活动中，班主任能够接触到最新的教育理念和教学方法，了解教育领域的最新动态。例如在一次教育研讨会上，班主任学习了如何运用信息技术手段进行教学设计，这大大拓宽了他们的教学视野。通过不断学习和实践，班主任的专业知识得到更新，为他们的教学工作注入新的活力。

（二）教学方法提升

小学班主任在专业培训与学术交流中，获得教学方法上的显著提升。通过参加这些活动，他们接触到诸如互动式教学、探究式学习等先进的教学方法。这些方法注重学生的主体性和参与性，能够有效激发学生的学习兴趣。在一次工作坊中，班主任学习了如何巧妙设计富有趣味性和启发性的课堂活动，让学生在轻松愉快的氛围中掌握知识，提升实践能力和创新思维。这些新的教学方法不仅丰富了班主任的教学手段，也极大地提高了他们的教学效果。

（三）班主任成长体验

小学班主任在参与专业培训与学术交流的过程中，获得宝贵的成长体验。这些活动不仅为他们提供丰富的专业知识和技能学习机会，更为其提供一个自我反思与成长的平台。在与其他班主任的深入交流中，他们可以分享自己的教育心得、面对的挑战及解决策略，同时倾听同行的经验和建议。这种开放而深入的交流，使小学班主任能够更全面地认识自己作为教育者的角色，增强对教育事业的

使命感和责任感。通过不断反思和学习，他们的职业素养和自信心得到显著提升，为未来的教育工作打下坚实的基础。

（四）专业网络建立

参加专业培训与学术交流对小学班主任而言，是建立专业网络的重要契机。在这些活动中，班主任有机会与来自全国各地的同行相聚一堂，共同探讨教育热点、分享实践经验。这种交流不仅能让班主任拓宽视野，还能让他们结识许多志同道合的教育工作者。通过建立专业网络，班主任可以更加便捷地获取最新的教育资源、教学方法和研究成果。专业网络还能为班主任提供宝贵的职业发展机会，如参与教育项目、撰写教育论文等。在一次学术交流会上，某小学班主任结识了一位知名教育专家，并得到了他的悉心指导，这为她今后的职业发展奠定了坚实的基础。

参加专业培训与学术交流对小学班主任来说是一次宝贵的经历，通过不断更新专业知识、提升教学方法、获得成长体验及建立专业网络，班主任能够在教育道路上走得更远、更稳。这些活动不仅让他们能够紧跟教育领域的最新动态，掌握先进的教学方法，还能够为他们提供一个与同行交流、分享经验的平台。通过不断学习和实践，小学班主任将能够更好地履行自己的职责，为学生的成长和教育事业的进步贡献自己的力量。

三、教育科研在班主任专业成长中的作用

随着教育改革的不断深化，教育科研在班主任专业成长中扮演着越来越重要的角色。作为学校教育的重要参与者，班主任不仅需要掌握扎实的专业知识，还需要具备敏锐的问题意识和持续的教学评估与改进能力。教育科研为班主任提供这样一个平台，使他们能够系统地学习和掌握教育理论，培养问题意识，提升教学能力，并形成更强的职业认同。下面从教学理论研究、问题意识培养、教学评估与改进以及班主任职业认同四个方面，探讨教育科研在班主任专业成长中的作用。

（一）教学理论研究

教育科研在班主任专业成长中，首先起到深化教学理论研究的作用。通过参

与课题研究、阅读教育专著等方式，班主任能够系统地学习和掌握教育学的基本理论，了解教育教学的最新动态和趋势。例如班主任可以研究如何运用心理学原理来优化班级管理，或者探讨如何在新课程背景下改进教学方法。这些理论研究不仅有助于班主任提升专业素养，还能为他们的教育实践提供有力的理论支撑。

（二）问题意识培养

教育科研在班主任专业成长中，对问题意识的培养至关重要。在教育实践中，班主任常常面临学生管理、家校沟通等复杂问题。通过参与教育科研活动，班主任能够从专业的视角出发，审视这些问题背后的深层原因。他们学会运用科学的研究方法，如观察、调查、实验等，对问题进行深入分析，从而找到解决问题的有效策略。这种对问题的敏感性和分析能力，使班主任能更主动地面对教育实践中的挑战，不断优化自身的教学策略和管理方式，进而提升专业能力，为学生的全面发展创造更好的条件。

（三）教学评估与改进

教育科研在提升班主任教学能力方面，特别强调对教学进行评估与改进的重要性。班主任通过参与教育实验和教学观察，能够系统地收集和分析学生的学习数据，深入了解教学效果和学生的实际学习情况。基于这些数据，班主任可以客观地评估自己的教学方法和手段，准确找出存在的问题和不足。随后，班主任可以针对这些问题制定具体的改进措施，并在实践中不断调整和完善。这种以数据为支撑的教学评估和改进过程，不仅有助于班主任提升教学效果，还能推动教育质量的持续优化，为学生提供更优质的教育服务。

（四）班主任职业认同

教育科研还有助于班主任形成更强的职业认同。在参与教育科研的过程中，班主任会不断深入了解教育的本质和价值，认识到自己作为教育者的责任和使命。这种对教育的深刻理解和认同，有助于班主任形成更强的职业责任感和使命感，激发他们为教育事业不断努力的热情。教育科研也能为班主任提供更多的职业发展机会和平台，如参与学术交流、发表教育论文等，进一步提升他们的职业认同感和成就感。

教育科研在班主任专业成长中发挥着不可替代的作用。通过深化教学理论研究，班主任能够系统地掌握教育学的基本理论，了解教育教学的最新动态和趋势；通过培养问题意识，班主任能够学会从专业的视角出发，审视并解决教育实践中的问题；通过教学评估与改进，班主任能够客观地评估教学效果，制定改进措施，实现教育质量的持续优化；教育科研还有助于班主任形成更强的职业认同，激发他们为教育事业不断努力的热情。因此，班主任应积极参与教育科研活动，不断提升自己的专业素养和综合能力，为学生的全面发展创造更好的条件。

四、平衡教学与科研的关系

在当今教育领域中，教学与科研的关系日益紧密。对班主任而言，如何平衡这两者之间的关系，实现教学与科研的相互促进，成为一个重要课题。教学与科研的有机结合不仅能够丰富教学内容，提升教学质量，还能够推动科研工作的深入发展，为教育事业的进步贡献力量。下面探讨班主任在平衡教学与科研关系时可以采取的策略和方法，以期为班主任的专业成长提供有益的参考。

（一）教学科研融合

在平衡教学与科研的关系时，教学科研融合是一个重要的策略。这意味着班主任在日常教学中融入科研成果，将最新的教育理念和研究成果应用到实践中，丰富教学内容和方法。例如班主任可以将参与的教育科研项目中的研究成果转化为教学案例，与学生分享并引导他们进行深入探讨。班主任也可以将学生在课堂中的表现和问题作为科研的素材，通过实证研究来探索解决方案。这种融合的方式不仅能够促进教学的创新，也能够推动科研的深入发展。

（二）时间管理策略

时间管理是平衡教学与科研的关键。班主任需要制订合理的时间规划，确保教学和科研都能得到充分的投入。班主任可以设定固定的时间段用于备课和教学，同时留出一定的时间用于科研活动，如阅读文献、撰写论文等。班主任还可以利用碎片时间进行学习和思考，如利用课间休息或午休时间阅读教育类文章或书籍。通过合理的时间管理，班主任可以在保证教学质量的同时不断推进科研工作。

（三）资源共享与整合

资源共享与整合是平衡教学与科研的有效途径。班主任可以积极寻求与同事、学校或外部机构的合作，共同开展科研项目或教学活动。通过共享资源和经验，班主任可以拓宽自己的视野，学习到更多的教学方法和科研技巧。例如班主任可以参与学校组织的教学研讨会或科研团队，与同行交流经验、分享资源，共同提升教学和科研水平。班主任也可以利用互联网等渠道获取更多的教育资源和科研信息，为教学和科研提供更多的支持。

（四）个人发展规划

个人发展规划是班主任平衡教学与科研的关键所在。班主任须清晰设定职业目标，将提升教学水平和科研成果作为核心发展点。在制订规划时，班主任应充分考虑教学与科研的互补性，确保两者相互促进。例如可以设定短期目标为每年参与至少一项教育研究项目，并发表相关论文；长期目标则是成为教育教学领域的专家，引领学校的教学改革。通过持续学习、实践和创新，班主任能够不断提升自身专业素养，实现教学与科研的和谐共生，为教育事业贡献更多力量。

教学与科研是班主任专业成长中不可或缺的两个方面。通过教学科研融合，时间管理策略，资源共享与整合，以及个人发展规划等策略，班主任可以有效地平衡教学与科研的关系，实现两者的相互促进和共同发展。教学科研融合能够丰富教学内容，提升教学质量；时间管理策略能够确保教学和科研都能得到充分的投入；资源共享与整合能够拓宽班主任的视野，使其学习到更多的教学方法和科研技巧；个人发展规划能够明确职业目标，实现教学与科研的和谐共生。在平衡教学与科研的过程中，班主任需要不断学习和实践，提升自身专业素养，为教育事业贡献更多力量。

第四节 数学课堂的未来发展趋势

一、教育技术的发展对数学课堂的影响

随着科技的飞速发展，教育技术正以前所未有的速度改变着班主任的教学方式和学习体验。特别是在数学这一抽象且富有挑战性的学科中，教育技术的应用不仅为班主任和学生带来了更多的便利，也极大地丰富了教学内容和形式。从虚拟现实与增强现实的沉浸式学习，到人工智能辅助教学系统的个性化推荐；从在线教育平台的灵活学习，到数据可视化工具的直观展示；再到编程与数学的深度融合，这些教育技术的应用正逐步塑造数学课堂的未来发展趋势。下面深入探讨这些教育技术对数学课堂的深远影响，以期为班主任揭示一个更加智能、高效，且富有创新性的数学教学新纪元。

（一）虚拟现实与增强现实

随着虚拟现实（VR）和增强现实（AR）技术的不断进步，数学课堂正迎来一场革命。通过 VR 和 AR 技术，学生可以沉浸在三维的数学世界中，直观地理解和探索复杂的数学概念。例如在学习立体几何时，学生可以通过 VR 眼镜"走进"一个立体图形内部，观察其结构和性质。这种沉浸式的学习方式将极大地提高学生的学习兴趣和效果。

（二）人工智能辅助教学

人工智能（AI）在数学课堂中的应用日益广泛。通过智能教学系统，班主任可以根据学生的学习进度和能力，提供个性化的学习资源和练习。AI 还可以实时分析学生的学习数据，为班主任提供精准的教学反馈和建议。例如一个智能数学辅导系统可以根据学生的答题情况，自动推荐相关知识点和练习题目，帮助学生巩固和提高。

（三）在线教育平台

在线教育平台为数学学习提供更加灵活和便捷的途径，学生可以随时随地通过电脑、手机等设备访问在线课程和学习资源。这些平台通常可以提供丰富多样的教学视频、互动练习和在线答疑服务，满足不同学生的学习需求。例如一些在线教育平台还提供数学竞赛和挑战题目的机会，鼓励学生挑战自我，提高数学能力。

（四）数据可视化工具

数据可视化工具在数学课堂中的应用越来越广泛。这些工具可以将复杂的数据和数学模型以直观、形象的方式呈现出来，帮助学生更好地理解和分析数学问题。例如在统计教学中，班主任可以使用数据可视化工具展示数据的分布和趋势，让学生更加直观地理解统计概念和原理。

（五）编程与数学结合

编程与数学的结合是数学课堂未来发展的一个重要趋势。通过编程学生可以更深入地理解数学概念和算法，提高数学思维和解决问题的能力。编程也可以作为数学应用的一个方向，让学生看到数学在现实生活中的应用和价值。例如在学习函数和算法时，班主任可以引导学生编写简单的程序来实现特定的数学功能或解决实际问题。

教育技术的发展对数学课堂产生了深远的影响，虚拟现实与增强现实技术为学生提供了沉浸式的学习体验，人工智能辅助教学系统为班主任和学生提供了个性化的学习资源和反馈，在线教育平台为学生提供了灵活便捷的学习途径，数据可视化工具则帮助学生更好地理解和分析数学问题。而编程与数学的结合则进一步提升了学生的数学思维和解决问题的能力，并展示了数学在现实生活中的广泛应用和价值。这些教育技术的应用不仅丰富了数学课堂的教学内容和形式，也提高了学生的学习兴趣和效果。未来，随着教育技术的不断发展和创新，班主任有理由相信，数学课堂将会变得更加智能、高效和富有创新性。

二、个性化与差异化教学在数学课堂中的应用前景

在追求教育公平与卓越的道路上，个性化与差异化教学逐渐成为数学课堂发展的核心动力。随着科技的快速发展和教育的持续革新，传统的"一刀切"教学模式已经难以满足当代学生多样化的学习需求。在这一背景下，个性化与差异化教学理念的提出与实践，为数学课堂带来无限可能。下面从自适应学习系统，差异化教学，学习分析与反馈，学习者参与与反思，以及家校合作与支持等方面，探讨个性化与差异化教学在数学课堂中的应用前景，以期为教学实践提供有益的启示。

（一）自适应学习系统

随着技术的不断进步，自适应学习系统在数学课堂中的应用日益广泛。这些系统能够根据学生的学习进度、能力和兴趣，自动调整学习内容和难度，为他们提供个性化的学习路径。例如一个自适应数学学习平台可以根据学生的历史答题数据和表现，智能推荐适合其水平的练习题目和知识点，从而帮助学生更好地掌握数学知识。这种个性化的学习方式能够激发学生的学习兴趣，提高其学习效率。

（二）差异化教学

差异化教学强调针对学生的不同需求和特点进行教学设计，在数学课堂中，班主任可以通过分组教学、个别辅导等方式，为不同水平的学生提供差异化的教学内容和方法。例如，对于基础较弱的学生，班主任可以注重基础知识的讲解和练习；对于能力较强的学生，班主任可以提供更多有挑战性的问题，激发其探究欲望。这种差异化教学能够满足不同学生的需求，促进全体学生的共同发展。

（三）学习分析与反馈

学习分析和反馈是个性化与差异化教学的关键环节。通过收集学生的学习数据，班主任可以分析学生的学习情况和问题，并提供有针对性的反馈和建议。例如班主任可以通过在线测试、作业批改等方式收集学生的学习数据，并利用数据

分析工具对学生的学习情况进行分析。根据分析结果，班主任可以为学生制订个性化的学习计划，提供有针对性的辅导和建议。这种及时、准确的学习分析和反馈能够帮助学生更好地了解自己的学习情况，及时调整学习策略。

（四）学习者参与与反思

在个性化与差异化教学中，学习者的参与和反思至关重要。通过引导学生参与课堂讨论、小组合作等活动，班主任可以激发学生的学习兴趣和主动性。班主任还应鼓励学生进行反思和总结，思考自己的学习方法和策略是否有效。例如班主任可以组织学生进行数学问题的讨论和解答，让学生在实践中探索和发现数学规律。在讨论和解答过程中，班主任可以引导学生反思自己的解题思路和方法，并提出改进意见。这种参与和反思的过程能够帮助学生深入理解数学知识，提高数学思维和解决问题的能力。

（五）家校合作与支持

家校合作与支持是个性化与差异化教学的重要支撑。通过与家长的紧密合作，班主任可以更全面地了解学生的情况和需求，为学生提供更加个性化的教学服务。家长也可以为孩子提供必要的学习支持和帮助。例如班主任可以定期与家长沟通学生的学习情况和进展，并根据家长的反馈和建议调整教学策略。家长也可以在家中监督孩子的学习情况，协助孩子完成课后作业和练习。这种家校合作与支持能够形成教育合力，共同促进学生的个性化发展。

个性化与差异化教学在数学课堂中的应用前景广阔，不仅能有效满足学生多样化的学习需求，还能激发学生的学习兴趣和主动性，促进他们全面发展。通过自适应学习系统，学生可以获得个性化的学习路径和资源，提高学习效率；差异化教学能够根据学生的不同特点提供差异化的教学内容和方法，使每个学生都能在适合自己的环境中得到发展；学习分析与反馈能够及时准确地了解学生的学习情况，为他们提供有针对性的帮助和支持；学习者的参与与反思能够让他们在实践中不断探索和发现，提高自己的数学思维和解决问题的能力；家校合作与支持能够形成教育合力，共同促进学生的个性化发展。未来，随着技术的不断进步和教育的持续革新，个性化与差异化教学将在数学课堂中发挥更加重要的作用，为培养具有创新精神和实践能力的人才奠定坚实基础。

三、跨学科融合与数学课堂的创新发展

随着教育理念的更新和学科交叉融合的趋势日益明显，跨学科融合成为教育领域的一个重要方向。在数学课堂上，跨学科融合不仅能够为数学教学带来全新的视角和教学方法，还能够激发学生的学习兴趣，培养他们的综合素养。下面从 STEM 教育、艺术与数学结合、实践与应用、社会科学与数学以及文化与历史视角等方面，探讨跨学科融合与数学课堂的创新发展，以期为数学教学注入新的活力。

（一）STEM 教育

STEM（科学、技术、工程和数学）教育强调跨学科融合，为数学课堂的创新发展提供了新的思路。在数学教学中融入科学、技术和工程的元素，可以使数学知识更加生动、有趣，并培养学生的综合素养。例如在学习几何图形时，班主任可以引导学生利用编程技术设计图形，或者利用 3D 打印技术制作实体模型，让学生在实践中体验数学的魅力。这种跨学科融合的教学方式不仅能加深学生对数学知识的理解，还能培养他们的创新思维和解决问题的能力。

（二）艺术与数学结合

艺术与数学看似不同，实则紧密相连。将艺术与数学结合，可以为数学课堂带来独特的创新元素。例如在学习对称性和比例时，班主任可以引导学生欣赏和分析艺术作品中的对称结构和比例关系，让学生在美的体验中感受数学的规律。班主任还可以利用音乐、绘画等艺术形式来展现数学概念和原理，使抽象的数学知识变得更加直观和生动。这种艺术与数学结合的教学方式能够激发学生的学习兴趣，培养他们的审美能力和创造力。

（三）实践与应用

数学是一门实用性很强的学科，将数学知识应用到实际生活中，可以使小学生更好地理解和掌握数学知识。在数学课堂中，班主任可以设计一些与实际生活

紧密相关的实践活动，让学生在实践中运用数学知识解决问题。例如在学习统计知识时，班主任可以让学生进行市场调查或数据分析，让他们在实践中体验统计知识的应用价值。这种实践与应用的教学方式能够帮助学生建立数学与实际生活的联系，培养他们的应用能力和实践能力。

（四）社会科学与数学

社会科学与数学的结合可以为数学课堂带来新的视角和思考方式。例如在学习概率和统计时，班主任可以引入社会学中的调查方法和数据分析技术，让学生理解如何运用数学知识来分析社会问题。在经济学、地理学等领域中也有很多与数学相关的内容，如经济模型、地理数据分析等。跨学科融合的教学方式可以让学生更全面地了解数学在社会科学中的应用和价值。

（五）文化与历史视角

数学作为一门古老的学科，具有丰富的文化内涵和历史背景。在数学课堂中引入文化和历史视角，可以让学生更好地理解和欣赏数学的美。例如在学习数学史时，班主任可以介绍一些数学家的生平和成就，让学生了解数学的发展历程和背后的故事；还可以探讨不同文化背景下的数学思想和方法，让学生感受数学的多样性和包容性。这种文化与历史视角的教学方式能够拓宽学生的视野，培养他们的跨文化交流能力。

跨学科融合为数学课堂的创新发展提供了丰富的资源和途径。STEM 教育将科学、技术、工程和数学有机结合，培养学生的综合素养和创新思维；艺术与数学的结合，让数学知识变得更加直观和生动，激发学生的审美能力和创造力；实践与应用的教学方式，让学生在实际操作中体验数学的魅力，培养他们的应用能力和实践能力；社会科学与数学的结合，让学生更全面地了解数学在社会科学中的应用和价值；文化与历史视角的引入，让学生更好地理解和欣赏数学的美，拓宽他们的视野和跨文化交流能力。跨学科融合为数学课堂的创新发展提供了广阔的空间和无限的可能，班主任应该积极探索和实践，让数学教学更加丰富多彩、生动有趣。

四、应对未来数学课堂的变革与挑战

随着教育领域的不断发展和科技的快速进步，未来数学课堂正面临着前所未有的变革与挑战。为应对这些变革与挑战，班主任必须从多个方面入手，确保数学教育的质量和效果。下面从师资培训与发展、资源与设施支持、课程设计与评估及数字鸿沟和包容性四个方面，探讨如何有效应对未来数学课堂的变革与挑战，以期为数学教育的可持续发展提供有益的思考和策略。

（一）师资培训与发展

面对未来数学课堂的变革，班主任的专业素养和教学能力至关重要。因此，加强师资培训与发展成为应对变革的首要任务。学校和教育机构应定期为班主任提供专业培训，帮助他们掌握最新的教学方法和技术，如在线教学平台的使用、数据分析工具的应用等。鼓励班主任参与教育研究和学术交流，拓宽他们的教育视野和思维方式。例如可以组织班主任参加国际数学教育研讨会，分享教学经验，探讨未来数学教育的发展趋势。

（二）资源与设施支持

为满足未来数学课堂的需求，提供充足的资源和设施支持至关重要。学校应加大对数学教学资源的投入，包括教材、教具、软件等。建设先进的数学实验室和多媒体教室，为学生提供良好的学习环境。还可以利用互联网和大数据技术，构建数学教育资源库，方便班主任和学生获取和分享教学资源，例如学校可以购买在线数学课程平台，为学生提供多样化的学习选择。

（三）课程设计与评估

未来小学数学课堂的变革要求课程设计和评估方式也要相应调整。课程设计应更加注重学生的主体性和实践性，引入跨学科融合的元素，培养学生的综合素养。评估方式也应更加多元化和个性化，关注学生的学习过程和成长变化。例如班主任可以引入项目式学习，让学生在实践中探究和解决问题，通过项目成果来评估学生的学习效果；还可以利用大数据分析工具，对学生的学习数据进行挖掘和分析，为个性化教学提供数据支持。

（四）数字鸿沟和包容性

随着数字技术的快速发展，数字鸿沟问题日益凸显。在未来数学课堂中，班主任应关注数字鸿沟和包容性问题，确保每个学生都能享受到优质的教育资源；要加大对偏远地区学校的数字化投入，提供稳定的互联网接入和先进的教学设备；要关注特殊群体的教育需求，如残障学生、少数民族学生等，为他们提供个性化的教学支持和资源；还可以利用技术手段促进教育公平，如开发适合不同学习水平的在线课程，让每个学生都能找到适合自己的学习路径。

面对未来数学课堂的变革与挑战，班主任需要从多个方面入手，全面提升数学教育的质量和效果。加强师资培训与发展，提高班主任的专业素养和教学能力，是应对变革的首要任务。提供充足的资源和设施支持，为学生创造良好的学习环境，是确保数学教育顺利进行的基础。课程设计与评估方式的调整也是关键所在，我们应更加注重学生的主体性和实践性，引入跨学科融合的元素，培养学生的综合素养。数字鸿沟和包容性问题是未来数学课堂必须面对的挑战，我们应积极采取措施，确保每个学生都能享受到优质的教育资源。通过这些努力，未来数学课堂将能够更好地适应时代的变革，为学生的全面发展奠定坚实的基础。

结　语

　　在《班主任的课堂：管理与教学双赢策略》的探索之旅中，我们共同见证了小学数学课堂的变革与成长。本书不仅为班主任和广大教育工作者提供了一套系统、实用的管理和教学策略，更在理念上强调了因材施教、因人施教的重要性，以及家校合作在数学教育中的关键作用。回顾本书的内容，作者深入剖析了数学课堂的各个环节和要素，从班主任的角色定位、教学策略、师生互动，到技术应用、评估反馈，再到思维培养、家校合作和长期规划，每一步都旨在为数学教育的优质发展贡献力量。未来，坚信数学教育将继续迈向更高的台阶。随着教育改革的深入和技术的不断发展，数学课堂将变得更加生动有趣，学生的学习体验将更加丰富多样。而班主任和教育工作者作为这一变革的推动者和实践者，将承担起更加重要的责任和使命。

　　在此期待每一位班主任和教育工作者都能从本书中汲取智慧和力量，不断学习和创新，为学生的全面发展和个性化成长贡献自己的力量。同时也呼吁家长和社会各界人士共同关注数学教育，共同为构建良好的教育生态环境而努力。